DER JAKOBSWEG REISEFÜHRER FÜR DEN PILGER

EDITORIAL EVEREST, S. A.

MADRID • LEON • BARCELONA • SEVILLA • GRANADA • VALENCIA
ZARAGOZA • LAS PALMAS DE GRAN CANARIA • LA CORUÑA
PALMA DE MALLORCA • ALICANTE – MEXICO • BUENOS AIRES

Wir danken dem Staatssekretariat für Fremdenverkehr für die unentgeldliche Beschaffung des Bildmaterials zur Veröffentlichung dieses Buches.

Texte und Landkarten: Elías Valiña Sampedro und Mitarbeiter

Kartographie: CIBESA und EVEREST

Photographien: S.E.T. Archiv
Everest Archiv

Zeichnungen: J. Ruiz Navarro

Alle Rechte vorbehalten.
Die ganze oder teilweise Wiedergabe von
Teilen dieses Buches ist verboten.

© Staatssekretariat für
Fremdenverkehr
Editorial Everest, S.A.
ISBN 84-241-4199-7
Rechtsvorbehalt: LE 719-1990

Editorial Evergráficas, S.A. - Carretera León-La Coruña, km 5. LEON (ESPAÑA)

Dieser "Reiseführer für den Pilger" ist ein neuer, besonderer Beitrag zur schon reichhaltigen Bibliographie über den Apostel Jakob.

Zum ersten Mal wird die mittelalterliche Route des "Weges nach Santiago" durch ausgiebige Kartographie —73 Landkarten— dargestellt.

Auf eine Maßstabangabe wurde dabei verzichtet, da dies viele technische Schwierigkeiten verursacht. Auf diese Weise besteht die Möglichkeit Strecken auf leicht begehbaren Gegenden zu reduzieren, und andererseits Strecken in Gebieten, die für den Pilger ein wahrhaftes Labyrinth bedeuten, zu vergrößern.

Zur Erforschung dieser tausendjährigen Route, auf der zahlreiche Pilger wanderten, mußten die gleichen Wegstrecken mehrmals zurückgelegt werden, und vielfach mußte sogar auf die zuverlässige Hilfe eines Ortskundigen zurückgegriffen werden.

Das Staatssekretariat für Fremdenverkehr stellt dem Pilger oder Touristen, der, den Spuren unserer Vorfahren folgend, zum Grabe des Apostels pilgert, den "Codex Calixtinus", den großen mittelalterlichen Führer des Weges nach Santiago, den ersten, der heutigen Zeit angepaßten Fremdenverkehrsführer, zur Verfügung.

Wir danken Herrn Elías Valiña und seinen Mitarbeitern für ihre Bemühungen bei der Erstellung dieses wertvollen Führers für den Pilger.

REDAKTEURE

Aragonien:
Juan Francisco Aznárez und Elías Valiña Sampedro.
Navarra:
Javier Navarro. Mitarbeiter: Elías Valiaña Sampedro.
La Rioja:
Felipe Abad León.
Burgos:
Elías Valiña Sampedro. Mitarbeiter: Fr. Valentín de la Cruz.
Palencia:
Elías Valiña Sampedro. Mitarbeiter: Angel Sancho Campo.
León:
Antonio Viñayo González.
Galicien:
Elías Valiña Sampedro.
Leiter:
Elías Valiña Sampedro.

DER JAKOBSWEG

DIE PILGERFAHRT ZUM GRAVE DES HL. JAKOBS

Die Entdeckung des Grabes des Apostels Jakob ist eines der bedeutendsten Ereignisse del Mittelalters.

Die massenhaften Pilgerfahrten nach Compostela beleben die verschiedenen Äußerungen der Gesellschaft und verbinden sie miteinander: Kultur, Kunst, Religion, Wirtschaft, usw.

Der Einfluß der Pilgerfahrten zum Grabe des Hl. Jakobs beschränkt sich jedoch nicht nur auf einen bestimmten Zeitraum oder Zeitkreis, sondern er überschreitet die Grenzen des Mittelalters und ist auch stark in späteren Jahrhunderten su spüren.

Die Pilgerfahrten sind das große Vermächtnis des mittelalterlichen Christentums, zugunsten eines aus verschiedenen, durch gemeinsame Glaubensgrundsätze miteinander verbundenen Völkern bestehenden Europas.

Das Phänomen der Pilgerwanderungen zum "Finis Terrae", zum Grabe des Apostels Jakob, machte sich von selbst im Volke bemerkbar, und hat ohne Klassenunterschiede und ohne Grenzen wirksam zur Einigung und Verbrüderung der Völker beigetragen.

Compostela wird, neben Rom und Jerusalem, zu einem der drei Pilgerorte der christlichen Völker gezählt. Rom sieht mit Argwohn den Aufstieg von Compostela, wo die massenhaften Pilgerwanderungen von Tag zu Tag zunehmen. Der Botschafter von Alíben Yúsuf schreibt: "Die Menschenmenge, welche nach Santiago strömt, oder von dort zurückkehrt, ist so gewaltig, daß die Straße nach Westen fast völlig verstopft ist".

DIE PILGER

Gotescalco, der Bischof von Le Puy, ist einer der ersten Pilger, von denen berichtet wurde. Er wanderte im Jahre 950 mit großem Gefolge nach Compostela. Cesáreo, der Abt von Montserrat pilgerte im Jahre 959. 1065 kam eine große Pilgerschar von Liège in Compostela an. Der Graf von Guines und der Bischof von Lille pilgern im Jahre 1084 nach Compostela.

Im 11. Jahrhunder haben sich die Pilgerwanderungen deutlich vermehrt. Alfons VI. hebt den Wegezoll der Burg Auctares beim Zugang zum Königreich Galicien im Jahre 1072 auf; dies tat er "für die Pilger, die von Spanien, Frankreich, Italien und Deutschland nach Compostela wandern".

Im 12. Jahrhundert ist der Höhepunkt der Pilgerwanderungen zu verzeichnen. Papst Kallistus II. ist selbst ein großer Verehrer von Compostela. Der Priester von Poitou, Aymeric Picaud, hinterläßt uns einen wertvollen Führer seiner Wallfahrten nach Compostela, sowie auch eine Sammlung von Schriften über den Heiligen, die er zum größeren Ruhm des Apostels dem Papst Kallistus II. zuschreibt, daher die Bezeichnung "Codex Calixtinus".

Unter den zahlreichen Pilgern befinden sich berühmte Persönlichkeiten: Bischöfe, Herrscher, Könige, Heilige, usw. Auch der Hl. Franziskus von Assisi pilgerte im Mitten dieser wirren, und manchmal lärmenden Menschenmenge: "Per sua devozione andó a San Giacomoe de Galizia".

WIE GEPILGERT WURDE

Die Pilger wanderten gewöhnlich in Gruppen zum gegenseitigen Schutz. Sie trafen sich im Ausgangsort, Arles, Le Puy, Vézelay, Orleáns, usw. dort wurden sie von den Ortseinwohnern mit einer feierlichen, religiösen Zeremonie verabschiedet. Dabei wurden ihnen die geweihten Gegenstände oder Pilgergewänder angelegt: Den Hut zum Schutz gegen die Sonne; den Pilgermantel zum Schutz gegen Kälte und Regen; den Ranzen für das Essen; die Kürbisflasche für das Wasser und den Pilgerstab zur Verteidigung und Stütze.

Die Muschel, "vieira", welche die Pilger aus Galicien mitbrachten, wurde bald zum Symbol der Pilgerwanderung zum Grab des Hl. Jakobs.

DAS HEILIGE JAHR

Die Gnade des Heiligen Jahres von Compostela geht auf die Zeit des Papstes Kallistus II. zurück, der ein großer Verehrer de Hl. Jakob war. Jedesmal, wenn der Fest des Apostels auf einem Sonntag, Tag des Herrn, fällt, ist Heiliges Jahr.

DIE "COMPOSTELA"

Die Pilger, die bewiesen, daß sie tatsächlich Pilger waren, und keine Bösewichte oder Landstreicher, wurden im großen Hospital de los Reyes Católicos aufgenommen. Das ist eine Tradition, die bis heute noch fortbesteht.

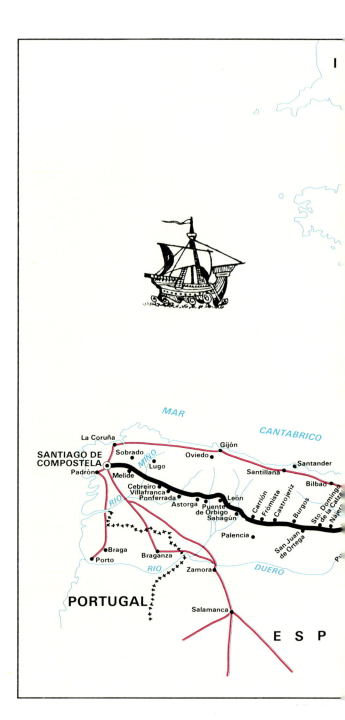

Die Pilger müssen mit einem "Hl.–Jakob– Ausweis" oder mit einem anderen Schriftstück versehen sein, das die Unterschrift und Stempel einiger Pfarrkirchen, Gemeinden oder Klöstern enthält.

Wenn man in Santiago ankommte, stellt man sich beim Sekretariat der Kathedrale vor. Nachdem festgestellt wurde, daß Du ein Pilger bist, erhälst Du Information und Hilfe, die "Compostela".

WEGE NACH COMPOSTELA

Die Pilger selbst haben sich ihren Weg gebahnt. Sie benutzten die beiden einzigen sicheren Zugänge der römischen Wege zu den Westpyrenäen: die Route von Port de Cize (Ibañeta), über die man de große Straße von Bordeaux-Astorga erreichte, oder die Route vom Somport, die zur Straße von Bordeaux, Dax, Jaca, Zaragoza führte.

In den ersten Jahren der Pilgerwanderungen hat de Weg mehrere Veränderungen erfahren. Der Rückzug der Araber und die Bildung neuer Königreiche trugen dazu bei.

Sancho der Ältere, in Navarra (995-1035); Alfons VI., in Kastilien un León (1065-1109) und Sancho Ramírez, in Navarra und Aragonien (1076-1094) tragen zur endgültigen Festlegung der Pilgerroute nach Compostela bei.

Nachdem der Weg zum Grab des Hl. Jakob feststand, wurde er im ersten Drittel des 12. Jahrhunderts von Aymeric Peccaud zurückgelegt. Mit seinem "Führer" hinterläßt er uns ein wertvolles Zeugnis der interessantesten Marksteine dieser historischen Route, die wir jetzt einschlagen wollen.

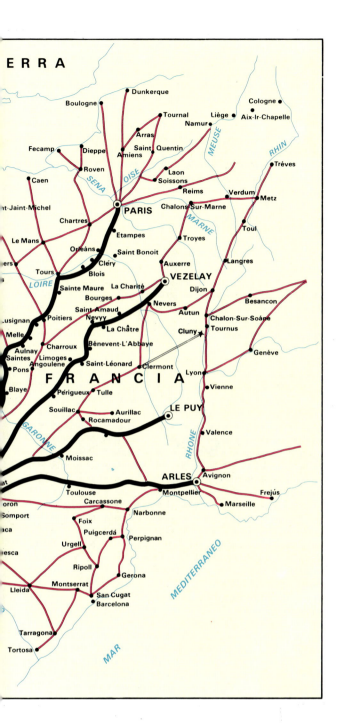

a) Französische Wege

Die Städte Arles, Le Puy, Vézelay und Orleáns sind die Ausgangspunkte der vier französischen Routen, die nach Spanien führen.

Die Pilger, welche die Route von Arles, Toulouse, Oloron einschlugen, überquerten die Pyrenäen über den Bergpaß Somport.

Die drei weiteren Routen vereinigten sich auf der Höhe von Ostabat. Diese Straße führte dann bis zum Bergpaß Cize (Ibañeta) auf.

b) Spanische Wege

Aymeric Picaud weist auf die beiden wichtigsten Routen, die über die Bergpässe Somport und Cize, nach Spanien führen.

Bei der Somport-Route nennt er drei Etappen: 1. Borce-Jaca; 2. Jaca-Monreal; 3. Monreal-Puente la Reina, die sie sich dor mit der Cize-Route vereint.

Bei der Port de Cize-Route, welche Picaud eingeschlagen hat, weist er folgende Etappen bis Compostela:

1. Saint-Michel-Viscarret; 2. Viscarret-Pamplona; 3. Pamplona-Estella; 4. Estella-Nájera; 5. Nájera-Burgos; 6. Burgos-Frómista; 7. Frómista-Sahagún; 8. Sahagún-León; 9. León-Rabanal; 10. Rabanal-Villafranca; 11. Villafranca-Triacastela; 12. Triacastela-Palas do Rei; 13. Palas do Rei-Santiago. Mit dem "Codex Calixtinus 1982" werden wir Dich auf der historischen Route von Aymeric Picaud begleiten, die aus dem "Codex Calixtinus" des 12. Jahrhunderts stammt.

Lieber Pilgerfreund und Reisegefährte! Auf dieser Landkarte biete ich Dir den Weg, auf welchem der Pilger Aymeric Picaud in der ersten Hälfte des 12. Jahrhunderts gewandert ist und der später von ihm aufezeichnet wurde.

Picaud ist ein französischer Geistlicher aus Parthenayle Vieux. Um 1123 pilgert er nach Compostela. Danach schreibt er ein aus fünf Büchern bestehendes Werk über den Hl. Jakob; dieses beendet er im Jahre 1139.

Um Ansehen und Ehre des Apostels zu vergrößern, stellt er die Zusammenstellung dieser fünf Büchern als ein Werk des Papstes Kallistus II dar, der ein großer Verehrer des Apostels war. Daher stammt die Bezeichnung **Codex Calixtinus.**

Das 5. Buch, "Liber Sancti Jacobi", das uns hier am meisten interessiert, beschreibt die Ausgangspunkte der vier Wege, die von Frankreich nach Compostela führen. Sie überqueren die Pyrenäen über die Bergpässe Somport und Cize und verschmelzen zu einem einzigen Weg bei Puente la Reina. Darin werden die Etappen des Weges nach Santiago von den Pyrenäen bis nach Compostela genannt, mit wertvollen Hinweisen auf Ortschaften, Krankenhäuser und Wohltätigkeitszentren des Weges. Wir finden eine Beschreibung der Flüsse, Nahrungsmittel, und einen Überblick über Charakterzüge der Leute usw.

Auf der Landkarte führe ich alle Ortschaften auf, die Picaud auf seiner Pilgerwanderung nennt, sowie die Etappen oder Tageswanderungen, die er zusammenfaßt, und die Du und ich, mit Hilfe des Apostels, zurücklegen werden...

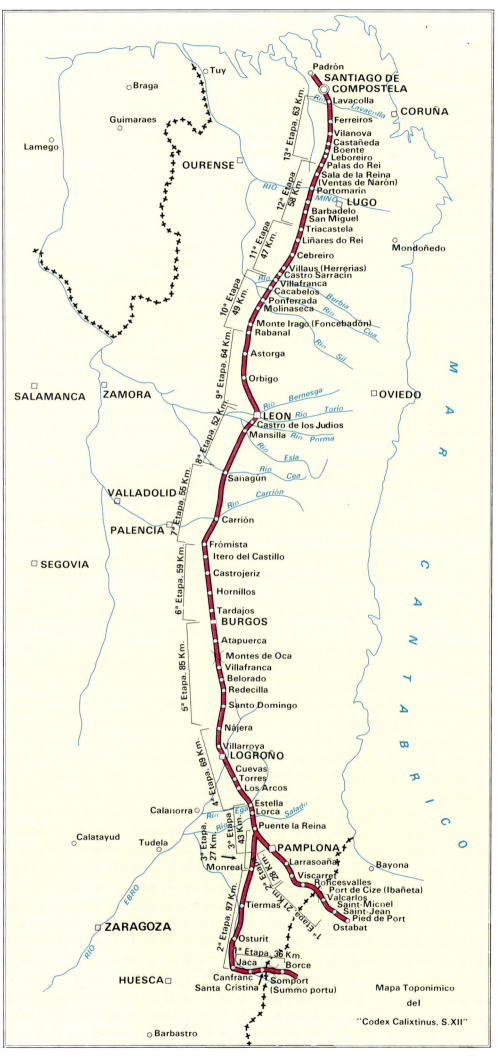

DER WEG DURCH ARAGONIEN

Juan Francisco Arnárez
Elías Valiña Sampedro

Die Pilger, welche die Straße von Arles, über Saint-Gilles, Montpellier, Toulouse un Oloren einschlugen, überquerten die Pyrenäen über das Bearn-Tal von Aspe, und stiegen weiter bis zur Grenze des Somport, der "summus portus".

Aymeric Picaud folgt die Route über Port de Cize. Auf der Somport-Route nennt er drei Etappen von Vorce bis Puente la Reina.

«Codex Calixtinus»
1. Etappe: Borce-Jaca, 36 km.

Borce ist das mittelalterliche Borcia und das Borsa von Bearn. Der Weg führt über die Hauptstraße des Dorfes und an der linken Uferseite des Flußes Aspe entlang, bis zum Ort Urdós, der letzte in diesem Tal. Er führt empor bis zum Dorf Fondería oder Forges d'Abel, dann weiter durch den Wald Espelunguera, über den Fluß Aspe, bis zu den Bergabhängen Peiranera, dann erreicht er die Grenzbergspitze Somport.

Somport wird auch **Aspe** genannt und ist die höchste Erhebung. In dieser Hochgegirgslandschaft sind heutzutage zahlreiche Hotels anzutreffen.

Candanchú. Auf dem Bergabhang der spanischen Grenze liegt der Ort Candanchú, ein Fremdenverkehrsort mit vielen Sporteinrichtungen. Die neuen Gebäude und Erdhügel haben den alten weg zum Teil verdeckt.

Bald werden wir den Fluß Astún überqueren; dieser bildet zusammen mit dem Bach Candanchú den großen Fluß Aragón, der diesem Gebiet seinen Namen verleiht.

Edelweiss H**, 152 Betten. Telefon: 37 32 00. Pirineos RA***, 160 Betten. Telefon: 37 30 00. Candanchú H**, 90 Betten. Telefon: 37 30 25. Somport H*, 13 Betten. Telefon: 37 30 09.

Santa Cristina. Dieser Ort befindet sich auf der linken Seite, im Winkel, den Dein Weg und der Fluß Astún mit der Landstraße bildet. Dieser historische und fast legendäre Ort ist ein Herbergszentrum.

Im "Colex Calixtinus" wird es als eine der drei bedeutendsten Herbergen der Welt genannt: die von Jesusalem, von Mont-Joux und die von Santa Cristina, "quod est in Portibus Aspe", "im Dienst der Armen und Pilger".

Im Jahre 1226 unterstanden dieser Herberge und Priorat 14 Kirchen in Frankreich und 30 in Aragonien.

Die Könige Peter I., Ramiro II. und Peter II. sind die großen Wohltäter dieser Herberge, sowie auch die Päpste Paschalis II. und Eugen III.

Als sie Gegenstand religiöser und politischer Kämpfe wurde, begann ihr Zerfall. Im Jahre 1569 schloß sie schon ihre Türen.

Ein Kreuz oder etwas ähnliches müsste heute an diese historische Stätte auf dem Wege nach Compostela erinnern.

Die Burg von Candanchú. Beim Abstieg siehst Du bald auf der linken Seite einen felsigen Hügel; auf seinem Gipfel befand sich die Burg, die zur Verteidigung des europäischen Weges diente.

Die alten Quadersteine dieser Burg, sowie auch die von Santa

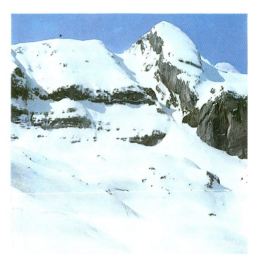

Candanchú. Landschaft von Somport, Der "Summus portus".

Candachú. Wintersportort.

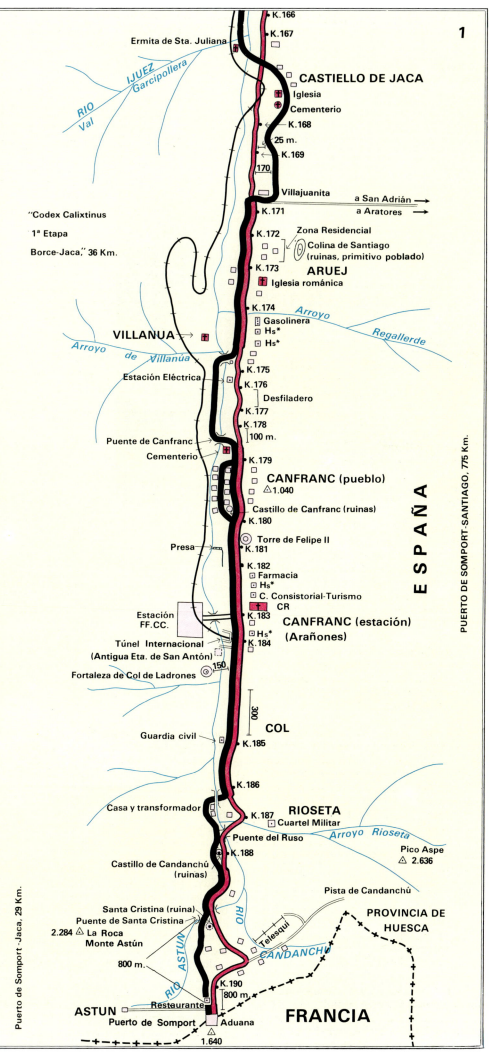

Candanchú. Moderner Ort, der auf der jakobäischen Route entstanden ist.

Cristina, wurden im vargangenen Jahrhundert zur Errichtung der Mauern an der internationalen Landstraße verwendet.

Col de Ladrones. Kurz vor der Puente del Ruso. (Brücke des Russen), die über dem Fluß Aragón liegt, muß man die Landstraße verlassen um den Weg am linken Flußufer fortzusetzen.

Die weite und herrliche Landschaft der Höhen von Somport beschränkt sich nun auf das breite Tal des Fluses Aragón, auf welchem sich, enganeinandergedrückt, der Weg, die Landstraße, die Eisenbahnschienen und der Fluß herabschlängeln.

Oben, auf der linken Seite, erhebt sich die Festung Col de Ladrones, die in einem guten Zustand ist.

Etymologie von Col de Ladrones: Diebe, Abhang. Seine Aufgabe: die Verteidigung des europäischen Weges.

Arañones. Dieser Ort ist das erste Stadtviertel von Canfranc, mit internationalem Bahnhof und mehreren Hotels.

Seine Etymologie: Aragón, Arangones, Arañones. Die Bezeichnung Arañones wird von dem Namen Canfranc, dem angrenzenden Dorf, verdrängt.

Villa Anayet H**, 125 Betten. Telefon: 37 31 46. Ara H*, 54 Betten. Telefon: 37 30 28. International H**, 50 Betten. Telefon: 37 30 11. Casa Marroco H*, 74 Betten. Telefon: 37 30 07.

Zwischen Arañones und Canfranc erhebt sich auf der rechten Seite die Burg von Phillip II., von woaus der Zugang zu Aragonien und der Weg nach Compostela gut verteidigt werden konnte. Sie ist ein Werk von T. Spanochi und wurde im Jahre 1592 gebaut. Der Turm ist vollständig erhalten geblieben und auch ein Teil des Burggrabens.

Canfranc. "Campo franco" (Freies Feld), erstreckt sich am Wege und an der Landstraße entlang. Der Bau des Bahnhofes und des Staubeckens hat in den Weg eingegriffen. Hinter dem Staubecken kann man immer noch auf der linken Seite die Spuren der ursprünglichen Route wahrnehmen, und Du kannst ihnen folgen.

Canfranc ist ein modernes Dorf mit mittelmäßigen Bauten. Der ehemalige Ort verbrannte vollständig im Jahre 1940. Es sind

Reste der Festung erhalten geblieben, die beim Bau der Landstraße niedergerissen wurden.

Villanúa. "Villa nova". Der Weg überquert den Fluß über eine mittelalterliche Brücke und vereint sich dann mit der Landstraße.

Am linken Ufer des Flußes findet man den alten Teil vom Dorf. Der neue Teil, aus Hotels und Villas bestehend, liegt an der Landstraße.

Roca Nevada H*, 63 Betten. Telefon: 37 80 35. Reno HR*, 34 Betten. Telefon: 37 80 66.

Aruej, mit einer bescheidenen romanischen Kirche, die eine halbkreisförmige Apsis hat, ohne Kuppel. Das Portal hat einfache Hauptbögen.

Castiello de Jaca. Auf der Höhe des Hauses "Villajuanita" zweigt der Weg von der Landstraße zwischen Feldern und Wiesen ab, und führt zum Dorf Castiello hinauf.

Die Überreste der alten Burg haben dem Dorf seinen Namen gegeben.
Die romanische Kirche wurde im 16. Jahrhundert teilweise umreformiert. Wertvolle Truhe mit echten Reliquien.

El Mesón H**, 56 Betten. Telefon: 36 11 78.

Puente de Torrijos. Von Castiello führt der Weg steil ab und überkreuzt die

Canfranc. Gesamtansicht.

Skilaufen in Candanchú.

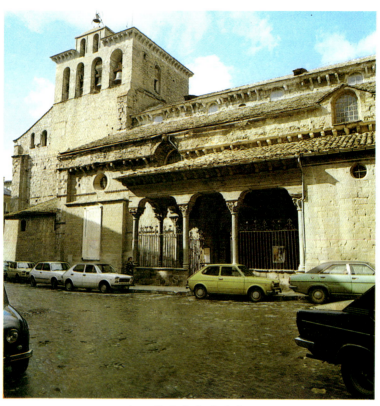

Jaca. Kathedrale. Südseite.

Landstraße und den Fluß. Er verläuft auf der linken Seite weiter, neben den Ruinen der Wallfahrtskirche Santa Juliana, über die Schlucht Garcipollera, bis nach Torrijos, wo er wieder mit der Landstraße zusammefließt.

San Cristóbal. In der Nähe von Jaca führt der Weg von der Landstraße ab bis zur Wallfahrtskirche San Cristóbal.

Diese Wallfahrtskirche wurde im Mittelalter gabaut und wird von einem Priester, dem "fratre" von San Cristóbal geleitet.

Spital de la Salud. Es liegt schon außerhalb der Stadt Jaca. Ein romanisches Kapitell ist der einzige Überrest dieses Spitals, das sich der Plege von Leprakranken widmete.

JACA. Ende der 1. Etappe: Borce-Jaca. Die Pilger traten durch das Tor San Pedro in die Stadt ein. Ihr erster Besuch galt der Kathedrale, um vor dem Bild des Apostels und den Reliquien der Märtyrerin Santa Orosia, der Patronin der Stadt, zu beten.

Jaca, die ersehnte Stadt der Pilger in Mitten der Pyrenäen, stellte ihnen die Spitäler San Pedro und Santa Orosia, Sancti Spiritus und San Juan Bautista zur Verfügung.

Die **Kathedrale** ist das wichtigste Baudenkmal von Jaca. Du mußt ihr einen ausgedehnten Besuch abstatten. Sie zeigt bedeutende Fortschritte auf architektonischem Gebiet und bei der Bildhauerkunst. Mit ihrem Bau wurde während der Herrschaft von Ramiro I. (1063) begonnen. Dieser König hinterläßt in seinem Testament einen Nachlaß für die Kirche "Sancti Jacobi, in Galletia".

Im Kreuzgang und anderen Räumen befindet sich das Diözesenmuseum mit guten romanischen Gemälden.

Im Portikus sieht man ein ausgezeichnetes Schnitzwerk des Apostels, aus dem 16. Jahrhundert.

Die **Zitadelle** wurde zur Zeit von Phillip II. errichtet, mit einer starken, fünfkantigen Mauer und Graben. Die Mauer ist in Europa ihrer Art nach einmalig.

Die **Kirche Santiago** wurde zweimal erneuert, im Jahre 1088 und im 18. Jahrhundert.

Jaca ist eine liebenswürdige, saubere und schöne Stadt; mit Sportanlagen, Campingplätzen und vielen Hotels.

Gran Hotel HR***, 140 Betten. Telefon: 36 09 00. Conde de Aznar, H**, 41 Betten. Telefon: 36 10 50. La Paz HR**, 66 Betten. Telefon: 36 07 00. Pradas HR**, 73 Betten. Telefon: 36 11 50. Mur H*, 141 Betten. Telefon: 36 01 00. El Abeto HR**, 36 Betten. Telefon: 36 16 42. Paris HR*, 37 Betten. Telefon: 36 10 20. Casa Sanz HR*, 19 Betten. Telefon: 36 03 30. Galindo HR*, 31 Betten. Telefon: 36 13 67. Victoria HR*, 24 Betten. Telefon: 36 03 23.

"Codex Calixtinus"
2. Etappe: Jaca-Monreal, 97 km

Einmal außerhalb von Jaca führt der Weg nach Westen. Die Wallfahrtskirche

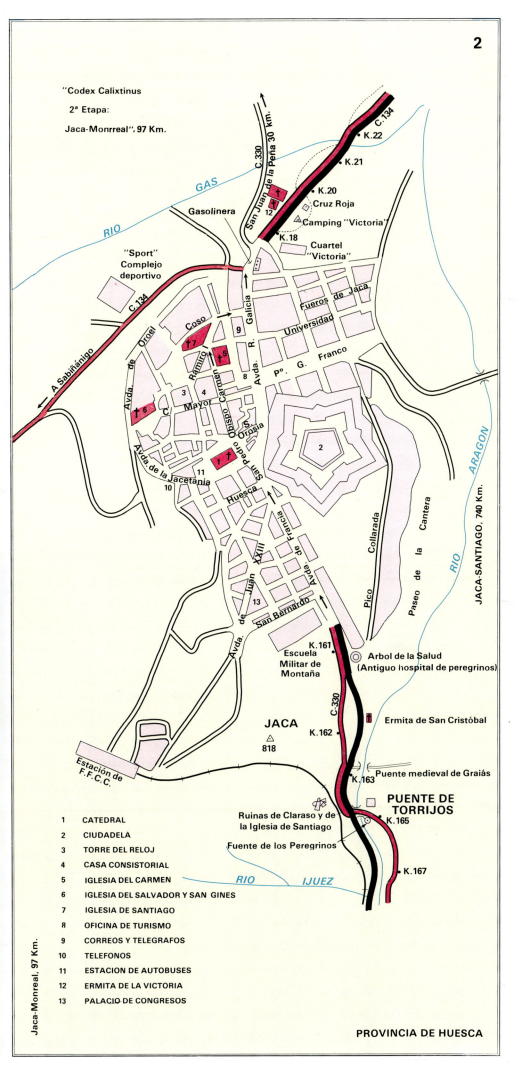

Virgen de la Victoria (Gottesmutter vom Sieg) erinnert an den Sieg der Bevölkerung Jacas über die Araber in 9. Jahrhundert.

Der sanft hinabfallende Weg – immer parallel zur linken Uferseite vom Fluß Aragón – bietet dem Wanderer einen angenehmen Spaziergang.

Beim 27. Kilometer wird man auf der linken Seite auf eine Landstraße kommen, diese führt nach Santa Cruz de la Serós und nach San Juan de la Peña.

In **Santa Cruz de la Serós**, gibt es eine schöne romanische Kirche, mit drei herrlichen Wölbungen, einem Turm und einer achteckigen Kuppel.

Das Kloster von **San Juan de la Peña**, befindet sich unterhalb eines Felssteines. In ihren Mauern finden wir die Gruft in der die Könige Aragoniens besttatet wurden. Ein Denkmal, das mit westgotischen, romanischen, gotischen Elementen, sowie Stücken aus der Renaissance errichtet wurde.

Aragón H**, 22 Betten. Telefon: 37 70 24.

Santa Cilia de Jaca ist ein kleines Dorf. Es hatte eine Wallfahrtskirche, die dem Hl. Jakob geweiht war.

Puente de la Reina ist der ehemalige Königssitz "Astorito", der im "Codex Calixtinus" "Osturit" genannt wird. Heute ist nichts mehr davon anzutreffen.

Berdún. Ein malerisches Dorf. Es wird von einem Hügel gekrönt, der wie eine Festung darüber wacht.

Das Bauernhaus stammt aus dem Mittelalter. Es ist sehenswert.

Tiermas. Der alte Weg und die Landstraße wurden kürzlich vom Wasser des Stausees Yesa bedeckt.

Tiermas erhebt sich über dem Wasser des Stausees. Der Ort wird von einem kleinen, einzelstehenden Hügel gekrönt, der wie ein abgestumpfter Kegel aussieht. Es gibt auch alte Bauernhäuser im mittelalterlichen Stil, die leider verlassen stehen.

Auf dem "Codex Calixtinus" wird Tiermas als Ortschaft erwähnt, in der es "wirkliche Bäder mit immer heißem Wasser gibt". Diese römischen Thermen stehen heute unter dem Wasser des Stausees begraben.

San Juan de la Peña. Romanischer Kreuzgang.

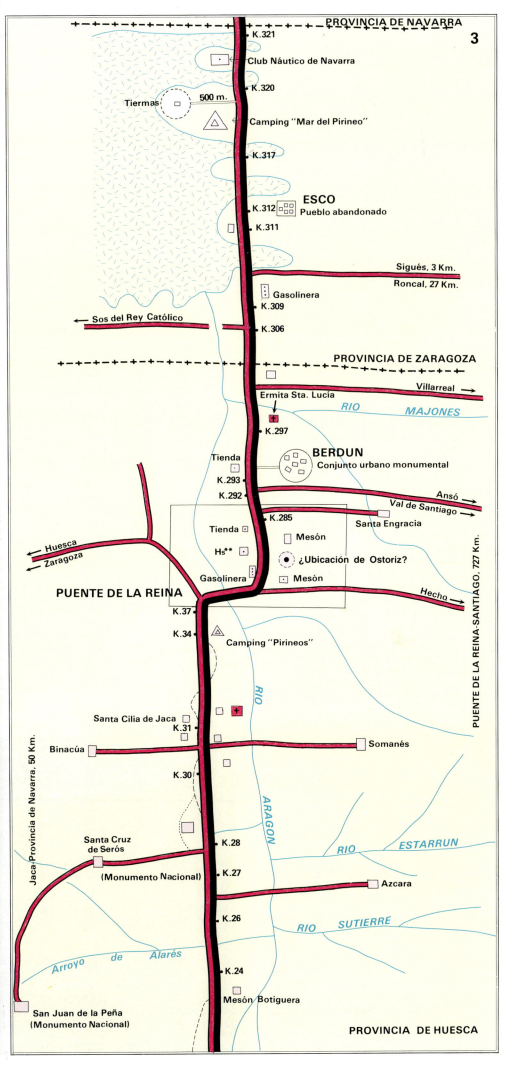

NAVARRA

Juan Francisco Arnárez
Elías Valiña Sampedro

Yesa, ist ein moderner Ort mit Fremdenverkehr, und ist der Ausgangspunkt für zwei interessante Ziele: **Leyre** und **Javier.**

Leyre. Bevor man Yesa erreicht, kurz nach der Grenze der Provinz Navarra, sehen wir auf der rechten Seite einen Zugang zum Kloster Leyre.

Das ist ein altes Benediktinerkloster, seine Gruft und Apsis stammen aus dem 11. Jahrhundert. In diesem ehemaligen Bischofssitz, der auch Königshof war, befindet sich die königliche Ruhmeshalle. Zur Zeit der arabischen Herrschaft wurde sie von Königen und Bischöfen als Zufluchtsort benutzt.

Da es nicht mehr erträglich war, verließen die Mönche diese tausendjährigen Bauten. Der Landesausschuß von Navarra ist seit dem Jahre 1954 darum bemüht, daß die Mönche vom H. Benedikt zurückkehrten.

Eine Legende erzählt, daß in Leyre der Mönch San Virila verzückt vom Gesang eines Vogels erst dreihundert Jahre später zum Kloster zurückgekehrt. Das Kloster muß unbedingt besucht werden.

Kloster: Telefon 88 40 11.
Herberge: Telefon 88 41 00.

Javier befindet sich links von Yesa und vier Kilometer davon entfernt. Es ist der Geburtsort des Hl. Franz Xaver und das geistliche Zentrum dieser Gegend. Im März treffen sich hier viele Tausend junge Leute zu den "Javieradas".

Mesón H*, 15 Betten. Telefon: 88 40 35. Javier H**, 61 Betten. Telefon: 88 40 06.

Von Yesa aus führt der Weg nach Liébana.

Sangüesa wurde oft von den Pilgen besucht, die ihren Weg ab Yesa umleiteten, und den Fluß Aragón über eine Brücke überqueren, die heute fast völlig zerstört ist.

Mittelalterliche Stadt. Rocaforte war der erste Kern der Bevölkerung, die römischen Ursprungs ist.

Kirche Santa María de Rocamador. Sie steht unter Denkmalschutz. Der Bau, der aus dem 12. Jahrhundert stammt, wurde nachträglich mehrmals umgebaut. Sie hatte drei Schiffe. Die drei Wölbungen sind erhalten geblieben. Das Portal, mit seinem Giebelfeld, Säulenstatuen und vielen Skulpturen ist eine wahre Kostbarkeit.

Die Kirche Santiago, stammt aus dem 12. und 13. Jahrhundert. Sie beherbergt eine gotische Statue des Hl. Jakob.

Die Kirchen San Salvador und San Francisco stammen aus dem 13. Jahrhundert, ihre Altaraufsätze sind herrliche Werke aus der Gotik und der Renaissance.

Der Palast des Herzogs von Granada stammt aus dem 15. Jahrhundert und ist gotisch.

Der Königspalast, Hof der Könige von Navarra, Sitz des Prinzen von Viana. Die Spitäler de la Magdalena und San Nicolás gaben den Pilgern Obdach.

Yamaguchi H*, 77 Betten. Telefon: 87 01 27.

Von **Sangüesa** pilgern wir nach **Rocaforte,** einem malerischen ländlichen Dorf. Laut den Berichten der Franziskanern war das der erste Aufenthaltsort des Hl. Franziskus von Assisi auf spanischem Boden.

Die Pilger, die den direkten Weg verlassen haben um Sangüesa zu besuchen, kehren nun in **Liédena** wieder auf die direkte Route von Yesa zurück.

Sancho III., der Ältere beschenkte das Kloster Leyre mit diesem Dorf; seine Weine sind sehr bekannt.

La Torre H*, 68 Betten. Telefon: 87 06 10.

Der alte Weg führte von Liédena hinauf am linken Ufer des Flußes Irati entlang. Auf der Höhe der Schlucht Foz de Lumbier führte er über den Fluß über eine Brücke, von welcher noch teilweise ein kühner Bogen erhalten ist.

Auf der Landstraße N-240, halten wir nach dem Kilometerstein 39 ein und besichtigen die Ausgrabungen eines römischen Dorfes, das sich zwischen der Landstraße und dem Fluß Irati befindet. Eine herrliche Landschaft, der alte Pilgerweg, die Überrreste der Brücke und die eindrucksvolle Schlucht Foz de Lumbier erwartet uns.

Venta de Judas. Rechts erreichen wir das Ufer des Flußes Irati und bald darauf die Venta de Judas (geschlossen) an

Sangüesa. Santa María la Real. Romanische Portal, 12. Jahrhundert.

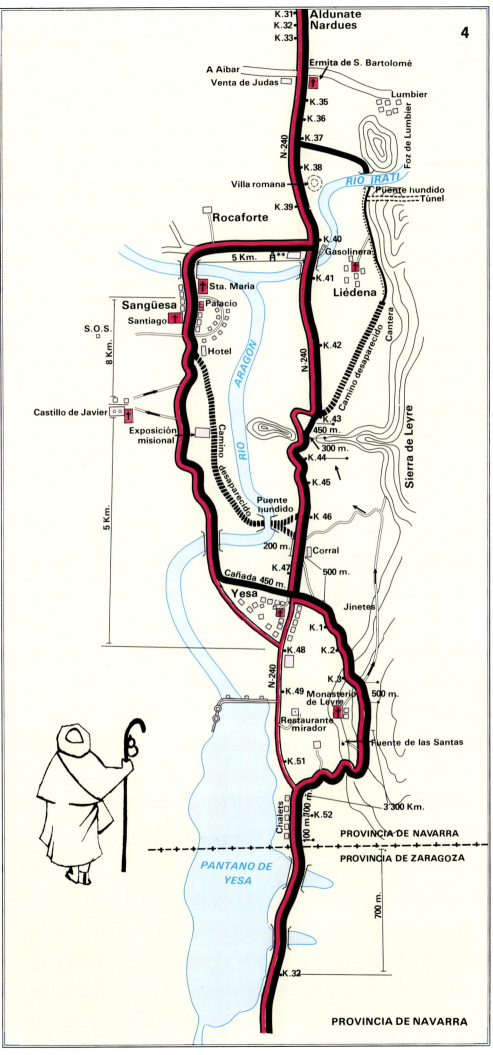

einer Straßenkreuzung. Der Weg wird geradeaus fortgesetzt.

Alto de Poiti. Der Aufstieg nach Poiti ist etwas schwierig. Auf der rechten Seite befinden sich zwei nicht weit voneinander entfernt liegende Orte, Nardúes und Aldunate.

Hoch oben befindet sich ein einziges in Ruinen stehendes Haus.

Idocín. Der Abstieg nach Idocín ist angenehm. In dieser kleinen Ortschaft gibt es eine kleine gotische Kirche.

Ab Idocín führte der Weg nach Salinas und Monreal. Die Flurbereinigung hat ihn ausgelöscht. Wir müssen auf der Landstraße weiterpilgern.

Montreal. Ender der 3. Etappe des "Codex Calixtinus". Unser Aymeric nannte den Ort "Mons Reellus". Der Name stammt von der Burg, die auf dem kleinen Hügel in der Nähe des Dorfes liegt, Monte-Real. Der Ort hatte am Hofe einen Sitz. García VI. der Erneuerer, gewährte ihm Vorrechte. Die Zugangsbrücke aus dem Mittalter ist gut erhalten.

Unzué H*. Telefon: 31 60 00.

"Codex Calixtinus"
3. Etappe: Monreal-Puente la Reina, 24 km

Auf der Strecke von **Monreal** bis **Yarnoz** existiert dieser Weg nicht mehr, und wir müssen auf der Landstraße wandern. An der ersten Straßenkreuzung biegen wir links ein, in Richtung Campanas. **Otano** ist das erste Dorf. Danach folgt **Esperun,** von dort aus führte der heute schon verschwundene Weg nach **Guerendiáin** und **Tiebas.**

Ventas de Campanas ist ein wichtiger Verkehrsknotenpunkt, ein moderner Ort ohne Spuren der Pilgerwanderungen. Berühmte Weine.

Iranzu H**, Telefon: 35 50 67.
Tere H*, 11 Betten. Telefon: 35 50 09.

Eneriz. Hier können wir die Landstraße verlassen und auf dem Weg weiter nach Eunate pilgern.

Eunate, sehr bekannt wegen seiner einzigartigen, romanischen Kirche, die einen achteckigen Grundriß hat. Ein freistehendes Bogenwerk umgibt den Bau. Es war sehr umstritten, wozu sie diente. Wie es scheint war sie eine Begräbniskapelle. Einige Überreste bestätigen die Beerdigung von Pilgern.

Obanos. Von Eunate aus können wir schon auf einem kleinen Hügel die Bauernhäuser von Obanos erkennen. Wir begeben uns hinauf. Wenn wir den Bogen, der in der Nähe der Herberge steht, erreicht haben, wenden wir uns zur Ballspielhalle. Setze den Weg in Südlicher Richtung fort. Danach kommen wir zur Wallfahrtskirche San Salvador; nach einigen Metern stoßen wir auf die Route von Roncesvalles.

Herber Arnotegui Hs**, 16 Betten. Telefon: 34 01 53.

Puente la Reina, ein in der Nähe von Obanos liegender Ort, ist das **Ende der 3. Etappe des "Codex Calixtinus".**

Romanische Kirche von Eunate.

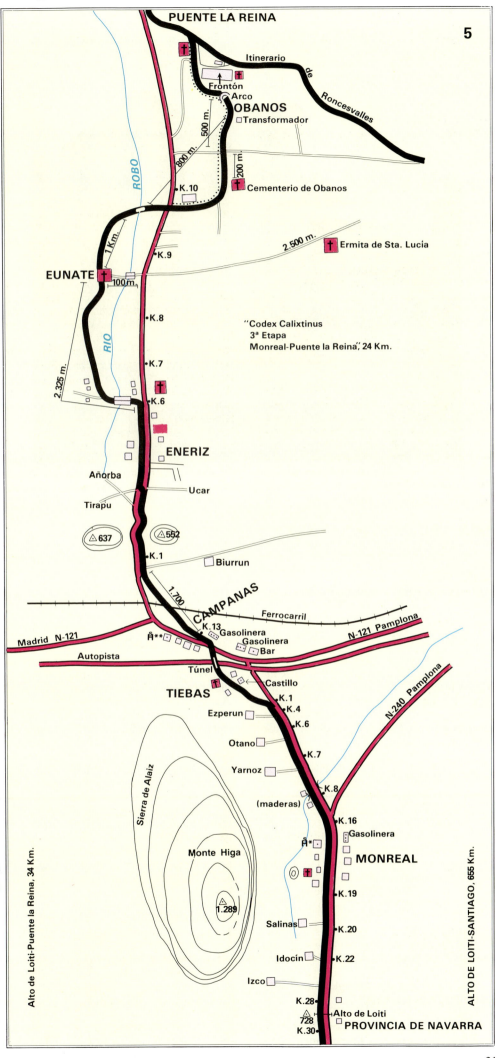

San Juan de Pie de Puerto, Hauptstadt der Navarra Baja (Nieder-Navarra)

DER WEG DURCH NAVARRA

Javier Navarro
Mitarbeiter: Elías Valiña Sampedro

Die Pilger, die auf einer der drei Routen wanderten, die von Paris, Vézelay oder Le Puy ausgingen, trafen sich in Ostabat und begaben sich von dort aus nach Saint-Jean Pied de Port, das am Fuße der Pyrenäen liegt.

Saint-Jean Pied de Port ist eine elegante Kleinstadt, mit einer weit zurückgreifenden Geschichte, hat 1 700 Einwohner, mehrere Hotels und Campingplätze.

(Madame Debril, Mitglied der Vereinigung von "Les Amis de Saint-Jacques" kann Dir einen Pilgerusweis besorgen. Sie wohnt in der Rue de la Citadelle, Telefon: 37 03 79).

Saint-Jean Pied de Port ist Ausgangspunkt für zwei Routen, welche über die Pyrenäen führen:

A) **Die Route der "Bergkämme" oder der "Berpässe von Cize"**

Die römische Straße von Bordeaux nach Astorga existiert immer noch. Diesen Weg benutzten die römischen Heere, die arabischen Angreifer, Karl der Große, Aymeric Picaud, Napoleon, u.v.a.

Geh von der Pfarrkirche aus, und am Portal von Nôtre Dame vorüber, dann am Fluß Nive, geh dann auf der Rue d'Espagne geradeaus weiter. Bald kommt ein steiler Aufstieg. Du befindest Dich jetzt auf einem Hügel. Bleib stehen und schau: dort hinten, auf der linken Seite, steht ein kegelförmiger Berggipfel, der sich am Horizont abhebt und mit Bäumen bedeckt ist, ebenfalls wirst Du dort zwei kleine Häuser sehen. Bald wird man zwischen den beiden Häuser pilgern. Du hältst es sicher nicht für möglich, aber es ist Wirklichkeit.

"Codex Calixtinus"
1. Etappe: Saint-Michel-Viscarret, 40 km

Saint-Michel. Dieser Ort war im Mittelalter bedeutend. Von hier aus begann Aymeric Picaud de Etappen des Weges nach Santiago aufzuzählen.

Saint-Michel steht ein wenig abgelegen. Der Ort befindet sich

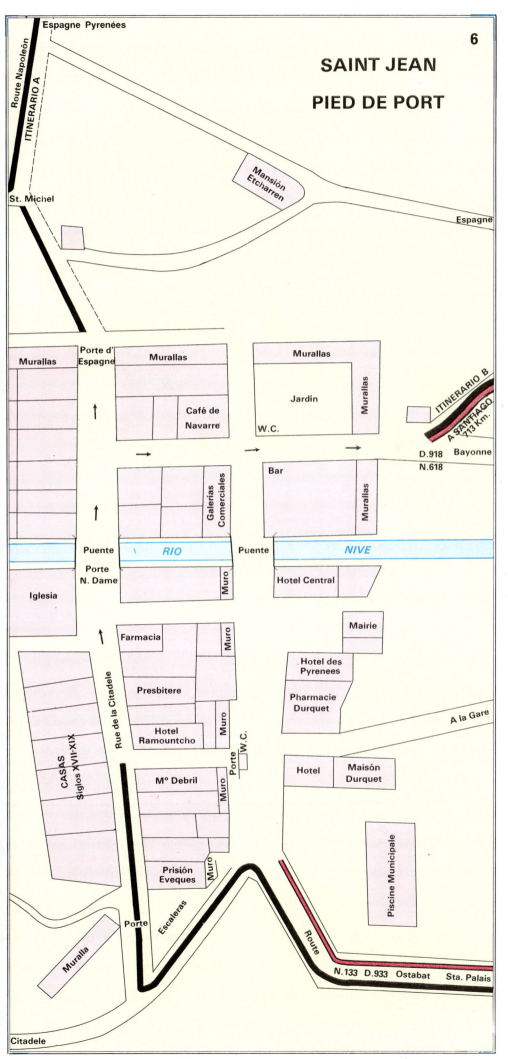

auf der linken Seite, auf dem direkten Wege von **Saint-Jean le Vieux**.

Im Jahre 1072 befanden sich am Zugang von Saint-Michel ein Kloster und ein Spital, die dem Hl. Vinzenz geweiht waren. Sie gehörten zu Leyre, zur Kirche von Compostela und zu Roncesvalles.

Hinter dem Bauernhof von **Etchebestia** vereint sich der Weg von Saint-Jean le Vieux mit dem von Saint-Jean Pied de Port. Ein alter Kastanienbaum dient an dieser Stelle als Wegweiser.

Erreculuch, Ein Bauernhaus, das die Stelle des verschwundenen Priorats Santa María Magdalena einnimmt, bietet den Pilgern Zuflucht.

Untto ist das wichtigste Gehöft des Viertels Arbosa von Saint-Michel. Bis Roncesvalles stöß man auf keinen anderen bewohnten Häusern.

In Orisson befand sich das Priorat Santa María Magdalena, das zu Roncesvalles und zur Abtei Lahonce gehörte. Das Priorat wurde als Belohnung für die an die Pilger geleistete Hilfe von Karl III. von Navarra von der Steuerzahlung befreit

Biakorre ist ein Hügel, auf dem die Schäfer eine bescheidene Statue der Hl. Jungfrau aufgestellt haben.

Château-Pignon, steht auf der linken Seite des Weges, auf der Bergspitze **Hostateguy** und ist Überrrest einer Feldschanze, die von Ferdinand dem Katholischen zur Eroberung von Navarra errichtet worden war. Der Herzog von Alba benutzte diese Feldschänze als Lager für Kriegsmaterial. Die Festung wurde im Jahre 1783 von Ventura Caro im Kriege gegen die französische Konvention erobert.

In der Ferne, im Osten, kann man die Gipfel von Ori, Anie, Tres Reyes und die Bergkette des Aspe sehen, die über die Route von Somport wacht.

Urdenarri ist der Gipfel, der neben dem Gipfel con Château-Pignon liegt. Bevor Du ihn erreichst, kommst Du auf einen asphaltierten Weg, der von Arneguy ausgeht. Hinter Urdenarri, 900 m davon entfernt, müssen wir den der Weg, den wir ab Saint-Jean Pied de Port verfolgt haben, verlassen. Dieser Weg führt über den nördlichen Teil des Berges Leizar-Atheka.

Wir aber werden den Weg nach rechts nehmen, anfangs ist das Gebiet flach, doch dann steigt der Weg empor, über grünen Wiesen, bis zur felsigen Spitze des Leizar-Atheka, de die man ungefähr 150 m entfernt auf der rechten Seite liegen sieht.

Leizar-Atheka ist ein felsiger, von Osten nach Westen länglich ausgestreckter Gipfel, und ist der erste Berg, den wir auf der rechten Seite antreffen.

Der Weg führt über diese Bergspitze, über einen Einschnitt, der auf der Höhe seines letzten Drittels gemacht wurde.

Nun wird der Weg angenehm und eben. Wir kommen zu einer Schlucht mit Bächen und Morast. Auf der rechten Seite erscheint die Grenze mit dem Stacheldraht. Bald sind wir am Zaungitter, das den Zugang der Tiere versperren soll.

Schon auf spanischem Boden nimmt der Weg einen leichten Anstieg. Er ist so gut, daß er fast befahren werden könnte. Auf der rechten seiht man tiefe Schluchten.

Bentartea ist der erste Hügel, den Du auf spanischem Boden antriffst. Der Weg führt nach rechts und befindet sich über den Spitzen der Bäume, welche die Schlucht bedecken. Du kommst an den Ruinen eines ehemaligen Zollwächterhäuschens vorüber.

Elizarra. Dort befinden sich die Ruinen einer Wallfahrtskirche, die zu Roncesvalles gehört.

Izandorre ist ein flacher Bergsattel. Geh weiter geradeaus und steige den Berg hinauf.

Von hieraus erspähten die Basken den Rückzug des Karolingerheeres.

Es ist der "excellentissimus mons" von Aymeric Picaud, der sogar heute noch für den Pilger echte Schwierigkeiten darstellt.

Lepoeder ist der letzte Gipfel der Pyrenäen. Er bildet einen weiten, nach allen Seiten hin offenen Hügel. Von hier aus hat man einen weiten Ausblick auf Himmel und Erde.

Zu dieser Ortschaft führt jetzt ein Weg, der auch zum Fernsehturm auf dem Gipfel des Berges Orzanzurieta hinführt.

In Kürze können wir schon die tiefliegenden Ortschaften Roncesvalles und Burguete erkennen.

Von dieser Stelle aus gibt es zwei **Abstiege nach Roncesvalles:**

a) Du kannst geradeaus weitergehen und über den Ostabhang des Ausläufers des Lepoeder, der sich bis nach Roncesvalles erstreckt, absteigen. Dabei benutzt Du die alte römische Straße und läßt den Hügel Don Simón rechts liegen.

b) Steig auf der rechten Seite ab, über den asphaltierten Weg, der nach Ibañeta führt. Diese Route ist empfehlenswert.

B) Die Route von Valcarlos

Dieser alte Weg wurde oft von Pilgern und Reisenden benutzt. Auf dieser Route wanderten die Pilger Nompar, Caumont, Munzer, Laffi, usw.

Auf dieser Strecke gab es Zufluchtsorte für die Pilger, die zu Roncesvalles gehörten. Die Straße C-135 verläuft zum größten Teil auf diesem Weg.

Arneguy. Dies ist der letzte französische Ort an der Grenze.

Clement H*.

Valcarlos. Dies ist ein spanisches Dorf. Häuser liegen an der Landstraße entlang.

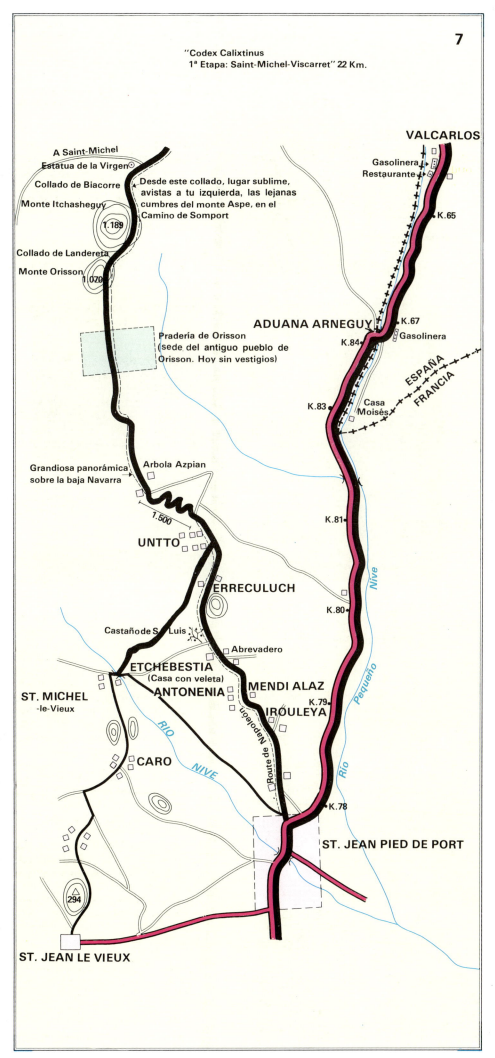

Die Höhe von Ibañeta. Das Roland-Denkmal.

Eine dem Apostel geweihte Kirche. Ein Denkmal zu Ehren der Pilger.

>Hier machte Karl der Große mit seinem Heer Rast, während Roland und seine Gefährten sich auf den Höhen von Ibañeta den Basken ergaben.
>Hier ist das Gebiet des "Waldes der blühenden Lanzen" wo nach dem Tode der Soldaten, 53 066 bewaffnete Mädchen dem Heer von Karl dem Großen beitraten.

>Maitena Hs**, acht Betten. Telefon: 76 20 10.

La Reclusa. Ein schönes, großes Haus, ehemalige Pilgerherberge, gehört zu Roncesvalles.

>Hier quartierte sich Johanna von Frankreich ein, die Gattin von Karl II., dem König von Navarra.

Garostgaray ist der Sitz eines ehemaligen Pilgerspitals, Eigentum von Roncesvalles.

Casa Guardiano. Es gibt ein Restaurant-Bar. Der Ort liegt schon in der Nähe von Ibañeta.

Ibañeta. Ein historischer und legendärer Ort.

>Eine Wallfahrtskapelle aus dem Jahre 1965 erinnert an das Kloster El Salvador (der Retter), das schon in einem Dokument aus dem Jahre 1071 genannt wird. Bei Sonnenuntergang läutete ein Mönch die Glocken um die Pilger zu orientieren.
>Das Kreuz der Wallfahrtskirche erinnert an das Kreuz, das von Karl dem Großen errichtet wurde. Er betete zum Hl. Jakob. Die Pilger taten es ihm nach. Sie stellten ihre Standarten mit dem Kreuz des Herrn auf und beteten zum ersten Mal auf spanischen Boden. Neben der Wallfahrtskirche, auf einem Gedenkstein, wird in vier Sprachen um ein "Salve" zur Gottesmutter von Roncesvalles gebeten.
>Ein kleines, Roland gewidmetes Denkmal erinnert an das legendäre Gedicht "Chanson de Roland".

RONCESVALLES. Dieser Ort ist mit großen Ereignissen des Mittelalters verbunden.

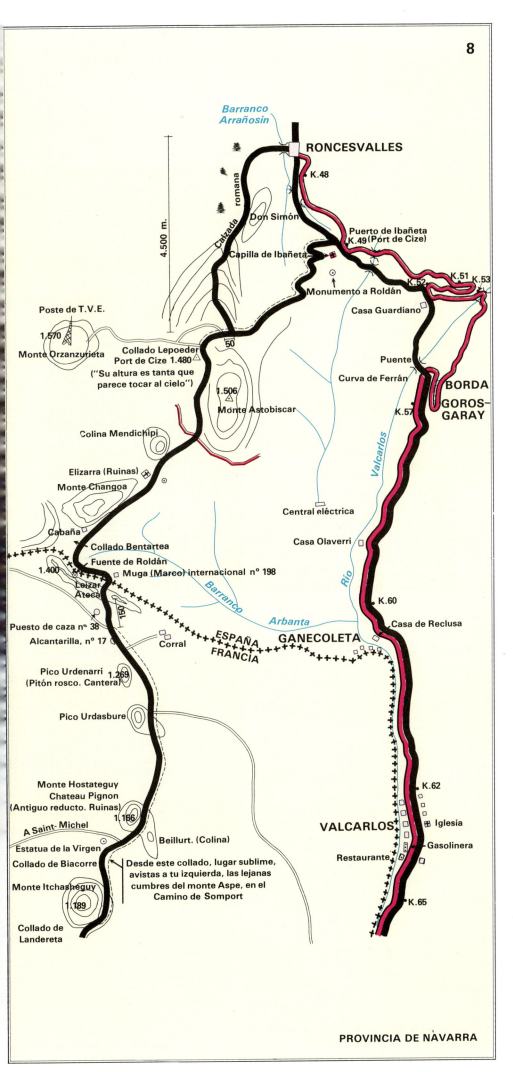

Karl der Große, das große Spital und die Erscheinung der Hl. Jungfrau sind die bedeutendsten Ereignisse, durch welche dieser kleine Ort des pyrenäischen Hochgebirges international bekannt wurde.

Das Spital wurde im Jahre 1127-1132 vom Bischof von Pamplona, Sancho Larrosa, unter Mitarbeit von Alfons I. dem Kämpfer und Adligen gegründet. Es stand unter der Obhut der Päpste.

Seit seiner Gründung ist es von einem Rat von Augustinerdomherren geleitet worden. Im Jahre 1984 wird dieser historische Rat, mit der entsprechenden päpstlichen Genehmigung, direkt dem Erzbischof vom Pamplona unterstellt.

Es werden neue Statuten festgelegt. Die Anzahl der Domherren wird auf 11 festgesetzt. Der Prior behält weiterhin den mittelalterlichen Titel "Großabt von Köln". Ein Domherr trägt den Titel: "Spitalverwalter".

Ein guter Zufluchtsort für Pilger und eine Herberge sind hier vorhanden.

Zur weiteren Information kannst Du Dich an den Pater Javier Navarro wenden. Er ist Domherr und Spitalverwalter und Verfasser dieser Route durch Navarra. Telefon: 76 00 00.

Zahlreiche Empfehlungen und Schriften, die in Spanien, Portugal, Frankreich, Deutschland, England, Schottland, usw. ausgestellt wurden, lassen uns die Bedeutung dieses Spitals im Mittelalter erkennen. Meistens handelt es sich um Spenden von Pilgern, die für die Gastfreundlichkeit danken.

Noch im 17. Jhrhunder wurden jährlich 25 000 Essenportionen den Pilgern ausgeteilt.

Die Wallfahrtskapelle Sancti Spiritus oder der Speicher Karls des Großen, aus dem 12. Jahrhundert, ist das älteste Gebäude von Roncesvalles.

Kapelle Santiago (Jakob), 13. Jahrhundert.

Stiftskirche. Diese Kirche ist ein Werk von Sancho dem Starken. Sie wurde im Jahre 1219 geweiht. Sie gehört zur französischen Gotik und hat drei ungleiche Schiffe.

Die Königliche Gruft ist ein ehemaliger Kapitelsaal aus dem 14. Jahrhundert. Hier befindet sich das Grabmal von Sancho dem Starken und seiner Gattin, Clemencia von Toulouse, aus dem 13. Jahrhundert.

Unter den historisch-künstlerisch wichtigen Schätzen muß besonders die Skulptur Unserer Frau von Roncesvalles aus dem 13. Jahrhundert genannt werden. Sie ist mit Gold und Silber überzogen.

Ein Museumsbesuch ist ratenswert.

Burguete. Diese kleine Stadt, die früher zu Roncesvalles gehörte, ist drei Kilometer von der Stiftskirche entfernt. Sie ist ein typischer Ort mit nur einer einzigen Straße. Kirche San Nicolás von Bari Moderner Sommeraufenthaltsort.

Die Hl. Jungfrau von Roncesvalles, Königin der Pyrenäen.

Burguete Hs**, 39 Betten. Telefon: 76 00 05. Loizu Hs**, 41 Betten. Telefon: 76 00 08. Mendi Txuri Hs**, 11 Betten. Telefon: 76 00 49.

Juandeaburre Hs**, 7 Betten. Telefon: 76 00 78.

Espinal Diese Ortschaft wurde im 13. Jahrhundert von Teobald

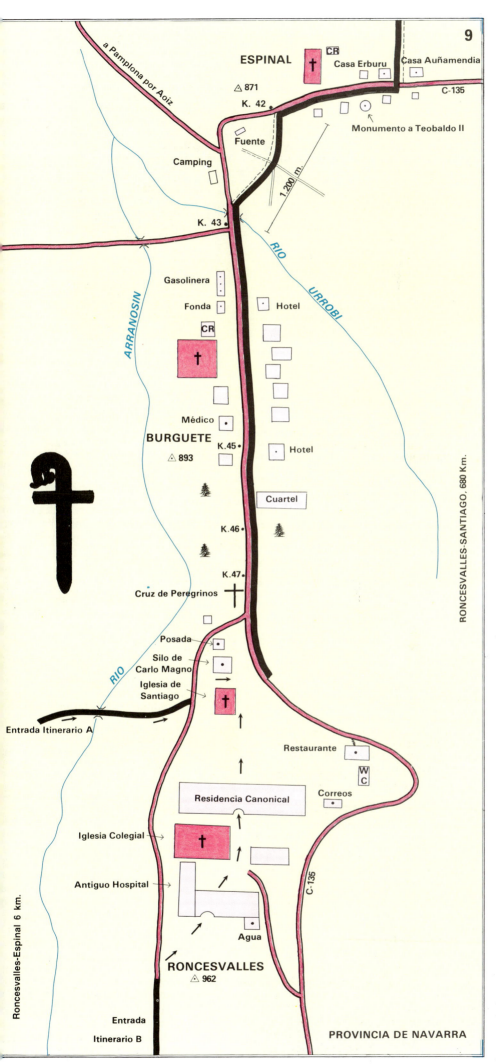

Das Ebro-T...

II, König von Navarra und Graf von Champagne gegründet.

Es gibt eine schöne, moderne Kirche, die dem Hl. Bartholomeus geweiht wurde.
Plaz mit Teobald II.–Denkmal.
Ortskern mit gepflegten Häusern. Die Ortschaft erhielt den Nationalpreis für Ortsverschönerung.

Mezquiriz. In Espinal wendes Du Dich am Ende des Dorfes nach links. Der Weg ist bis zur Höhe von Mezquiriz mit Hase(l)nußbaumzweigen und Gestrüpp bedeck(t). Auf der Höhe steigt der alte Weg lin(ks) hoch; es kommt ein neuer Weg, der uns a(n) ein 1200 m entfernt liegendes Häusche(n) vorbeiführt; wir befinden uns in der Näh(e) vom Dorf Mezquiriz.

Ureta ist ein altes Dorf, in dem es nu(r) ein einziges bewohntes Haus gibt. Auf se(i)ner Fassade ist das Wappen mit de(m) Kreuz und der "vieiras" (Muschel) vo(n) Santiago su sehen.

Viscarret. Ende der 1. Etappe des "Co(-)dex Calixtinus". Der Ort hatte ein Pilge(r)spital, es sind jedoch keine Überrest(e) davon mehr erhalten.

Bescheidene Kirche mit roma(-)nischem Portal. Große Häuse(r) mittlalterlichen Aussehens.
Alpilche F. Telefon: 76 70 76.

"Codex Calixtinus"
2. Etappe: Viscarret-Pamplon(a)
28 km

Linzoain. Bescheidene Kirch(e) romanischen Stils.

Ab dieser Ortschaft geht (es) recht steil weiter. Der Weg ist gu(t), im Sommer kann er befahren we(r)den. Bis zur Kreuzung des Weg(es) mit der Landstrße auf dem Ber(g) Erro ist die Wanderung durch d(en) Wald sehr angenehm. Die gege(n) ist mit dichtem Wald bedeckt.

Hinter dem Weg Erro-Cilve(ti) lag das Kloster San Zacarías d(e) Cilveti auf dem Hügel auf d(er) rechten Seite, auf der andere(n) Seite der Schlucht. Es wurde im (9.) Jahrhundert vom Hl. Eulogio vo(n) Córdoba besucht.

Bald erreicht man eine weiter(e) Kreuzung. In der Nähe befinde(t)

Die Höhe von Mequíriz. Denkmal zu Ehren der Hl. Jungfrau von Roncesvalles.

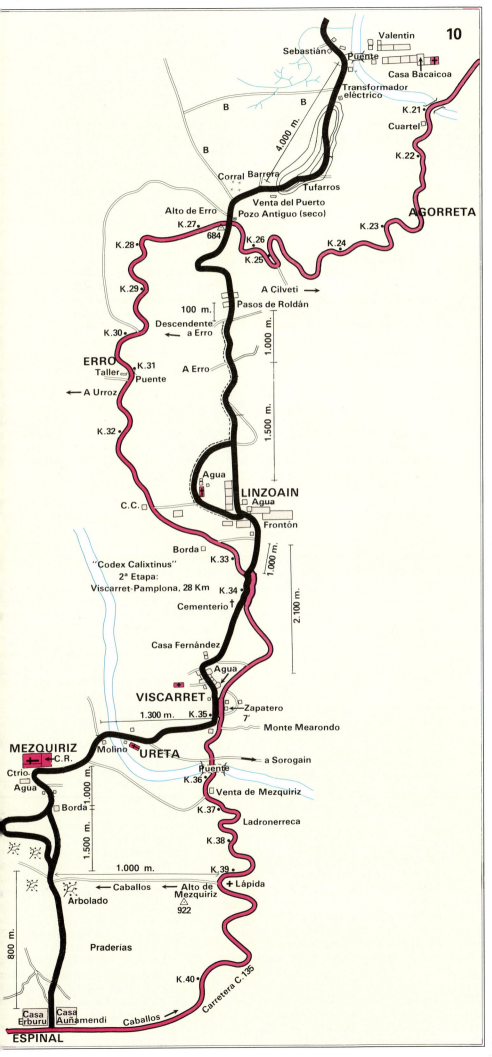

sich drei große Gedenksteine. Es sind die "Schritte von Roland". Der größte der Steine gibt das Ausmaß der Schritte von Roland an. Der mittlere Stein symbolisiert die Schritte seiner Frau, und der dritte die seiner Kinder.

Die Höhe von Erro. Die Landstraße kreuzt unsern Weg auf dem Gipfel des Bergpasses.

> Neben dem Weg gibt es einen Wasserbrunnen für Pilger und Reisende, der heute mit schweren Steinen bedeckt ist.

Gasthaus des Bergpasses. Dieses alte Gasthaus und Herberge stand früher allen Reisenden zur Verfügung und ist heute ein altes Gehöft.

Wir pilgern weiter duch den Ausläufer des Berges Erro. Zuerst durch den Westabhang, und dann durch den Ostabhang. Dieser führt steil abwärts, ist mit Gestrüpp überwachsen, und vom fallenden Wasser fast zerstört.

Zubiri (auf baskisch: "Dorf der Brükke"). Der Weg verläuf auf der heutigen Landstraße, über **Urdaniz bis Larrasoaña.** Ich empfehle diese Route zu nehmen.

> **Zufluchsort:** Hier werden die Pilger im Pfarrhaus aufgenommen.

> **Andere Route.** Es gibt noch eine andere Route, die nicht durch Zubiri verläuft. Über Wege, Pfade und Felder, am linken Ufer des Flußes Arga entlang, erreichst Du die Dörfer Harraz und Esquiroz.

Larrasoaña. Dieses Dorf genoß in Mittelalter sehr großen Einfluß. Hier wohnte Doña Urraca, die Tochter von Sancho von Peñalén.

> Dieses Dorf hatte einen Sitz am Hofe von Navarra. Hier wurde im Jahre 1329 eine Versammlung abgehalten, auf der Philip III. von Evreux und Johanna II. den Eid ablegten.
> Rocesvalles hatte in diesem Ort eine Komturei und Schlüsselmeisterwürde in einem Gebäude, das noch in der Nähe der Kirche erhalten geblieben ist.
> Die Laienbrüderschaften vom Hl. Jakob und vom Hl. Blasius, mit Spitälern für die Pilger, waren bedeutend.

Zuriain. In diesem Dorf findet man keine Spuren der Pilgerwanderungen. Hinter den Häusern gehst Du links weiter in Richtung Ilúrdoz, und dann weiter nach Iroz.

Iroz. Wandere von der Kirche ab bis zum Fluß hinunter, überquere ihn über eine miettelalterliche, erneuerte Brücke und geh auf der Landstraße weiter.

Zabaldica. Kurz vor Zabaldica, zweigs Du links, parallel zur Landstraße, ab Dann geh an den Villen oder kleiner Häusern und an den Wasserleitungen, die nach Pamplona führen entlang. Wenn Du die Nummer 18 erreicht hast, geh zu Nummer 19 hinunter.

Arleta. Überquere das Rittergut Arleta. An Villa Nummer 21 gehst dann zur Kurve, die der Weg bildet. Wenn man wieder auf dem Weg ist, erkennt man schon die letzten Villen des Hügels Miravalles. An der Kreuzung biegst Du recht ein und gehst nach Arre hinunter. Übe eine mittelalterliche Brücke, die aus sech Bögen besteht überquere dann den Fluf Ulzama.

Trinidad de Arre. Dies ist ein kleine Häuserblock, der gut erhalten ist, die Wallfahrtskirche im romanischen Stil is der Hl. Dreifaltigkeit geweiht.

> Es gab ein Pilgerspital. Im Jahre 1584 verfügte es über zwölf Betten. Es wird berichtet, daß in Jahre 1663 die Pilger, die krank zurückkehrten, nach Roncesvalles in ein geräumigeres Spita gebracht wurden. Französische Nonnen eines beschaulicher Ordens wirkten an diesem historischen Ort auf dem Wege nach Santiago.

> **Unterkunft:** Im Allgemeiner gibt diese Gemeinschaft den Pilgern Unterkunft.

Villava. Dies ist ein moderner Ort, zu welchem auch Arre gehört.

> Beim Ausgang der Basilika gehst Du auf der Hauptstraße weiter. Auf dieser Straße empfehle ich Lokale, wo man billig essen kann: Centro Católico Español 41, 1. Stockwert. Es werden keine Zimmer vermietet, aber dort kann man sich informieren.

Burlada. Dieser Ort hat sich mit Villava zusammenverschmolzen, und genieß einen zunehmenden wirtschaftlicher Zuwachs.

> Wir gehen durch den Ort hindurch, und nach der Landkarte verlassen wir auf der rechten Abzweigung die Landstraße, die nach Pamplona führt, und kommen zum Stadtviertel La Magdalena.
> Wir überqueren den Fluß Arga über eine schlanke mittelalterliche Brücke. Vor dem Zugang der Brücke steht ein Kreuzbogen, au dem der Hl. Jakob als Pilger dargestellt wird. Die Brücke führt zu einem dichtbelaubten Park.
> Der Weg führt uns zum Nordteil der Stadt Pamplona, weiter geht es durch die Tore Portal de Francia und Zumalacárregui zum Stadtmauerbezirk. Ein würdevoller Zugang zur heldenhaften und edlen Stadt Pamplona!

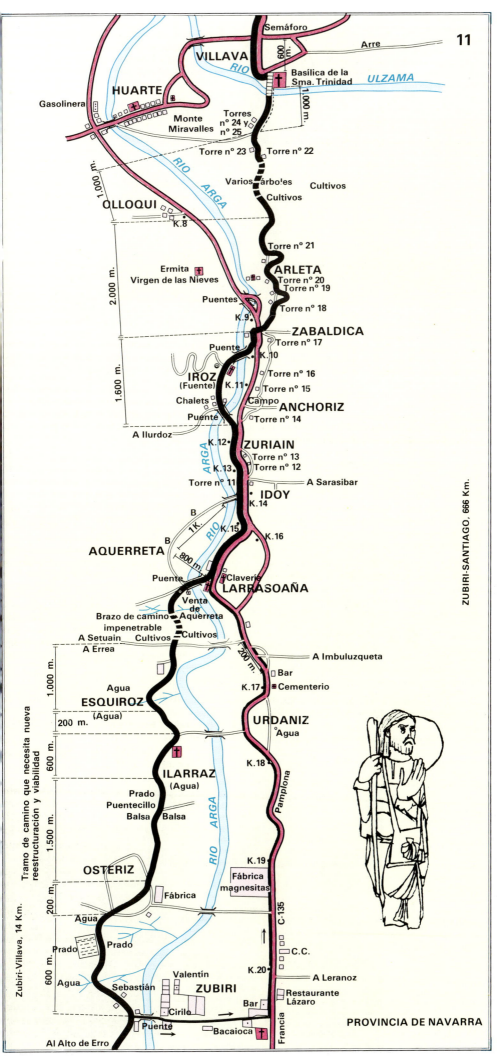

Pamplona. Kreuzgangtü "Puerta preciosa" aus de 14. Jahrhundert. Teil.

PAMPLONA, Ende der 2. Etappe des "Codex Calixtinus"

Diese Stadt setzte sich aus drei verschiedenen Vierteln zusammen: das Viertel La Navarrería wurde von der einheimischen Bevölkerung bewohnt; der Teil San Cernin und das Viertel San Nicolás von französischen Einwanderern.

Es wurden hier zahlreiche Spitäler gegründet.

Das Spital **San Miguel,** das neben der Kathedrale liegt, mit 50 Betten, bot dem Pilger Brot, Wein und einen Teller mit Gemüse, Fleisch oder Hülsenfrüchte.

Weitere Spitäler gab es in der Straße Dormitalería, 13 und Compañía, 3.

Im 16. Jahrhundert wurde das **Hauptspital** errichtet (das heutige Museum von Navarra).

In Pamplona, der Hauptstadt der **Königreiches von Navarra,** wurde dem Pilger ein besonderer Schutz gewährt. Die **Allgemeinen Gesetzte** verteidigten streng die Sicherheit und den Besitz der Pilger.

Pamplona ist heute eine sehr lebendige Stadt, mit eigenem Parlament und Landesregierung.

Hier befinden sich zahlreiche wichtige Monumente:

Anfangs gab es eine romanische Kathedrale, doch diese wurde durch eine gotische aus dem 14-15. Jahrhundert ersetzt. Ihre Fassade ist ein Werk des Architekten Ventura Rodríguez und stammt aus dem 18. Jahrhundert.

Der **Kreuzgang** der Kathedrale wird als ein Meisterwerk der Gotik angesehen, und wird als der schönste von Europa bezeichnet. (Ein Besuch ist unbedingt zu machen, außerdem steht ein Führer zur Verfügung.)

Die Kirche San Cernin oder San Saturnino de Toulouse, des Bekehrers der Stadt, ist ein Werk aus dem 14. Jahrhundert. Die Hl. Jungfrau des Weges segnet den Pilger. Auf der Fassade befindet sich eine Schnitzfigur, die den Hl. Jakob darstellt.

Die Kirche Santo Domingo. Auf dem Altaraufsatz befindet sich eine Figur des Apostels.

Die Kirche San Nicolás, das Comptos-Zimmer, der Navarra-

Pamplona. Obelisk und Kirche San Lorenzo.

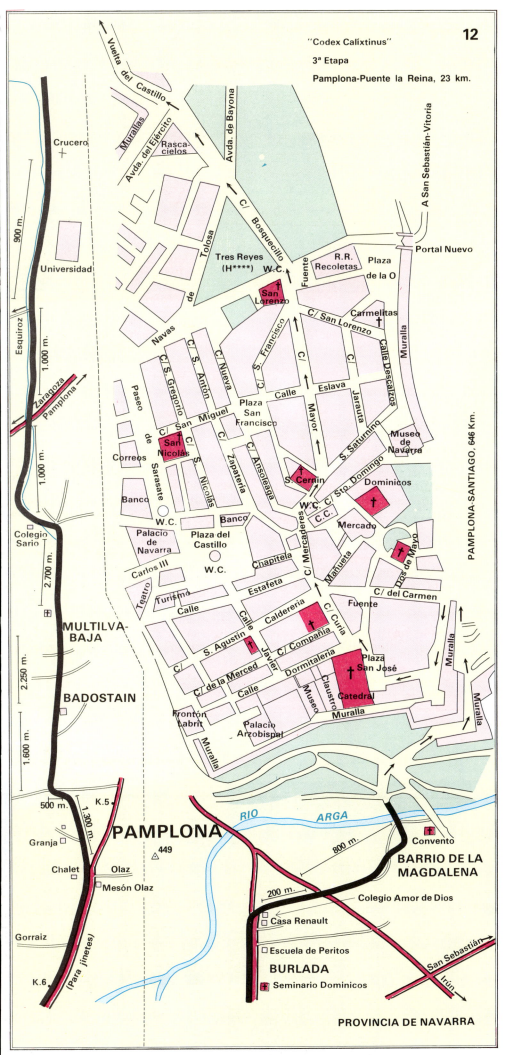

Pamplona. Kirche San Lorenzo.

Palast, das **Navarra-Museum,** usw. sollten unbedingt besucht werden.

Der **Hl. Firmian,** der erste Bischof von Pamplona, ist der Schutzpatron von Navarra. Seine Kapelle befindet sich in der Kirche San Lorenzo. Sein Fest wird am 7. Juli, die "Sanfermines", gefeiert. Die Stierhetzen und –kämpfe sind ein Anziehungspunkt für in- und ausländische Touristen.

Die **Universität von Navarra** wurde im Jahre 1952 gegründet. Sie verfügt über sechs Fakultäten, sechs Institute und sieben Hochschulen.

Unterkunft: Trinidad de Arre. Weitere Informationen können beim Erzbistum eingeholt werden. Telefon: 22 74 00.

"Codex Calixtinus"
3. Etappe: Pamplona-Estella, 43 km

Cizur Menor. Wir verlassen die Stadt Pamplona über die Straße Fuente del Hierro. Die Wanderung wird kann auf der Landstraße Richtung Campanas fortgesetzt.

In dieser Gegend fanden die historischen Ereignisse zwischen Turpin, Karl dem Großen und dem Maurenkönig Agiolando statt.

San Juan de Jerusalén war eine bedeutende Konturei des Johanniterordens aus dem 12. Jahrhundert, mit einem guten Pilgerspital. Heute dann man auf der linken Seite des Weges noch ihre Ruinen mit dem romanischen Portal sehen.

Auf der rechten Seite liegt die romanische, jetzt restaurierte Pfarrkirche.

Guendulain. Hinter Cizur Menor verlasse nun die Landstraße von Campanas und wandere in Richtung Guendulain. Der alte Weg ist teilweise unerkennbar und vergessen.

Pamplona. Die Zitadelle.

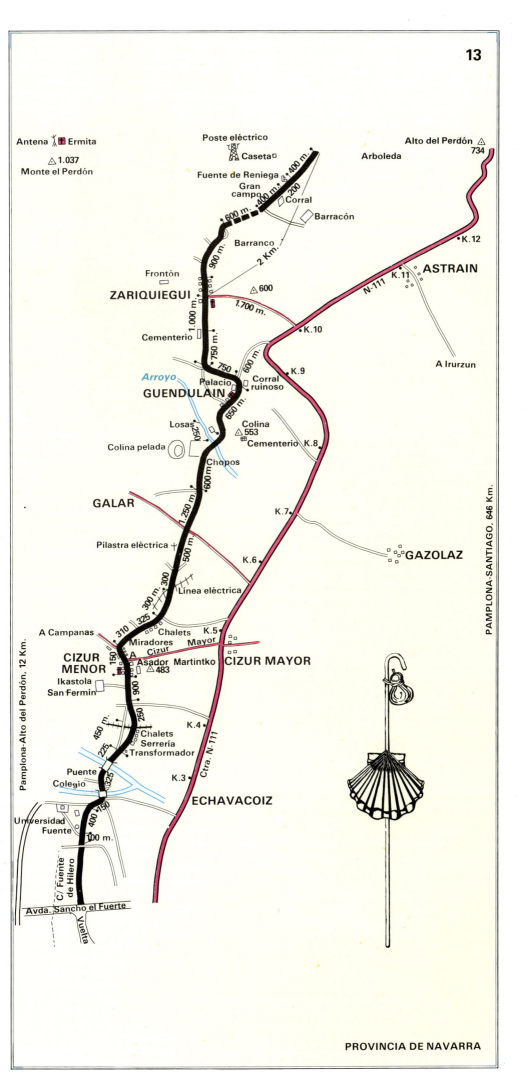

Guendulain ist ein halbverlassenes Dorf. Hier befinden sich eine Pfarrkirche und der Palast des Grafen von Guendulain.

Zariquiegui steht auf dem Abhang des Berges Perdón. Bald können wir die Handballspielhalle und die großen Zypressen des Friedhofes erkennen.

Romanische Kirche. Ausgeprägte Schutzdächer der Prachthäuser bedecken den steinernen Weg, der zur Höhe des Berges Perdón hochführt.

Die Höhe des Berges Perdón. Der Weg nach oben ist nicht sehr gut. An manchen Stellen ist der Weg verwischt oder mit Gestrüpp bedeckt. Hier ist es ratsam, sich an der Landkarte zu orientieren.

Quelle "Reniega". Alte Legende: Ein Pilger erreicht den Gipfel erschöpft und durstig. Der Teufel, als Wanderer verkleidet, will ihm eine verborgene Quelle zeigen, wenn er Gott, Hl. Jungfrau und den Hl. Jakob verleugnet. Der Pilger bleibt fest im Glauben. Der Apostel, als Pilger verkleidet, hebt seinen sterbenden Kamaraden auf und trägt ihn zur versteckten Quelle. Dort gibt er ihm aus seiner "vieira" (Muschel) zu trinken.

Puente la Reina.
Kirche Santiago (Jakobskirche).
Jakob der Pilger.

Der Abstieg ist angenehm. Eine herrliche Landschaft liegt vor uns. Im Hintergrund, die Berge Montejurra und Arnotegui; sehr bald erreichen wir die Orte Uterga, Muruzábal, Obanos, usw.

Wie gewöhnlich gibt es auf dem Weg schwierige Stellen: Hindernisse, Gestrüpp, Drahtzäune, usw. Reiter müssen von der Höhe aus ihren Weg auf der Landstraße bis Uterga fortsetzen.

Uterga ist ein kleines herrschaftliches Dorf. Auf der rechten Seite liegt der Fußballplatz, die Kirche und der Brunnen. Große Häuser mit Prachtfassaden und abstehenden Schirmdächern.

Muruzábal. Dieser Ort besitzt eine herrliche Kirche. Auf dem nördlichen Seitenaltaraufsatz einer Kapelle finden wir eine statue des Hl. Jakob als Pilger.

Obanos. Bald kommen wir in Obanos an. Die Wallfahrtskirche San Salvador und ein Kreuz zeigen das ineinanderfließen der Wege von Somport und Roncesvalles an.

Obanos ist der "Ort der alten Edelmänner", hier kamen die Adelsleute von Navarra zusammen, um die Übermacht des Königs zu begrenzen. Ihr Wahlspruch war: "Pro libertate Patriae gens libera state = Bleibt frei für ein freies Vaterland".

"Das Geheimnis von Obanos". Die Legende: Die Pilgerin Felicia von Aquitanien verzichtet bei ihrer Rückkehr aus Compostela auf ihre bisher gewohnte Lebensweise einer Adligen, und bleibt in Amocain, um bei den Armen zu leben.

Ihr Bruder, der Herzog Wilhelm, will sie zurückholen. Da sie sich weigert zurückzukehren, ersticht er sie und sie stirbt. In Rom bekennt er seine Schuld, und als Buße wird ihm eine Pilgerwanderung nach Compostela auferlegt. Bei seiner Rückkehr bleibt er als Büßer bei der Wallfahrtskirche der Hl. Jungfrau auf dem Berg Arnotegui.

Wilhelm von Aquitanien wird später der Hl. Wilhelm. Die Wallfahrtskirche von Arnotegui wird seinem Namen geweiht.

Diese Legende wird in der zweiten August-Mitte großartig auf dem Dorfplatz dargestellt.

Das Bild der Hl. Jungfrau der Wallfahrtskirche, aus dem 13. Jahrhundert, befindet sich in der Pfarrkirche.

Herberge Arnotegui Hs**, 16 Betten. Telefon: 34 01 53.

PUENTE DE LA REINA. Von Obanos aus gehen wir den Feldweg hinab bis zur Landstraße von Campanas.

Da, wo unsere Landstraße und die von Pamplona zusammenkommen, gibt es ein Pilgerdenkmal, das von den Einwohnern von Fuente la Reina errichtet worden ist.

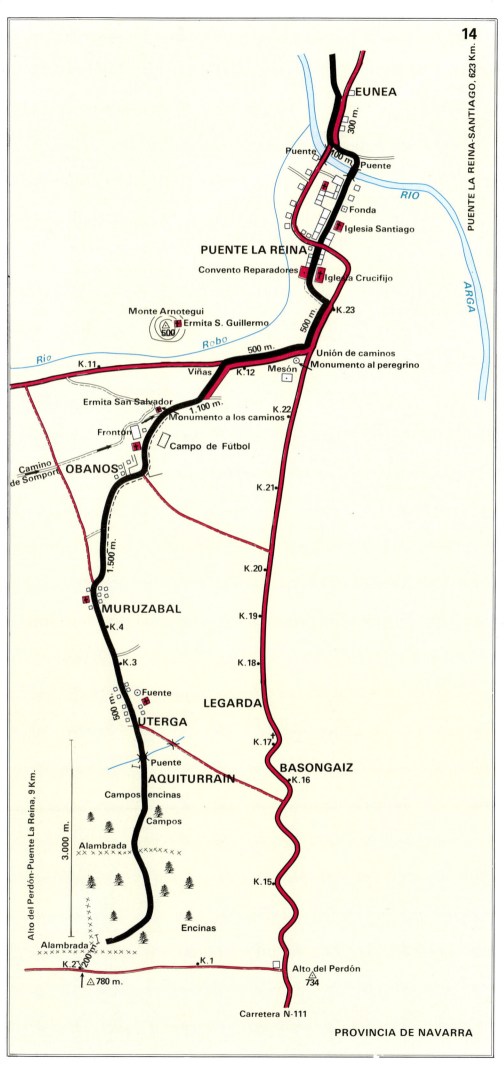

Im 11. Jahrhundert hieß **Fuente la Reina** Ponte de Arga oder Ponte Regina.

Das Dorf wird nach einer Königin benannt: Doña Mayor, die Gattin des Sancho dem Älteren (vielleicht auch Doña Stephanie, die Schwiegertochter von Doña Mayor) die im 11. Jahrhundert für die Pilger eine Brücke über den Fluß Arga bauen ließ.

Im Jahre 1090 ließen sich hier französische Siedler nieder.

Alfons I. der Kämpfer und García VI. trugen viel zur Entwicklung dieses Ortes bei.

Garcia VI. übergab im Jahre 1142, den Ort den Tempelritter und verlieh ihnen Vorrechte. Jedoch mußten sie die Pilger unentgeldlich "propter Amoren Dei" aufnehmen.

Nach Auflösen des Templerordens ging ihr Vermögen dem Johanniterorden über. Der Prior Juan de Beaumont beginnt um das Jahr 1469 herum in der Kreuzkirche mit dem Bau eines neuen Spitals für Pilger.

Auf der Wegstrecke von der Kreuzkirche bis zur berühmten Brücke über den Fluß Arga befinden sich die wichtigsten Gebäude des Ortes.

Die **Kreuzkirche** ist ein Werk aus dem 13. und 14. Jahrhundert. Das große, anliegende Gebäude stammt aus dem 18. Jahrhundert. Die Kapelle beherbergt ein wertvolles germanisches Kruzifix im gotischen Stil aus dem Jahre 1400.

Die **Jakobskirche,** mit Spuren aus dem 12. Jahrhundert an den Portalen hat im 15. Jahrhundert wichtige Restaurierungen erfahren. Eine schöne Figur des **Hl. Jakobs dem Pilger** wird darin aufbewahrt.

Die **Calle Mayor (Hauptstraße)** bildet ein Komplex monumentaler Bauwerke, bestehend aus der Fassade der Dreifaltigkeitskirche, den Palästen und Häusern alten Adelsgeschlechts mit ihren Wappen, Vordächern und noblen Balkonen.

Die **Pilgerbrücke** mit sechs Bögen aus dem 11 Jahrhundert, ist eine der interessantesten Brücken auf der Route nach Compostela.

Mesón el Peregrino H**, 24 Betten. Telefon: 34 00 75. Fonda Lorca, Calle Mayor, 44 Telefon: 34 01 27.

Unterkunft: Die Padres Reparadores nehmen die Pilger gut auf.

Mañeru. Schon außerhalb des Ortes Puente la Reina, hinter dem Kloster der Barmherzigkeitsschwestern, verlassen wir die Lanstraße und gehen links weiter in der Nähe der Ruinen des Spitals Bargota. Über einen Pfad, der sich durch eine Schlucht windet, erreichen wir die Landstraße. Hinter uns lassen wir eine außeror-

Puente la Reina. Romanische Brücke des Flußes Arga, aus dem 11. Jahrhundert.

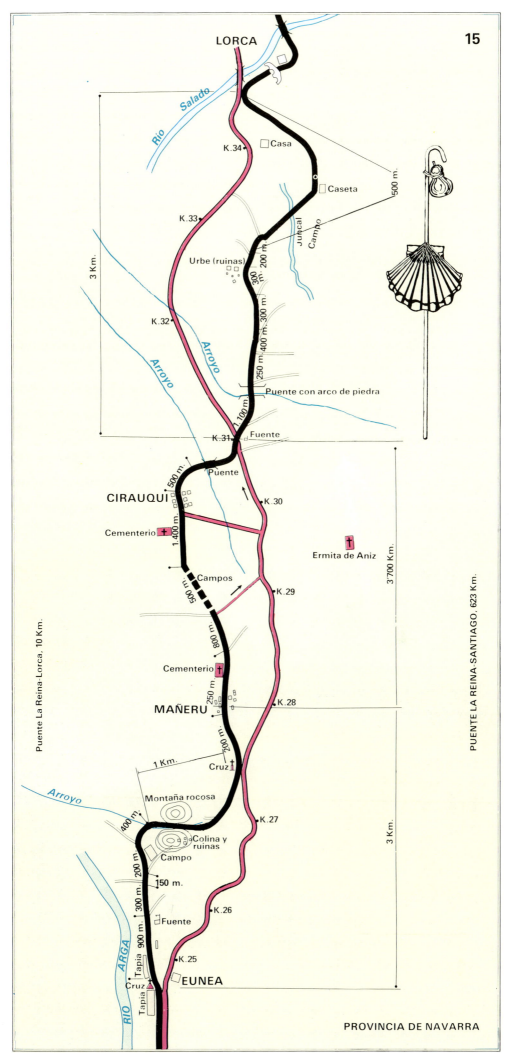

dentlich schöne Landschaft, die Ebene des Flußes Arga.

Mañeru gehörte den Kreuztemplern. Die Pfarrkirche aus dem 18. Jahrhundert, ist ein Werk von Ochandotegui.

Cirauqui liegt auf einem Hügel und ist auf unserer Route gut erkennbar. Ein typischer Ort aus dem Mittelalter.

Auf der höchsten Stelle des Dorfes gibt es zwei interessante Bauten. Die Kirche **San Román.** Dies ist eine gotische Kirche, herrliches Portal, ist dem der Kirchen San Pedro von Estella und dem von der Jakobskirche von Puente la Reina ähnlich. Die ebenfalls gotische Kirche **Santa Catalina,** aus dem 13. Jahrhundert, ist auch sehenswert.

Wir verlassen nun das Dorf auf einer sehr wichtigen römischen Straße des Weges nach Compostela. Diese Straße befindet sich leider in einem sehr bedauerlichen Zustand.

Den Bach werden wir über eine sehr alte Brücke überqueren. Dann durchkreuzen wir die Landstraße und wandern weiter auf den Überresten der römischen Straße bis zu den Ruinen von Urbe.

Urbe wir in Schriften des 12. Jahrhundert genannt. Seit dem 18. Jahrhundert ist der Ort unbewohnt.

Fluß Salado. Wir verlassen die Ruinen von Urbe und steigen bald zum Ufer des Flußes Salado hinunter. Er hat einen geringen Wasserstand und wird über eine legendäre kleine Brücke über zwei Bögen überquert.

Aymeric Picaud schreibt über diesen Fluß: "Hüte Dich davor, daraus zu trinken, weder Du, noch Dein Pferd, denn der Fluß ist todbringend, und die Navarreser warten schon mit gewetzten Messern darauf, den Pferden der Pilger die Haut abzuziehen."

Lorca. Ab dem Fluß Salado müssen wir zur Landstraße hochwandern, wir überqueren sie und wandern dann auf einem Pfad bis zur Ortschaft Lorca weiter.

Die Kirche von Lorca ist bescheiden, mit einem gotischen Kirchenschiff und einer romanischen Apsis. Gegenüber der Kirche befindet sich das Pilgerspital, das im Jahre 1209 gegründet wurde und Eigentum von Roncesvalles ist.

Villatuerta. Bevor man das Dorf erreicht, muß man den Bach auf einer mittelalterlichen Brücke überqueren.

In diesem Ort gab es ein Pilgerspital, das sich zwischen Lorca und der Brücke von Villatuerta befand. Im Jahre 1175 macht es Don Gascón de Murel dem Johanniterorden zum Geschenk.

Die **Wallfahrtskapelle San Miguel,** die im 11. Jahrhundert an Leyre angeschlossen wurde, erinnert noch an ein altes Spital.

Zarapuz. Bis zum Jahre 1090 führte die Pilgerroute von Villa-

Estella. Palast der Könige von Navarra, 12. Jahrhundert.

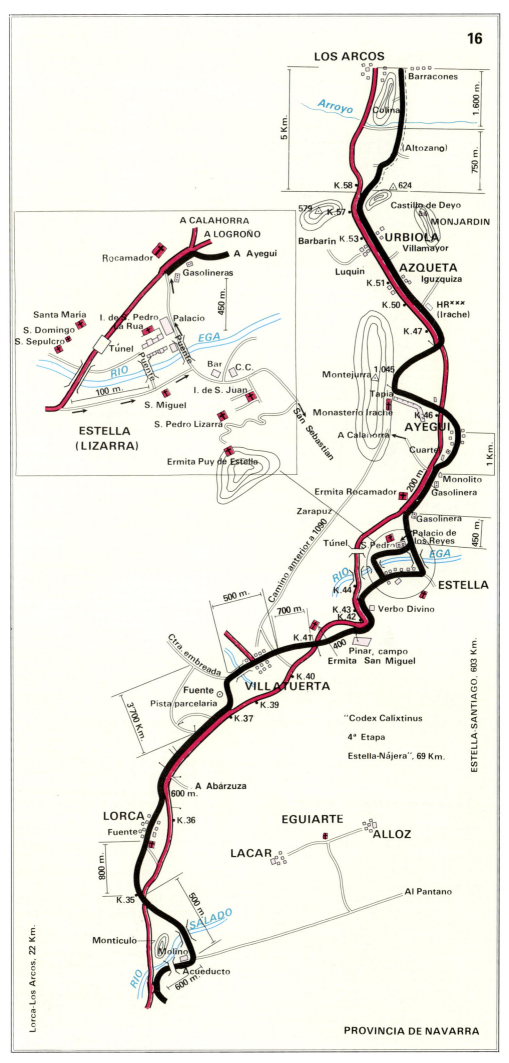

Estella. Romanischer Kreuzgang von San Pedro de la Rúa.

tuerta nach Zarapuz und Irache. Erst nachdem Sancho V. von Navarra Estella wieder bevölkern ließ, wurde der Weg endgültig durch diesen Ort geleitet.

In Zarapuz gab es ein kleines Kloster und ein Spital, die zu San Juan de la Peña gehörten. Im Jahre 992 machte Sancho Garcés den Ort Zarapuz diesem Kloster zum Geschenk.

ESTELLA. Ende der 3. Etappe des "Codex Calixtinus". Dieser Ort wurde früher Lizarra genannt und wurde als Sancho V. die Ortschaft im Jahre 1090 mit Franken wiederbesiedelte bedeutend. Noch im 14. Jahrhundert war es in Estella Gewohnheit, Provenzalisch zu sprechen.

Schon früh wird **Estella** eines der wichtigsten Orten auf der Route nach Compostela.

Unser Führer, Aymeric Picaud, der alles navarresische verabscheute, sagte über Estella: "Es ist fruchtbar und hat gutes Brot, den besten Wein, gutes Fleisch und guten Fisch, und macht den Menschen glücklich"; und das Wasser des Flußes Ega: "ist süß, gesund und sehr wohltuend."

Der Geist von Santiago, der über Jahrhunderte Estella geprägt hat, ist bis in unserer Zeit lebhaft erhalten geblieben. Die **Institution der Freunde des Weges nach Santiago von Estella** geben mit ihren "Mittelalterlichen Jakobäischen Wochen" der Pilgerwanderung stets weiteren Antrieb. Ihr Präsident, Francisco Beruete, ein großer Verehrer des Hl. Jakob, ist für die Pilger ein großer Schutz und Wegweiser.

Sei nicht bang. Besuche Estella, und Du wirst Dich, wie Picaud, gern daran erinnern.

Die wichtigen Bauten des Ortes:

Die Kirche San Pedro de Lizarra ist romanisch und gotisch. Es werden keine Gottesdienste abgehalten.

Die Kirche San Pedro de la Rúa, ist ein interessanter romanischer Bau.

Der Palast der Könige von Navarra. Dieses Gebäude ist ein besonderes Beispiel für die romanische bürgerliche Architektur des 12. Jahrhundert.

Die Hl.–Grabes–Kirche, romanisch-gotisch.

Das Kloster Santo Domingo wurde von Teobald II. im Jahre 1259 gegründet.

Die Kirche San Miguel ist gotisch, mit romanischem Portal und stammt aus dem 12. Jahrhundert.

Die Kirche Santa María Jus del Castillo ist romanisch und stammt aus dem 12. Jahrhundert.

Die Kirche San Juan, 13.-14. Jahrhundert.

Die **Wallfahrtskapelle Rocamador** (Hl.–Jakobs-Verehrung); stammt aus dem 12. Jahrhundert; die Figur der Hl. Jungfrau stammt aus dem 13. Jahrhundert.

Die Wallfahrtskirche von Puy (Hl.–Jakobs-Verehrung). Hl. Jungfrau aus dem 13. Jahrhundert.

Es gibt noch viele weitere historisch-künstlerische Bauten, die wir hier nicht alle beschreiben können.

Tatán HR*, 49 Betten. Telefon: 55 08 50. San Andrés HR*, 20 Betten. Telefon: 55 07 72. San Andrés F. Telefon: 55 04 48. Izarra F. Telefon: 55 06 78. Maeztu F. Telefon: 55 04 32.

Gastronomie. Typische Gerichte: Ajoarriero (Stockfischgericht), Gebratenes Spannferkel und die "Alpargatas".

"Codex Calixtinus"

4. Etappe: Estella-Nájera, 69 km

Das Kloster Irache. Von Estella aus wanderten die Pilger über **Ayegui** zum Kloster Irache, unserer Königlichen Herrin.

Irache ist eines der ältesten Klöster Navarras. Einige Geschichtsforscher meinen, daß es aus der westgotischen Zeit stammt.

García de Nájera gründet hier ein Pilgerspital im Jahre 1051-1054.

Die Kirche dieser berühmten Benediktinerabtei stammt aus dem 12. Jahrhundert, mit romanischer Apsis und gotischen Schiffen; der Kreuzgang stammt aus der Renaissance und die Nebenräumen, aus dem 16. Jahrhundert, erinnern an die Zeit, als das Kloster eine Universität beherbergte.

Es gibt noch ein im Jahre 1942 restauriertes Gebäude, das jetzt von den Piaristen belegt ist.

Von Irache aus müssen wir wieder auf die Landstraße zurückgehen und pilgern nun bis hinter den Kilometerstein 57.

Estella. Kirche Santo Sepulcro (Hl. Grab).

Villamayor de Monjardín. Auf dem Hügel Monjardín oder Deyo befinden sich die Ruinen der Burg San Esteban, die römischen Ursprungs sind. Sancho Garcés I. (905-925) entriß sie den Arabern. Später wurde er in ihrer Kirche begraben.

Diese Ereignisse wurden in der "Chronik von Turpin" festgehalten.

In der romanischen Kirche wird auf einem Kapitell der Kampf Rolands gegen Farragut dargestellt.

Urbiola. Sowohl der Weg als auch die Landstraße führen vereinigt zu dieser Ortschaft, die sie dann auch zusammen verlassen.

Es gab ein Pilgerspital, das vom Johanniterorden geleitet wurde. Es war die Komturei Cogullo.

Los Arcos. Diesen Ort erreicht man über einen nicht asphaltierten Weg, den man auf der Höhe des Kilometersteins 58 der Landstraße auf der rechten Seite einschlagen muß.

Betrete den Ort an der Hauptstraße, in Richtung Kirchplatz.

Dieser Ort hatte einen Sitz am Hofe von Navarra. Karl III. lebte hier einige Jahre.

Es gibt eine interessante, sehenswerte **Kirche.** Geschnörkeltes Portal; große Altaraufsätze; gute Gemälde aus dem 15. Jahrhundert; gotischer Kreuzgang aus dem 15. Jahrhundert. Sitzende Jungfrau, wertvolles Chorgestühl aus der Renaissance; eleganter Turm.

Mónaco H**, 34 Betten. Telefon: 64 00 00. Ezequiel H**, 23 Betten. Telefon: 64 02 96.

Ab Los Arcos zweigt der Weg rechts von der Landstraße ab und läuft getrennt von ihr weiter bis man Sansol sehen kann. Der Weg ist gut, und für Fahrzeuge halbwegs geeignet.

Sansol ist ein kleiner Ort, der auf einem Hügel liegt. Der Name kommt von San Zoilo her, dem Schutzheiligen dieser Kirche.

Auf der Höhe von Sansol zweigt der Weg wiederum links von der Landstraße ab, und führt geradeaus bis zum Dorf Torres del Río weiter.

Torres del Río. Im Jahre 1109 schenkt Jimeno Galíndez dem Ort Irache ein Kloster in Torres. Die Herren vom Orden des Hl. Grabes errichten im 12. Jahrhundert eine eigentümliche, achteckige, romanische Kirche, mit byzantinischen und mudejarischen Einflüssen.

Das Christi-Bildnis ist ein sehr eindrucksvolles Werk, würdevoll und majestätisch. Der Bau ist sehr interessant und architektonisch einzigartig.

Der letzte Prior des Ordens vom Hl. Grab, Santiago de Abalos, starb im Jahre 1847.

Casa Félix und Casa Godo sind Gasthäuser.

Unterkunft: Ramón Sostres (Casa Santa Bárbara), privat, nur auf der Pilgerfahrt nach Santiago stellt er sein Haus zur Verfügung. Telefon: 64 80 06

Viana. Der Weg von Torres nach Viana und die Landstraße sind praktisch eins.

Auf einer Höhe, beim Kilometerstein 72, auf der rechten Seite, steht eine kleine Wallfahrtskapelle, die der Hl. Jungfrau von Poyo, eine ehemalige Pilgerherberge.

Viana, der letzte Ort in Navarra, stand jahrhundertelang auf Wache vor Einfällen und liegt auf einem Hügel.

Der Ort wurde im Jahre 1219 von Sancho dem Starken gegründet. Er erhielt mehrere Vorrechte. Karl III. verlieh ihm den Titel "Fürstentum Viana", das war 1423 der Titel des Erben des Königreiches von Navarra. Viana hatte einen Sitz am Hofe von Navarra. Die Geschichte des Ortes ist sehr umfangreich...

Im 16. Jahrhundert gab es drei Spitäler: San Julián, Santa Catalina und Nuestra Señora de la Gracia.

Rocesvalles besaß die Komturwürde von Cuevas bis zum Jahre 1810.

Cuevas, der Name des alten Ortes wird von Aymeric Picaud genannt, wobei er seine gewöhnliche Abneigung gegenüber alles Navarresische nicht verbarg: "Danach, durch einen Ort, der Cuevas heißt, fließt ein Fluß der ebenfalls schädlich ist."

Die wichtigen Bauten:

Die **Kirche Santa María,** eine wegen ihrer Ausmaße und ihres architektonischen Reichtums als wirklich zu bezeichnende Kathedrale, stammt aus dem 15.-16. Jahrhundert. Großartiges geschnörkeltes Tor.

Im Vorhof, gegenüber der erstaunlichen Südtür, befindet sich auf dem Boden ein Gedenkstein, der an **César Bogia** erinnert: "César Borgia, Oberbefehlshaber der Heere von Navarra und des Kirchenstaates, starb auf dem Schlachtfeld von Viana am XI. März MDVII".

Die Kirche San Pedro, aus dem 14. Jahrhundert, ist zerfallen.

Das César Borgia-Denkmal, die Adelshäuser, Mauerreste. usw.

Pensión Chávarri, 15 Betten. Telefon: 64 51 36.

Unterkunft: Das Pfarrhaus bietet ein nicht sehr gutes Zimmer im Erdgeschoß.

Nun wandern wir ab Viana zur Landstraße hinunter. Eine herrliche Landschaft liegt vor uns. Wenn man die Landstraße erreicht hat, kann man auf der linken Seite die Wallfahrtskirche von der Hl. Jungfrau von Cuevas liegen sehen.

4,700 km von Viana entfernt, hinter dem Kilometerstein 85, verlassen wir die Provinz Navarra und erreichen die schöne Gegend von La Rioja. Gute Reise! Ultreya!

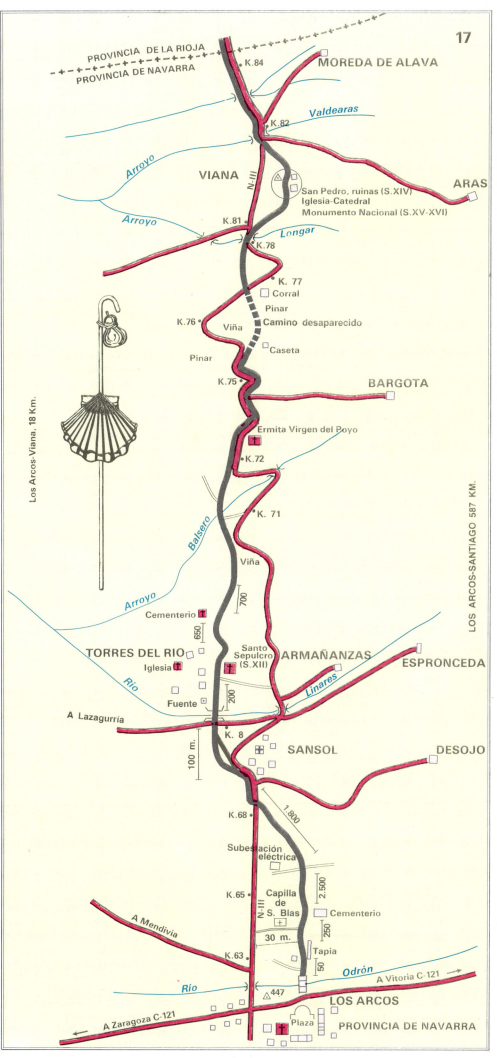

DER WEG NACH SANTIAGO DURCH LA RIOJA

Felipe Abad León

Die Spanische Provinz La Rioja, die vom Fluß Ebro durchquert wird, "Bildet einen der Mittelpunkte, aus denen sich Europa herauskristallisiert hat, dieses Europa im dem wir heute leben und auch die nächstfolgenden Geschlechter weiterleben werden", wie Gregorio Marañón berichtet.

La Rioja ist ein aufgeschlossenes, herzliches und gastfreundliches Land; mit gemischten Völkern und Kulturen, in dem ein großer Teil der spanischen mittelalterlichen Geschichte stattfand.

Linag Conde und Charles Bishko haben mit der aus dem Jahre 976 stammenden Schrift des Mönches Eneco Garseani aus San Millán bewiesen, daß die Benediktisierung, und somit die Europäisierung Spaniens in La Rioja ein Jahrhundert vor dem übrigen Teil der Halbinsel stattfand. Dieses Manuskrpt ist ein sehr kostbares Zeugnis, das 100 Jahre älter ist als die historischen Quellen von Leyre und Ireche.

Schon in den ersten Jahren der Pilgerwanderungen strahlten die großen Klöster von La Rioja ihre Kultur auf ganz Europa über.

Gogescalco, der Bischof von Le Puy und Prinz von Aquitanien, ein Pilger "mit großem Gefolge", machte im Jahre 950 in La Rioja halt. Er bat den Mönch von Abelda, Gomesano, um eine Kopie der Abhandlung über die "Ewige Jungfräulichkeit der Heiligen Jungfrau María von San Ildefonso von Toledo", begleitet von einem sehr treffenden Vorwort dieses Mönches. Heute befindet sich diese Handschrift des Gotescalco oder Colbertino in der Staatsbibliothek von Paris.

Wir zeigen Dir gern den Weg durch diese historische Gegend von La Rioja, mit seinen Gärten, alten Klöster, großen Flüßen "mit gesundem Wasser und zahlreichen Fischen", mit Dörfen, die unter der Wärme der Pilgerwanderungen entstanden, ihre berühmten Weine, die auf der ganzen Welt getrunken werden.

LOGROÑO. Eine kleine Brücke stellt die Grenze zwischen Navarra und La Rioja dar, die ehemaligen Königreiche Navarra und Kastilien.

> Diese Trennungslinie wurde von den Pilgern wahrgenommen, denn sie bedeutete eine offenkundige Veränderung. Der Pilger-Chronist Künig de Vach schreibt im Jahre 1496: "Hier wirst Du andere Münzen kennenlernen. Dort gibt es keinen Kronen mehr und Du mußt die Maravedis kennenlernen".

Logroño liegt neun Kilometer von Viana entfernt. In der Mitte dieser Strecke befindet sich die kleine Grenzbrücke. Wandere ungefähr 150 Meter auf der Landstraße entlang, biege dann links über ein kleine Höhe ab. Unser Pfad wird bald zu einem breiten Weg, in einer Strecke von drei Kilometern, die am historischen Kantabriahügel zwischen Weinbergen, Olivenbäume und Ackerland zieht.

Auf dem Kantabriahügel, auf der linken Seite, zwei Kilometer entfernt, befinden sich bedeutende archäologische Überreste einer prähistorischen, einer römischen un einer hochmittelalterlichen Stadt, die laut historischen Quellen im Jahre 574 vom Gotenkönig Leovigild zerstört wurde.

Diese Stadt wurde auf den berühmten Elfenbeinschnitzereien von San Millán de la Cogolla aus dem 11. Jahrhundert dargestellt.

Auf der rechten Seite erkennt man den Ort Ayón mit seinem zierlichen Barockturm, ein blühender Ort der Provinz Alava.

Vor uns liegt nun das Ebrotal, wir sehen die Gebäude von Logroño, seine Türme, welche sich im Wasser des "riesigen Flußes" wiederspiegeln.

Der Weg führt am hinteren Teil des Friedhofes zum Fluß Ebro entlang Später, über die Landstraße von Mendavia, neben der historischen Steinbrücke, die über den Fluß Ebro führt, fließen der Weg und die Landstraße wieder ineinander.

Die Stadt Logroño. Der Ebro ist der größte Fluß auf unserer Wanderschaft. Diesen überqueren wir über die Steinbrücke, die direkt in die Stadt führt.

> Diese Brücke ist ein Werk aus dem Jahre 1884. Sie ist 198 Meter lang und besteht aus sieben Bögen. Sie hat die mittelalterliche Brücke von San Juan de Ortega (1080-1163), aus zwölf Bögen bestehend, ersetzt. Diese Brücke hatte man wiederum auf dem Grund einer älteren, die schon im Jahre 1095 schon in den Rechtsschriften Logroños erwähnt wurden gebaut, und hatte eine sehr große Rolle auf der Pilgerschaft nach Santiago gespielt.

Logroño ist die Hauptstadt von La Rioja und hat 110 000 Einwohner. Diese Stadt befindet sich in einer schwungvollen Entwicklung.

Im 10. Jahrhundert war der Ort lediglich ein Landgut am fruchtbaren Ufer des Ebros.

Ab dem 11. und 12. Jahrhundert wächst Logroño als Folge der Pilgerfahrten nach Santiago. Sie ist von Grund aus eine jakobäische Stadt. Ihre mittelalterlichen Bauten bestätigen es. Die Stadt liegt langgestreckt wie eine Straße, quer von Osten nach Westen, so wie der Pilgerweg nach Santiago. Gehe langsam durch die Straße oder Rúas (die Alte und die Hauptstraße), wie sie heute noch genannt werden.

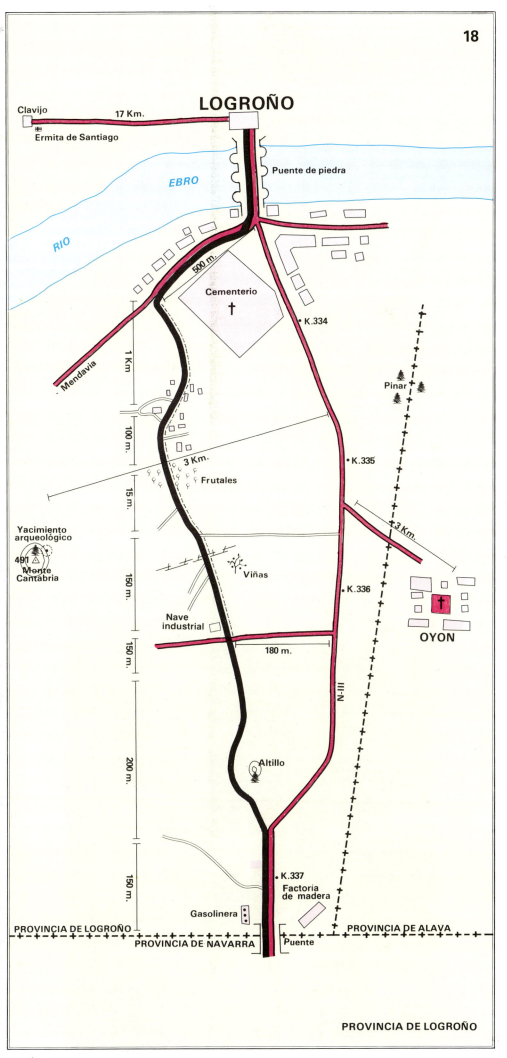

Hinter der Steinbrücke kommen wir zur Alten Straße (Rúa Vieja). Auf der linken Seite liegt das erneuerte Spital, das heutige Provinzkrankenhaus, welches früher Roque Amador oder Rocamador genannt wurde. Es ist tief mit dem "Weg" verwurzelt. Er führt an der kaiserlichen Kirche Santa María de Palacio entlang. Sie verdankt ihren Namen der Schenkung des Kaisers Alfons VII. an die Stiftsherren vom Heiligen Grab, welche diese Kirche gründeten. Der Kaiser vermachte ihnen seinen Palast und andere Güter.

Besonders erwähnenswert an der **Kirche Santa María de Palacio** ist ihre berühmte "Spitze" oder ihr 8-seitiger, pyramiden-förmiger Pfeil, der sich über dem Gebäude erhebt. Es ist ein Werk aus dem 13. Jahrhundert und seiner Art nach einmalig.

Im Inneren befindet sich —unter anderen Kunstwerken— ein Hochaltar von Arnao de Bruselas aus der Mitte des 16. Jahrhunderts.

In der Nähe des Palastes liegt die Kirche San Bartolomé, mit ihrem großen Portal aus dem 13. Jahrhundert, romanischen Skulpturen, die eine große Ähnlichkeit mit anderen Stücken des "Weges" und Stücken aus Compostela selbst aufweisen.

Die Kathedrale **Santa María la Redonda,** welche im alten Viertel der Stadt liegt, ist ein gotisches Werk hinsichtlich ihren drei breiten Schiffen und zwei schlanken Türmen an ihrer Hauptfassade, die "die Zwillingen" genannt werden. Diese Kirche wurde im 18. Jahrhundert gebaut und ist ein gutes Beispiel des Barocks von La Rioja.

Von der Alten Straße (Rúa Vieja) gelangen wir zur Straße Barriocepo. Hier befindet sich die Quelle der Pilger, die mit jakobäischen Motiven verziert ist.

Die Kirche **Santiago el Real** befindet sich auch in der Straße Barriocepo. Es gibt ein großes Reiterstandbild von Santiago dem Maurentöter, Werk eines flämischen Bildhauers aus dem 17. Jahrhundert. Auf dem großen Altaraufsatz ist der Hl. Jakob der Pilger zu sehen. Das Bild ist gotisch und stammt aus dem 14. Jahrhundert. Es sind noch weitere Szenen aus dem Leben des Apostels und auch die Schlacht von Clavijo dargestellt.

Unterkunft: Die Pfarrei Santiago. Straße Barriocepo, 6. Telefon: 22 57 67.

Du verlässt die alte, von Mauern umgebene Stadt entweder duch das Tor "Camino" (Weg), "Revellín" (Außenwerk einer Festung) oder "Karl V.", es wird so genannt, weil es mit kaiserlichen Wappen verziert ist.

Clavijo liegt 17 Km südlich von Logroño entfernt. Das Dorf,

Logroño. Platz Espolón.

Naverrete. Romanisches Portal des ehemaligen Pilgerspitals, heute Portal des Friedhofs.

sowie die Burg bieten einen eindrucksvollen Blick auf das Ebro-Tal.

Hier fand am 23. Mai des Jahres 844 die berühmte Schlacht der Truppen Ramiros I. von Asturien gegen den Araber Abd ar Rahman II. statt.

Die Legende sagt, der Hl. Jakob sei auf einem weißen Pferd erschienen und habe den Christen geholfen, den Sieg zu erringen. Deshalb wurde aus Dankbarkeit der Jakobszoll eingeführt.

NAVARRETE. Dieser Ort liegt 11 km von Logroño entfernt. Hier stelle ich zwei Wege vor, die eingeschlagen werden können und beide werden von Pilder benutzt:

a) Der **Alte Weg von Fuenmayor** liegt auf der rechten Seite der heutigen Landstraße. Es ist ein kleiner Umweg, aber auch ruhiger.

b) **Der Alte Weg von Navarrete** liegt auf der linken Seite der Landstraße und fällt am Anfang mit dem Weg von Entrena zusammen. Nachdem sich die Wege getrennt haben, wird der neue Weg, zwischen Binsen und Schutt, keinen schönen Anblick bieten. Bald aber wird er wieder gut begehbar. Wieder auf der Landstraße, nach dem siebten Kilometer erreichen wir den Weg von Fuenmayor. Die Autobahn, die jetzt auf der Strecke liegt, wird über eine Brücke überquert; jetzt liegen auf dern linken Wegseite die Ruinen des Spitals vom Orden des Hl. Johannes von Acre. Es wurde gegen das Jahr 1185 von María Ramírez gegründet und diente zur Aufnahme und Hilfe der Pilger.

Navarrete ist ein kleiner, blühender Ort mit über 2 000 Einwohnern. Es gibt eine bedeutende Töpfer– und Kunstgewerbeindustrie. Seine Weine sind berühmt.

Es ist ein wichtiger Ort, mit einer alten jakobäischen Tradition und mittelalterlichem Hauch.

Navarrete hat immer noch Ähnlichkeit mit einer Festung, mit seinen um den Bergabhang konzentrierten Straßen. Bei einem Spaziergang durch die Stadt fühlt man sich wie in das 16. Jahrhundert zurückversetzt, zur Zeit als Ignatius von Loyola sich in Navarrete befand, um mit dem Herzog von Nájera —seinem ehemaligen Herrn— abzurechnen.

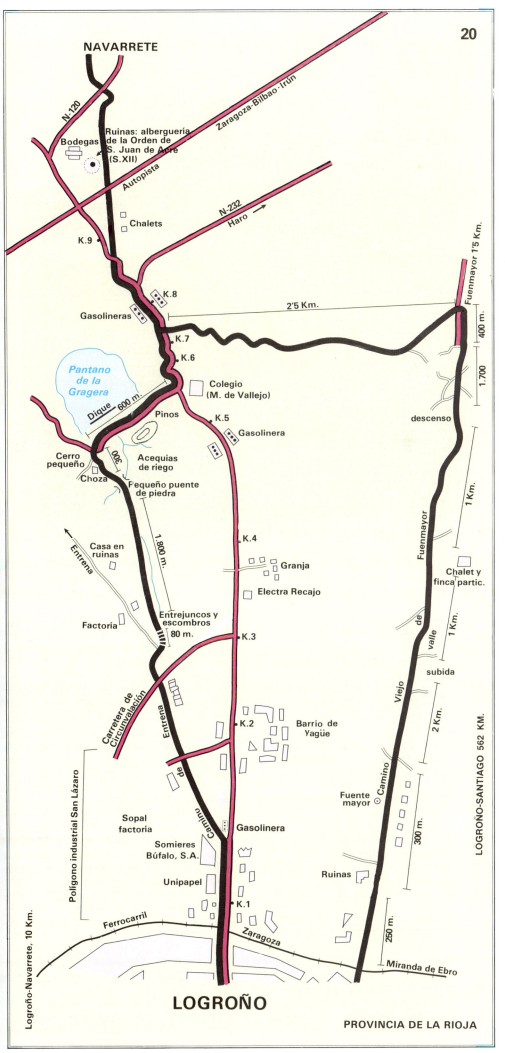

Teilansicht von Navarrete.

Der Weg verläuft ungefähr ein Kilometer lang durch die Stadt. Er beginnt auf der Straße Mayor Baja und führt weiter über die Straße Mayor Alta. Auf halbem Wege sehen wir einen kleinen Platz liegen und die monumentale Kirche La Asunción.

Ihre drei Kirchenschiffe stammen aus dem 16. Jahrhundert. An der stirnseite der drei Schiffe steht ein herrlicher Barockaltar aus dem Ende des 17. Jahrhunderts. In der Sakristei wird ein gutes dreiteiliges, flämisches Altarbild vom Anfang des 16. Jahrhunderts aufbewahrt. Es wird Isembrant zugeschrieben.

Am Dorfausgang befindet sich der Friedhof. Sein Portal und die Fenster stammen von der alten Herberge San Juan de Acre, auf deren Ruinen ich schon beim Eingang im Navarrete hingewiesen habe.

Das Werk stammt aus dem 13. Jahrhundert. Im Jahre 1875 wurde der neue Friedhof errichtet. Zur Steigerung seines künstlerischen Aussehens wurde das Portal von Acre als Eingang benutzt. Unter anderem gibt es auf der höchsten Stelle des Portals ein Relief auf einem Kapitell, das den Kampf Rolands gegen Farragut darstellt; ein sehr beliebtes Motiv auf dem Pilgerweg nach Santiago.

Unterkunft: Die Kamilluspater, im Norden, am Dorfausgang, nehmen die Pilger gut auf. Telefon: 44 00 87.

Die **Höhe San Antón.** Am Ausgang von Navarrete vereinigt sich der Weg mit der Landstraße. Dkurz vor dem 16. Kilometerstein zweigt der Weg nach links ab, danach durchkreuzt er die Landstraße von Ventosa und führt dann zum Gipfel San Antón.

800 Meter links vom Weg entfernt steht Ventosa mit seinem schlanken Turm aufs einem Hügel emporragend. Die Kirche von Ventosa ist einem französischen Bischof geweiht, dem Hl. Saturnino vor Tours.

Es sind immer noch einige Ruinen des Klosters San Antón erhalten geblieben. Früher war die Landschaft mit Wald bedeckt. Ein Zufluchtsort für Pilger war sehr nötig. Die Bauern erzählen immer noch alte Geschichten über Pilger, z.B. wie sie von Straßenräubern, die als Mönche verkleidet waren, überfallen wurden. Deshalb mußte die Wache verschärft werden.

In der Nähe der Ruinen erhebt sich ein kleines weißes Haus. Seine Bewohner nehmen immer noch die Pilger freundlich auf.

Im letzten Jahrhundert, als die Wallfahrtskirche schon zerfallen war, beschlossen die Einwohner von Huércanos, die Figur der Hl. Jungfrau auf einer Pro-

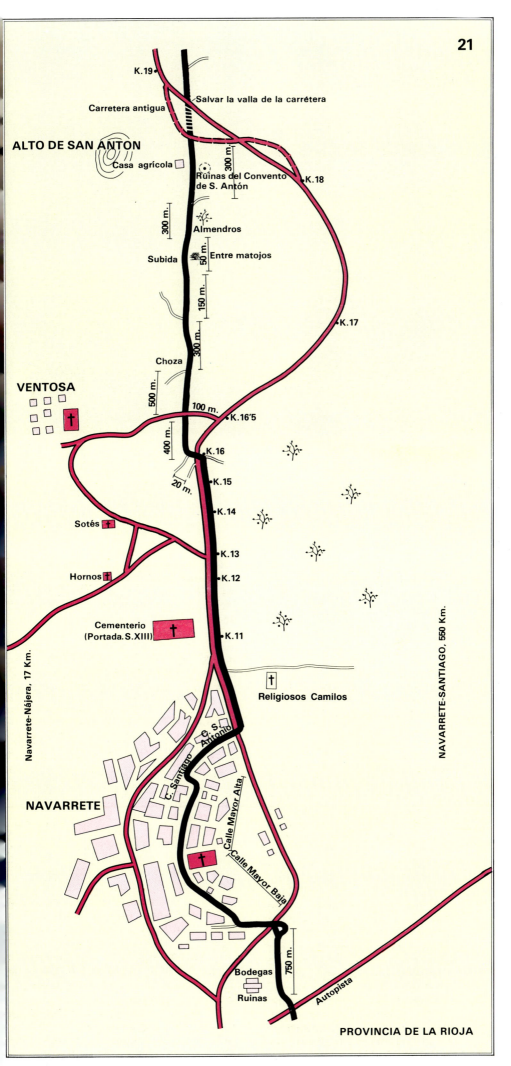

Nájera. Kloster Santa María. Ritterkreuzgang, gotisch, aus dem 16. Jahrhundert.

zession holen zu lassen um sie in ihrer Pfarrkirche zubeherbergen. Ein Bewohner von Alesón hörte von diesem Vorhaben, er kam ihnen zuvor und brachte sie zur Pfarrkirche seines Dorfes, wo sie heute noch verehrt wird.

Poyo de Roldán. Schon in der Nähe von San Antón kommen wir auf die Landstraße. Ihre Abtrennplanke muß überquert werden, der Weg läuft zunächst rechts neben der Landstraße her. Später entfernt er sich von ihr und führt am Nordabhang eines kleinen Hügels entlang, der von den Einheimischen Poyo Roldán, oder kurz Poroldán genannt wird.

Der **Poyo Roldán** besitzt seine eigene Geschichte und Legende:

Einst wohnte in der Burg Nájera ein syrischer Riese, dieser, Nachfahre Goliaths, übertraf jedoch die Kräfte seines berühmten Vorfahren. Farragut, so hieß er, hatte die besten Krieger Karl des Großen besiegt. Eines Tages jedoch, kam Roland, der tapferste Ritter Karls des Großen.

Als er nach Nájera kam, hörte er vom Riesen Farragut. Roland stieg den Hügel hinauf und von dort aus sah er den Riesen vor dem Tor seiner Burg sitzen. Er suchte einen runden Stein, der zwei Arrobas (Gewicht von 25 Pfund) wog, und wie David, schätzte er den Abstand ab, biß die Zähne zusammen, schwenkte seine starken Arme und schleuderte den Stein, der blitzschnell durch die Luft schnellte und gegen die Stirn von Farragut prallte.

Dieser fiel sofort zu Boden. Alle gefangenen Ritter wurden befreit. Seit dieser Zeit wird dieser kleine Berg Poyo oder Rolandspodium genannt.

Der "Weg" führt weiter durch Weinberge und Felder. Vor uns, in der Ferne, im Südwesten, liegt die Bergkette Demanda, mit ihren fast das ganze Jahr über verschneiten Gipfeln. Die Bergspitze Pico de San Lorenzo ist 2 262 m hoch und ist damit die höchste Erhebung des Königreiches Kastilien. Überquere den Weg von Huércanos. Huércanos liegt nun auf deiner rechten Seite und Alesón auf der linken.

NAJERA. Ende der 4. Etappe des "Codex Calixtinus". Der "Weg" erreicht diesen Ort parallel zur Landstraße hinter den Industriehallen.

Der Weg führt an der Guardia Civil – Kaserne vorbei, die den Namen San Lorenzo von der früher dort stehenden Pilgerkapelle erhalten hat.

Etwas weiter entfernt steht auf der rechten Seite das Kloster Santa Elena der Klarissen. Es wurde im Jahre 1600 von Aldonza Manrique (aus der Familie der Herzöge von Nájera) gegründet.

Vor dem Kloster Santa Elena zweigt ein Teil der Landstraße ab und führt zur Kapelle Valvanera —dort befindet sich die Schutzpatronin von La Rioja —, und zu den Klöstern von San Millán de la Cogolla.

Das Kloster von Suso, ist westgotisch und das von **Yuso,** stammt aus der Renaissance.

Hier befindet sich das erste Zeugnis der geschriebenen spani-

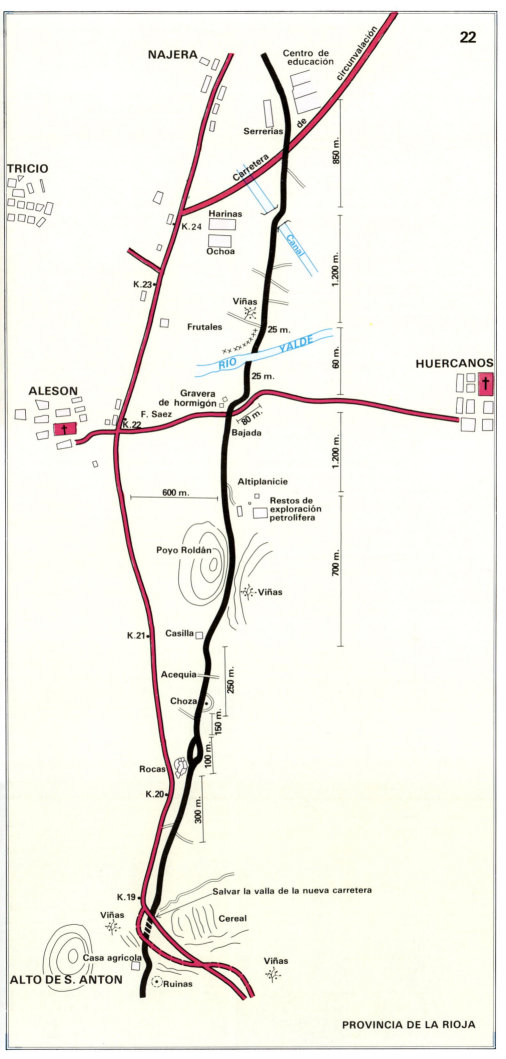

schen Sprache von Gonzalo de Berceo, einem Pilgertroubadour, der im 13. Jahrhundert lebte.

In diesem großen, westgotischen Gebäude ruhen die Überreste des Hl. Millán, dem Schutzpatron von Kastilien. Er lebte hier 101 Jahre (473-574). Seine Urne ist ein wertvolles romanisches Kunstwerk aus geschnitztem Elfenbein aus dem 11. Jahrhundert. In einer anderen Urne werden die Gebeine des Heiligen Felices von Bilibio, seinem Lehrer, aufbewahrt.

Die Pilger, die das Gebäude des Hl. Millán besuchen möchten, zweigen in Nájera vom Weg ab und gelangen über Berceo nach Santo Domingo de la Calzada.

Die alte Stadt Nájera wird über eine Brücke betreten, die über den Nebenfluß des Ebros, Najerilla, führt.

Die jetzige Brücke wurde im Jahre 1886 über eine andere, schon im 12. Jahrhundert von San Juan de Ortega (1080-1163) wiedererrichteten 7-bögigen Brücke gebaut.

Auf der linken Seite dieser Brücken befand sich das Spital Santiago, San Lázaro oder La Cadena (die Kette), das ebenfalls von San Juan de Ortega gebaut wurde.

In der Nähe befindet sich das Feld von San Fernando, in dem heute ein Denkmal zu Ehren Fernando III, des Heiligen, errichtet steht. Hier an diesem Ort wurde er im Jahre 1217 zum König ausgerufen.

Nájera war im 10. und 11. Jahrhundert, während sieben Generationen, die Hauptstadt des alten Königreiches Nájera.

García I. von Nájera (1035-1054) gründete das Kloster **Santa María la Real** und die zum Kloster gehörende **Herberge** zur Aufnahme der Pilger.

Alfons VI. ordnete dieses Kloster Santa María la Real im Jahre 1079 Cluny zu, zwecks Förderung der Pilgerwanderungen, was jedoch dem Bischof von Nájera mißfiel. Er verlegte seinen Bischofssitz nach Calahorra.

Über diese Herberge Santa María und andere Spitäler der Stadt schreibt Künig im 15. Jahrhundert: "Hier wirst du in den Spitälern um der Liebe Gottes willen gut aufgenommen. Es fehlt dir an nichts... Die Essenrationen sind sehr gut."

Santa María la Real muß unbedingt besucht werden. Es ist ein historischer und jakobaisch sehr interessanter Bau. Die Kirche ist sehr weit und großzügig aufgeteilt; gotisch, mit romanischen Überresten.

Sehr wervolle Stücke sind: die Statue **Santa María de Nájera,** das Grab von **Doña Blanca,** die **Königsgruft,** die Kapelle **Vera Cruz,** das Grab von **López de Haro,** usw.

Der Chor ist ein Meisterwerk der Bikdhauer Andrés und Nicolás Amutio aus dem Jahre 1492, mit jakobäischen Motiven auf den Rücklehnen einiger Stühle.

Jeden Sommer werden im dem in Platereskenstilverzierten Ritterkreuzgang verschiedene Szenen aus der Pilgerfahr in der Chronik von Nájer dargestellt.

Dieser bedeutende jakobäische Ort wir seit dem Jahre 1895 von den Franziskanern geleitet.

San Fernando H**, 48 Betten. Telefon: 36 07 00.

Unterkunft: Bei den Franziskanerpatern von Santa María la Real können die Pilger Unterkunft bekommen. Telefon: 36 01 06.

"Codex Calixtinus"
5. Etappe: Nájera-Burgos, 85 km

Azofra. Vom Portal Santa María la Real ab führt der Weg über die Straße Costanilla. Er steigt den Hohlweg zwischen zwei kleinen Hügeln empor, zwischen Pinien, Weinbergen und freien Feldern, bis zum Dorf Azofra mit 500 Einwohnern.

Azofra ist wegen seiner Gastfreundlichkeit den Pilgern gegen-

Nájera. Santa María la Real.
Teil des Grabmals von
Doña Blanca von Navarra.

Nájera. Santa María la Real.
Gotische Marienstatue,
aus dem 14. Jahrhundert.

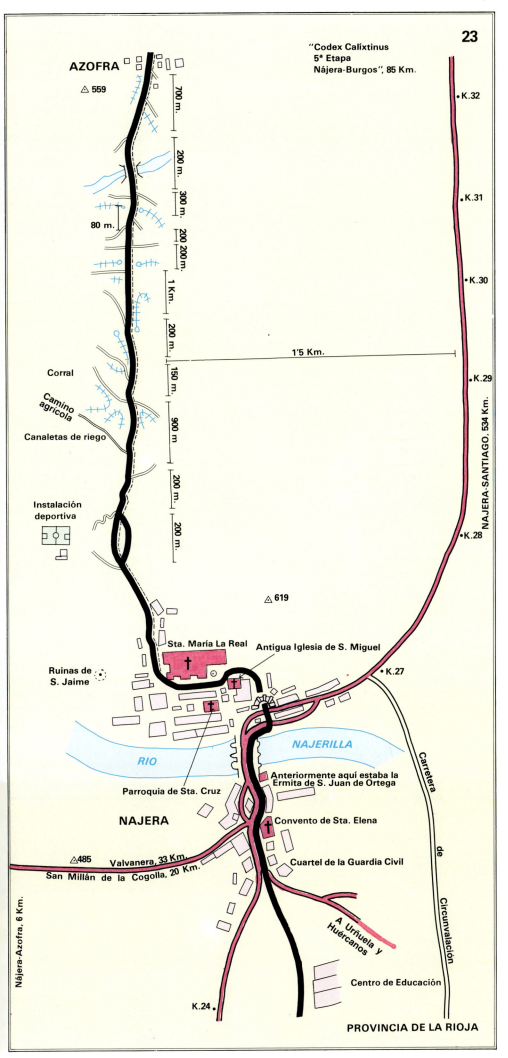

über sehr bekannt auf der Strecke nach Santiago. Pfarrhaus, Rathaus und Einwohner nehmen die Pilger gern auf. Das wäre ein sehr geeigneter Ort für eine Pilgerherberge oder –Unterkunf.

Dieser Ort weist keine besonderen Bauten auf. Es gibt in diesem Dorf nur eine einzige Straße, es ist also ein "Weg" – oder "Straßendorf". Die Calle Mayor, auch Calle Real genannt, wird eins mit dem Pilgerweg, und der Dorfplatz ist auch nur ein breiter Teil dieser Straße. Auf einer kleinen Höhe im Dorf befindet sich die Kirche Nuestra Señora de los Angeles, mit den Statuen des Hl. Martins von Tours und des Hl. Jakobs, des Pilgers, mit Pilgerstab, Umhang und Hut.

Im Jahre 1168 wurde von Doña Isabel in Azofra ein Pilgerspital gegründet, mit einer dem Hl. Petrus geweihten Kirche und anliegendem Friedhof für die Pilger. Man glaubt, daß sich dieses Spital am Dorfausgang, in der Nähe der heute noch existierenden **Quelle de los Romeros** befand.

Bis zum 19. Jahrhundert gab es in verschiedenen Orten des Dorfes einige Pilgerspitäler.

Am Rand des "Weges" gibt es einen herrliche Statue der Hl. Jungfrau von Valvanera, die von den Dorfbewohnern im Jahre 1975 finanziert wurde.

Um das 5 Km entfernte Dorf Cañas besuchen zu können, muß man bei der Jungfrauenstatue einen Umweg über das Dorf Alesanco machen.

Cañas ist die Heimat des Hl. Domingo von Silos (1000-1073) und Sitz der im Jahre 1170 gegründeten Zisterzienserinnenabtei. Vorgotische, einmalig wervolle Kirche mit großem Altarafsatz. Interessantes Museum, gotisches Grabmal der Seligen Urraca López de Haro (1170-1262), eines der schönsten Grabmäler Spaniens.

Die Nonnen unterhalten eine interessante Kunstkeramikwerkstatt.

Hinter der Statue der Hl. Jungfrau von Valvanera trennt sich unser Weg bald von der Landstraße ab. Geh geradeaus weiter. Ein **Mittelalterlicher Wegweiser** oder **Pilgerkreuz** zeigt an, daß man sich auf der richtigen jakobäischen Route befindet.

In Kürze haben wir die Landstraße erreicht, wir hätten am Kilometer 38 des Weges nach links abzweigen müssen, aber dadurch, daß hier Flurbereinigungsarbeiten durchgeführt worden sind, ist der Weg praktisch weggewischt worden. Deshalb ist es ratsam, auf der Landstraße weiterzupilgern.

Das ehemalige Spital Santa María de Valleota oder Bellota befand sich in der Gemeinde Hervias. Der Ort wird immer noch so genannt und wird von den Calatrava-Herren verwaltet. In einer Schenkungsurkunde von Alfons VIII. wird dieses Spital erwähnt, "in jacobensis camino prope Najera situ". Ab dem Jahre 1498 war das Spital nur noch ein einfaches Bauernhaus.

SANTO DOMINGO DE LA CALZADA. Der "Weg" erreichte diese wichtige jakobäische Stadt und führte links an der Kapelle San Lázaro vorüber.

Santo Domingo ist eine der wichtigsten Städte auf dem Wege nach Santiago, es wird das "Compostela von La Rioja" genannt. Ihre ganze Existenz, ja sogar ihre Gründung, verdankt sie dem Weg oder Straße, die vom Hl. Domingo (1019-1109) hier angelegt wurde, er verlegte sie nach dem Süden.

Der Hl. Domingo, nach dem die Stadt benannt wurde, ließ den Wald wegroden, legte den "Weg" von Nájera bis Redecilla an, baute

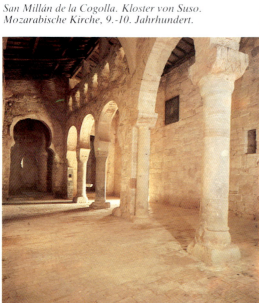

San Millán de la Cogolla. Kloster von Suso. Mozarabische Kirche, 9.-10. Jahrhundert.

Cañas. Kloster Santa María, Grabmal von Doña Urraca López de Haro, 14. Jahrhundert.

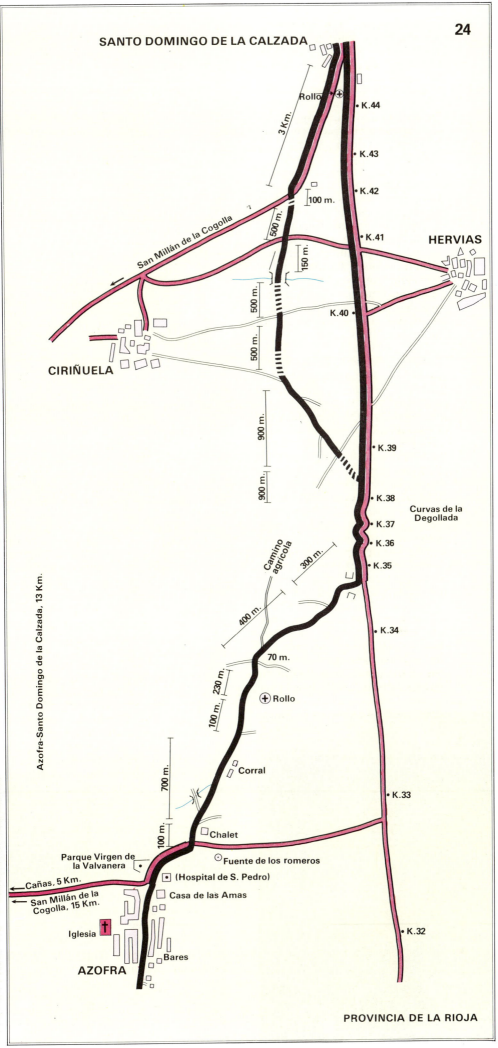

die Brücke über den Fluß Oja, ließ die Gegend besiedeln, errichtete die Kirche und das Spital, das heute ein Rasthaus ist. Der Hl. Domingo half den Pilgern wie er nur konnte.

Als er dann starb, wurde er im "Weg" nach Santiago begraben. Deshalb mußte man beim Bau der Kathedrale, in der sich sein Grabmal befindet, den "Weg" etwas verlegen.

In diesem Ort mußten die Pilger unbedingt Halt machen, Die Überreste des Heiligen mußten verehrt werden und die Pilger stellten sich unter seinen Schutz.

Die Kathedrale ist ein schöner gotischer Bau auf romanischem Grund. Diese Kirche ist ein Museum von Kunstwerken aller Stile und Epochen. Das Grabmal und die Krypta des Heiligen, und sogar der Hühnerstall sind ganz besondere Kunstwerke.

Der Ursprung von **Santo Domingo de la Calzada, donde cantó la gallina después de asada** (Santo Domingo des Weges, auf dem das Huhn nach dem Braten noch gackerte) ist Folgendes: Im 14. Jahrhundert pilgerte ein achtzehnjähriger junger Mann mit seinen Eltern nach Compostela. Er hieß Hogonell. Aus Eifersucht klagte ihn ein Mädchen des Gasthauses des Raubes an. Er war jedoch unschuldig, aber wurde vom Gericht der Stadt verurteilt und starb am Galgen.

Die Eltern hörten die Stimme ihres Sohnes, der ihnen mitteilte, daß er am Leben war, und daß er auf Fürsprache des Heiligen befreit worden war. Die Eltern eilten zum Stadtrichter und verkündeten ihm, was sie gehört hatten, jedoch dieser erwiderte, daß ihr Sohn so sehr am Leben war, wie der Hahn und das Huhn, die schon gebraten auf dem Tisch lagen und in Kürze zerlegt werden würden.

Jedoch, oh Wunder! In diesem Augenblick sprangen der Hahn und das Huhn vom Teller, gingen über den Tisch des unglücklichen Richters spazieren und fingen zu gackern an.

Zur Erinnerung werden in einer Urne der Kathedrale ein lebender Hahn und ein lebendes Huhn aufbewahrt, deren Krähen und Gakkern von allen Pilgern mit Freude erwartet wird.

Parador Nacional H***, 52 Betten. Telefon: 34 03 00. Santa Teresita Hs*, 112 Betten. Telefon: 34 07 00. Río HR*, 14 Betten. Telefon: 34 00 85.

Unterkunft: Die Bruderschaft des Heiligen bietet dem Pilger die beste Unterkunft auf der jakobäischen Route.

Das Kreuz der Tapferen. Unser Weg fällt mit der Landstraße zusammen. Kurz vor dem 49. Kilometer steht auf der linken Seite ein kleines Kreuz, es ist das sogenannte Kreuz der Tapferen.

Das **Kreuz der Tapferen** erinnert an die Stelle, wo ein Vertreter des Dorfes Santo Domingo und einer des Dorfes Grañón um den Besitz einer Weide kämpften, die lange Zeit Streitobjekt beider Dörfern gewesen war. Es handelte sich um ein Gottesurteil, wie es im Mittelalter häufig vorkam. Gott schützte die, die sich im Recht befanden. Es siegte der tapfere Vertreter von Grañón, Martín García, für den bis vor Kurzem in der Sonntagsmesse die Dorfbewohner ein Vaterunser beteten.

Grañón. Der alte Pilgerweg führte früher direkt ins Dorf, aber leider wurde er von der Flurbereinigung verdrängt. Deshalb muß man, um ins Dorf zu gelangen, die modernen Zugänge benutzen.

Der Weg führt über die Hauptstraße des Dorfes, die einen ausgeprägten jakobäischen Hauch hat. Die Pfarrkirche beherbergt einen schönen Altaraufsatz von Forment und Beogrant. In der sog. Judenkapelle (Ermita de los Judíos) gibt es einen Kreuzbogen aus dem 16. Jahrhundert. Die Basilika Nuestra Señora de Carrasquedo, die Schutzpatronin des Ortes, ist ein herrlicher Bau.

Grañón hatte eine Stadtmauer mit einer bedeutenden Burg. Im 11. Jahrhundert war Grañón Besitztum von den Klöstern Santo Tomé und San Miguel. Es gab hier auch ein Pilgerspital, das im 19. Jahrhundert ganz zerfiel.

Geh jetzt auf dem Pilgerweg hinab Richtung Redecilla, von der schönen Landschaft begleitet werden wir bald die Provizgrenze durchschreiten.

Vor uns liegt die weite Landschaft Kastilliens, die Wege des Hl. Domingo und des Cid, der Weg des Apostels...Gute Reise!

Santo Domingo de la Calzada.
Altar des Hl. Domingo.

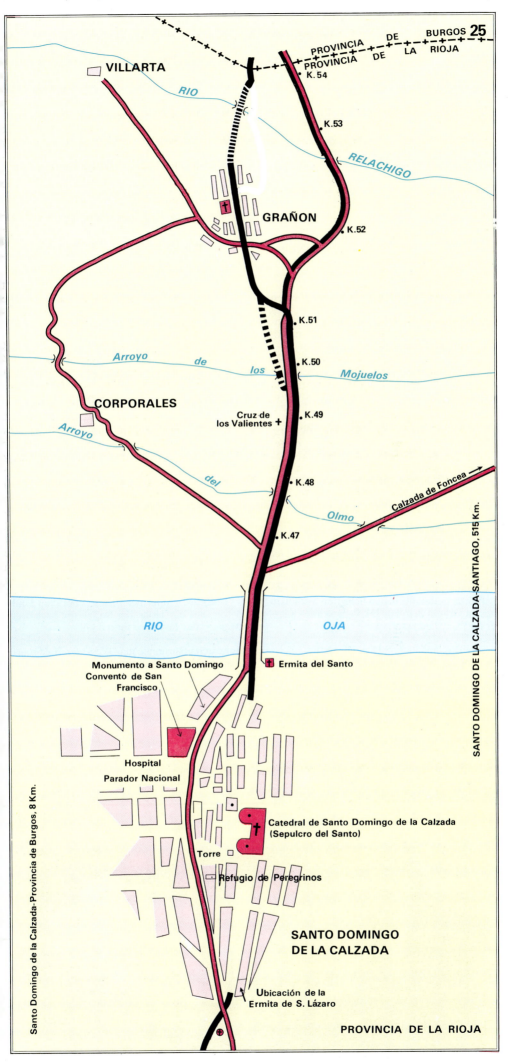

DER WEG NACH SANTIAGO DURCH DIE PROVINZ BURGOS

Elías Valiña Sampedro
Mitarbeiter: Fr. Valentín de la Cruz

Redecilla del Camino. Von Grañón führt ein guter Weg ab zur Landstraße und schon betreten wir den Boden der Provinz Burgos.

Redecilla ist "Redicella" im "Codex Calixtinus". Noch heute bewahrt es einen mittelalterlichen Hauch auf dem Weg entlang, mit seinen mit Wappen geschmückten Häusern und ihren herausragenden Vordächern.

Die sehr schöne Kirche besitzt ein kostbares romanisches Taufbecken, das in den Führern der Kunstwerke sehr häufig erwähnt wird. Das Südportal wird von einer herrlichen Steinstatue der Hl. Jungfrau aus dem 14. Jahrhundert geschmückt.

In diesem Ort wurden mehrere Wohltätigkeitszentren zur Hilfe der Pilger eingerichtet, wie Santa Pía oder Santa Cristina. Es gibt noch ein weiteres am anderen Ufer des Flußes Relachico; diese Zentren gehörten im 12. Jahrhundert zu San Millán.

El Caserío F, 8 Betten.

Unterkunft: Das Pfarrhaus bietet Unterkunft.

Castildelgado ist die nächste Ortschaft. In mehreren mittelalterlichen Schriften werden in diesem Ort ein dem Hl. Jakob geweihtes Kloster und Spital genannt.

El Chocolatero H**, 30 Betten. Telefon: 58 00 63.

Viloria liegt etwas abseits vom Wege. Der Ort befindet sich auf der rechten Seite und ist der Heimatort desl Hl. Domingo de la Calzada. Der Weg ist gut und asphaltiert. Freies Feld mit großem Blickfeld.

Der Hl. Domingo wurde in einem der Kirche nahe gelegenen Haus geboren. Es ist noch das Taufbecken zu sehen, über welchem er getauft wurde. Eines der Gebete, welche am 12. Mai, seinem Fest, an ihn gerichtet werden, fängt so an: "Du wurdest im 11. Jahrhundert in diesem bescheidenen Haus geboren und wurdest hier zur Hoffnung der Gläubigen getauft."

Villamayor del Río ist ein Ort mit wenigen Häuser und liegt in einem kleinen Tal geborgen.

Unterkunft: León F, es gibt Betten und ist gemütlich.

Belorado ist das "Belfuratus" von Aymeric und liegt am Grund einer Schlucht und ist somit gegen die Nordwinde geschützt.

Belorado war im Mittelalter der Grenzort zwischen Kastilien und dem Königreich Navarra: "aquesta vylla era en cabo del condado."

Santa María de Belén ist ein ehemaliges Spital und wurde vom Bischof von Burgos verwaltet. Eine Wallfahrtskapelle gleichen Names steht heute an seiner Stelle.

Der Ort hat zwei schöne Pfarrkirchen, Santa María und San Pedro, mit Bildnissen von Santiago als Pilger und als Maurentöter.

Unterkunft: Die Pfarrei bietet Unterkunft. Telefon: 58 00 85.

Am Stadtausgang liegt die Kapelle **San Lázaro**, in der eine drei Zentimeter große Schlangenhaut aufbewahrt wird. Sie erinnert an die Gunst, die Santiago einem Pilger gewährt hatte.

Tosantos. Hinter der Brücke über dem Fluß Tirón, auf der Höhe der Straße die nach San Miguel de Pedroso führt, können wir die Landstraße verlassen. Schlage auf der linken Seite den ursprünglichen "Weg" ein. Bald führt der Weg auf die Südseite des Dorfes hoch.

Redecilla del Camino. Taufbecken, 12. Jahrhundert.

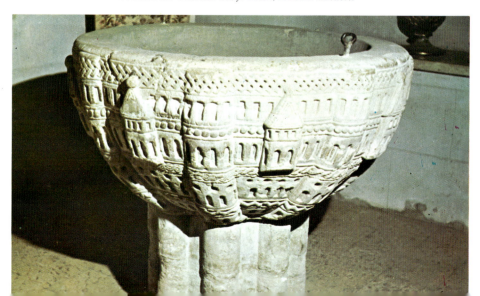

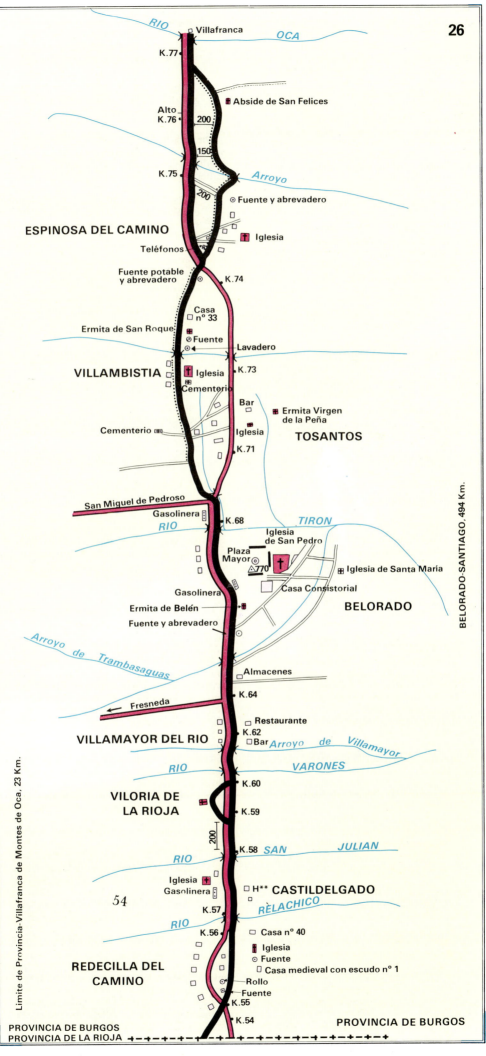

Villambistía. Der Weg führt weiter zu diesem Dorf. Die am Rande des Weges gelegenen Kirche und der Friedhof sind Wegweiser. Überquere den Ort am hochgelegenen Teil. Wir pilgern jetzt über einen sehr alten, mit dichten Ulmen umrandeten Weg. Über das freie Feld kommt man wieder auf die Landstraße.

Espinosa del Camino. Wir überqueren die Landstraße und gehen über die "Weg-Straße" des Dorfes weiter. Der Weg führt hinab zu einem Bach und dann beginnt der sanfte Aufstieg zum Hügel von San Felices. Der Weg ist gut und kann von Fahrzeugen befahren werden.

San Felices. Ruinen einer jetzt restaurierten Apsis, umlagert von Getreidefeldern.

Die Apsis ist ein Überrest des Klosters San Félix de Oca, dessen Geschichte auf das 9. Jahrhundert zurückgeht. Im Jahre 1049 wurde es, wie viele andere, San Millán de la Cogolla angeschlossen. Diego Pocelos, der Gründer von Burgos, starb in diesem Kloster und wurde darin begraben.

VILLAFRANCA DE MONTES DE OCA.

Dies ist eine interessante Ortschaft des neuentstandenen Kastiliens, sowie auch in der Geschichte der Pilgerwanderung. Sie befindet sich am nordöstlichen Abhang der Oca-Berge.

Die Oca-Berge waren die Ostgrenze des alten Kastiliens: "Estonce, era Castiella vn pequenno rryncón, era de Castellanos Montes d'Oca mojón."

Auca, Oca war seit der apostolischen Zeit her Bischofssitz, bis zum Jahre 1075, wo er auf Burgos überging. Nach der Überlieferung war der **Hl. Indalecio**, Jünger des Hl. Jakobs, der erste Bischof.

In der Kapelle der **Hl. Jungfrau von Oca** (Statue aus dem 12. Jahrhundert) wird der Hl. Indaleco verehrt. An seinem Festtag, dem 11. Juni, wird zum Brunnen gepilgert. Man glaubt, daß dort der Heilige zu Tode gemartert wurde. An dieser Stelle entsprang eine Quelle.

Der ursprüngliche Name dieser Ortschaft war **Auca, Oca. Villafranca, "Dorf der Franken",** entstand, wie so viele andere Orte, aus den Pilgerwanderungen.

Die jetzige **Pfarrkirche** ist ein Werk aus dem 17. Jahrhundert; Sie ersetzte eine alte Kirche, welche wiederum auf den Ruinen der Kathedrale errichtet worden war, die von den Arabern beim Kampf um Cerezo verbrannt wurde.

In der Kirche wird eine Statue desl Hl. Jakobs verehrt; der Heilige trägt ein Reliquienmedaillon auf der Brust. Eine natürliche "Vieira" (Muschel) aus den Philippinen dient als Weihwasserbecken.

In der Kirche, etwas höher gelegen, befindet sich das **Spital San Antonio Abad,** ein wertvolles Gebäude, das in einem sehr schlechten Zustand ist. Seine Resturation und Wiederbenutzung ist dringend nötig. Es wäre als Pilgerunterkunft sehr geeignet.

Dieses Spital wurde im Jahre 1380 von Juana, der Gattin Heinrichs II. gegründet. Im 18. Jahrhundert hatte es 36 Betten.

Künig empfiehlt es auf die folgende Weise: "Denk dort an das Spital der Königin. Dort gibt man den Brüdern eine reichliche Essensportion."

Laffi drückt sich ähnlich aus. "Fanno gran caritá alli Pellegrini e in particolare dando de mangiare molto bene."

Es ist wirklich bedauernswert, daß dieses historische und wohltätige Zentrum gegewärtig in einem so schlechten Zustand ist.

Restautant El Pájaro, 10 Betten.

Weitere Privatunterkünfte. Information: Rathaus und Pfarrei.

Unterkunft: Die Pfarrei verweist die Pilger zum alten und baufälligen Spital San Antonio. Telefon: 58 02 01.

Die Oca-Berge. Sie sind die "Nemus Oque" von Aymeric und befinden sich in der Bergkette, die es jetzt zu überqueren gilt. Dies höchste Erhebung ist La Pedraja, 1 150 Meter noch.

Das "Codex Calixtinus" berichtet über ein Wunder, das hier stattgefunden haben soll. Ein französisches Ehepaar pilgerte mit ihrem Sohn nach Compostela. Der Sohn starb auf diesen Bergen. Als er beerdigt werden sollte, wurde er auf Fürsprache des Apostels zum Leven erweckt und setzte seine Reise nach Compostela fort.

Für Aymeric bedeuten diese Berge die Grenze zwischen Navarra und Kastilien. Er schreibt über ein Wunder im Königreich Alfons I. dem Kämpfer /1104-1134).

Nun von den unsympathischen Navarresern befreit, ist er voll des Lobes über Kastilien: "Hinter den Bergen von Oca liegt Kastilien, das Land ist voller Kostbarkeiten, es gibt viel Gold, Silber, Gewebe, sehr starke Pferde, Brot, Wein, Fleisch, Fisch, und Milch und Honig gibt es in Hülle und Fülle."

Pilger, jetzt **höre auf meinen Rat.** Beginne nicht mit der Überquerung dieser Berge am späten Nachmittag. Man braucht etwas mehr als zwei Stunden, bis man San Juan de Ortega erreicht. Bei Regen rate ich den Weg über die Landstraße zu nehmen, der Schlamm auf dem Wege und die Äste erschweren das Gehen. Bei schönem Wetter jedoch empfehle ich die Route unseres Führers Aymeric. Es besteht keinerlei Gefahr. Die Landstraße läuft neben uns her.

Im Dorfe Villafranca beginnt der steile Aufstieg. Später nimmt er etwas ab. Wende dich zum Dorf und Tal zurück, und denke an seine tausendjährige Geschichte.

Wenn die Quelle von Mojapán neben neben uns fließt, ruhen wir uns etwas aus. Auch Aymeric setzte sich bestimmt neben die Quelle, und holte aus seinem Brotbeutel ein Stück trockenes Brot heraus und tauchte es in das glasklare Wasser ein.

Steige weiter empor. Weg und Landstraße sind fast vereint. Wir pilgern durch einen Pinien– und Tannenwald, über eine Waldschneise und haben bald die höchste Stelle erreicht, 1 163 m Höhe.

Wir sind jetzt am Rande der Landstraße, ein breiter Waldweg überquert den "Weg". Als Wegweiser steht ein kürzlich gebautes Denkmal für die im Jahre 1936 gefallenen Soldaten.

Heute kann man sich in den Bergen nicht mehr verirren, jetzt kann sich nach der Landstraße richten. Diesen Vorteil hatten die Pilger im Mittelalter nicht. Laffi verirrte sich und mußte sich von den Pilzen, die er in den Bergen fand, ernähren.

Steige zum Bach Peroja hinunter und pilgere auf dem alten Weg weiter. Bald kommen wir auf eine moderne und geräumige Bradmauer, mit Wegweisern. Schlage den Weg MP-61 ein und steig hinunter bis zur Quelle Carnero und der auf der Landstraße liegenden Kapelle Valdefuentes hinunter. Hier an dieser Stelle mußten die Pilger entscheiden, welchen Weg sie einschlagen wollten.

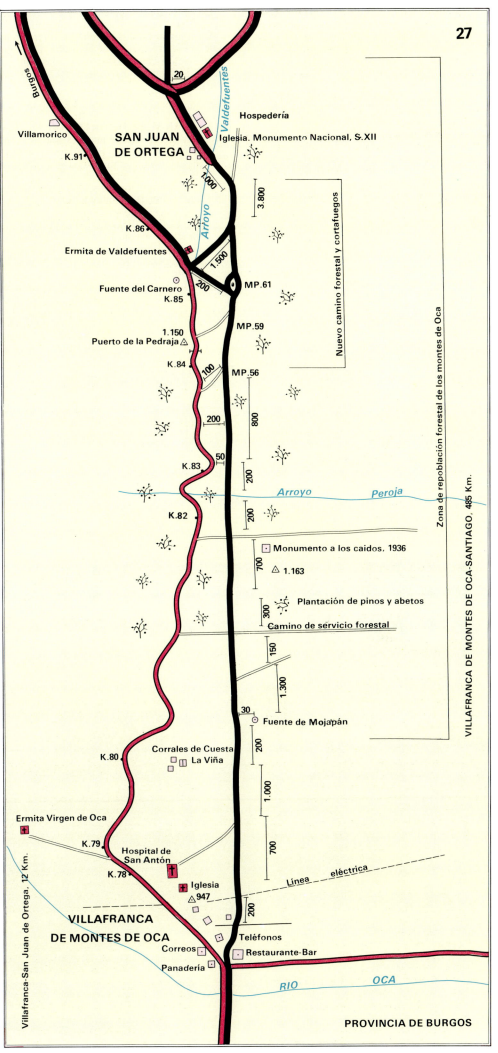

Valdefuentes liegt heute am Rand der Landstraße und ist für den vorüberziehenden Pilger eine köstliche Oase, ein kleines Tal mit einer Trikwasserquelle, mit viel Schatten und einer Kapelle.

Im 12. Jahrhundert gab es in dieser Ortschaft, ein von den Zisterziensermönchen geleitetes Spital. Im Jahre 1187 gibt Alfons VIII. dem Spital von Valdefuentes ein Vorrecht. Später gehörte es zum Königspital von Burgos. Im 19. Jahrhundert war es nur noch ein Haus, das von einem Pfarrer geleitet wurde, und wiederum zum Kloster Las Huelgas gehörte. Eine neue Kapelle erinnert an diese mittelalterliche Wohltätigkeitsinstitution.

Von Valdefuentes aus führten zwei mittelalterliche Routen zur Stadt Burgos.

a) **Die Route von Zalduendo.** Diese Route führt über die jetzige Landstraße nach Ibeas de Juarros. Mit der Abzweigung von Arlanzón-Ibeas de Juarros, Villayuda und Capiscol, wo sich die Route von San Juan de Ortega und die von Bayonne nach Burgos vereinigen.

Im Jahre 1726 wandern Manier und seine Kameraden auf dieser Wegroute.

b) **Die Route von San Juan de Ortega.** Dies ist die Route unseres Führers Aymeric Picaud. Sie wurde von den Pilgern wegen der Gastfreundlichkeit von San Juan de Ortega häufig benutzt.

Diese Route ist heute sehr leicht zum Wandern. Der Weg ist gut geeignet für Fahrzeuge.

San Juan de Ortega besteht aus einer Kirche, einer Herberge und vier Häusern. Die Ortschaft liegt in einem kleinen Tal, das von dem von Valdefuentes hinabfallenden Bach gebildet wird.

SAN JUAN DE ORTEGA ist der Gründer dieser Kirche und des Spitals (1080-1163). Dieser Heilige war der Mitarbeiter des Heiligen Domingo de la Calzada beim Bau der Brücken von Logroño, Nájera und Santo Domingo, die für die Pilger eine große Bedeutung hatten.

Er erkannte die Schwierigkeiten und die Gefahr, die diese Berge für die Pilger brachten wo sie häufig schamlos überfallen und beraubt wurden: "Die ac nocte jacobipetas interficientes et multos expoliantes."

Im Jahre 1138 stellt Innozens II. dieses Haus unter seinen Schutz.

Der Hl. Juan starb in Nájera und wurde in Ortega begraben. In seinem Testament (1152) steht, daß er diese Kirche und das Spital zur Hilfe für die jakobäischen Pilger errichtete, "in servitio pauperum in via Sancti Jacobi".

Alfons VIII. überließ dieses Wohltätigkeitszentrum im Jahre 1170 der Kirche von Burgos und beauftragte den Hieronymitenmönche mit seiner Leitung (1432).

Der Pilger Laffi (1670) berichtete, daß diese Mönche reich waren und mit den Pil-

San Juan de Ortega. Fassade der Kirche und der Herberge.

San Juan de Ortega. Grabdenkmal des Heiligen.

gern sehr wohltätig waren: "Questi Padri sono molto richi e fanno molte caritá alli Pellegrini".

Die vom Hl. Juan gebaute **Kirche** ist ein schönes romanisches Werk. Bei den letzten Restaurationsarbeiten wurde die Krypta restauriert, in der sich das Grabmal des Heligen befindet.

Das romanische **Grabmal** ist sehr wervoll. Der **kleine Tempel** mit sechs Reliefs aus der Zeit Isabellas stellt mehrere Szenen aus dem wundertätigen Leben des Hl. Juan dar.

In einer dieser Szenen sieht man, wie der Heilige Pilger empfängt. Er befiehlt seinem Neffen Martin, ihnen Essen zu geben, jedoch dieser sagt, daß kein Brot vorhanden sei. Der Heilige schickt seinen Neffen nochmals zum Brotkasten und er findet ihn zu seiner großen Überraschung angefüllt mit Brot.

Unterkunft: Die Pfarrei bereitet den Pilgern in der ehemaligen Herberge eine würdige Unterkunft.

Am Ausgang von San Juan de Ortega führen drei Routen zur Stadt Burgos:

a) Auf der linken Seite, über Santovenia, über die Landstraße. Sie trifft mit der Route von Zalduendo zusammen.

b) Auf der rechte Seite, über die Stadtviertel Colina, Olmos de Atapuerca, Rubena und Villafría.

c) **Geradeaus,** über Agés, Atapuerca, Cardañuela und Villafría. Dies ist die Route Aymerics und somit auch unsere.

Von San Juan de Ortega bis nach Agés sind es drei Kilometer. Es ist ein guter Weg, der schon aus dem Mittelalter bekannt ist. Er kann von Geländewagen befahren werden. Der Anfang des "Weges" führt über Eichen– und Pinienwaldgebiet. Er fällt sanft ab. Auf freiem Felde kommen wir auf zwei große Gräben die sich links und rechts vom Weg befinden. Es sind die Überreste vom Eisenabbau einer englischen Firma. Dann kommt eine schöne Wiese und der Abstieg nach Agés über einen mit Geröll gepflasterten Weg.

Atapuerca liegt wie Agés auf flachem und sümpfigem Gebiet, das aber stellt heute für den Pilger kein Hindernis mehr dar, denn es gibt ja die Landstraße.

Um diese Ortschft herum (1.9.1054) trafen sich die Truppen Fernandos I. von

Kastilien und die seines Bruders García I. von Nájera. Hier kam der letztgenannte ums Leben. Ein Gedenkstein erinnert an diese Tragödie.

Verlasse die Landstraße links, bei der Wiese hinter dem letzten Haus.

Wandere um den Nordabhang des vor Dir liegenden Berges herum. Den ersten Weg, den man rechts vorfindet nahmen die Pilger, die nicht die Berge überqueren wollten. Sie gingen in Richtung Rubena, was ein Umweg ist und die Verkehrsschwierigkeiten einer Landstraße mit sich bringt.

Biege links ein; nun steht vor Dir ein enger Pfad zwischen zwei Bergen; steig hinauf. Bald gelangen wir zu einer Wiese, namens Heller Brunnen oder Hexenfeld. Jetzt liegt der Weg auf der rechten Seite. Wir befinden uns 1 070 m Höhe.

Geh geradeaus weiter und überquere den Bergrücken. Der neigt sich dann sehr sanft nach Westen. Dein Weg verläuft weiter sanft bergab.

Nachdem wir schon etwas bergab gewandert sind, wird dieser Weg verlassen und wir biegen nach rechts ab, gehen geradeaus bis man dichtbelaubte Steineichen und einen haufen größerer Steine erblickt; von hier aus wird wieder bergab marschiert.

Bald lassen wir die Eichen hinter uns: im Hintergrund des Tales liegt **Cardeñuela**, wohin uns ein guter Weg führt.

Der Ort wird Cardeñuela de Riopico genannt, weil dieser Bach Río Pico heißt.

Die Kirche liegt auf der höchsten Stelle des Dorfes. Spitzer Glockenturm mit zwei großen Glocken und noch ein Glockenturm im Karnies. Das Portal stammt aus der Renaissance und ist mit Reliefs der Pietà und der Hl. Eulalia von Mérida, der Schutzpatronin verziert.

Der Weg durchquert das kleine Dorf.

Villafría ist die Stelle, wo sich die Route von Rubena und die von Cardeñuela-Orbaneja vereinigen.

Villafría ist heute ein Stadviertel von Burgos. Das Gebiet hat viel Autoverkehr. In der Kirche gibt es einen zweiteiligen Turm und einen Glockenturm aus der Renaissancezeit.

Gamonal. Diese Ortschaft gehört schon zum industriegebiet des Stadtumkreises von Burgos.

In **Capiscol** trafen die Routen von Zalduendo, San Juan de Ortega una Bayona zusammen.

Ein jetzt nicht mehr existierendes Spital nahm die Pilger am Stadteingang auf.

BURGOS. Ende der 5. Etappe des "Codex Calixtinus". Dies ist eines der interessantesten Halte auf der ganzen jakobäischen Route.

"Pilgergruppe, die nach Compostela pilgert,"
Abschnitt des Kirchentores des Königspitals in Burgos.

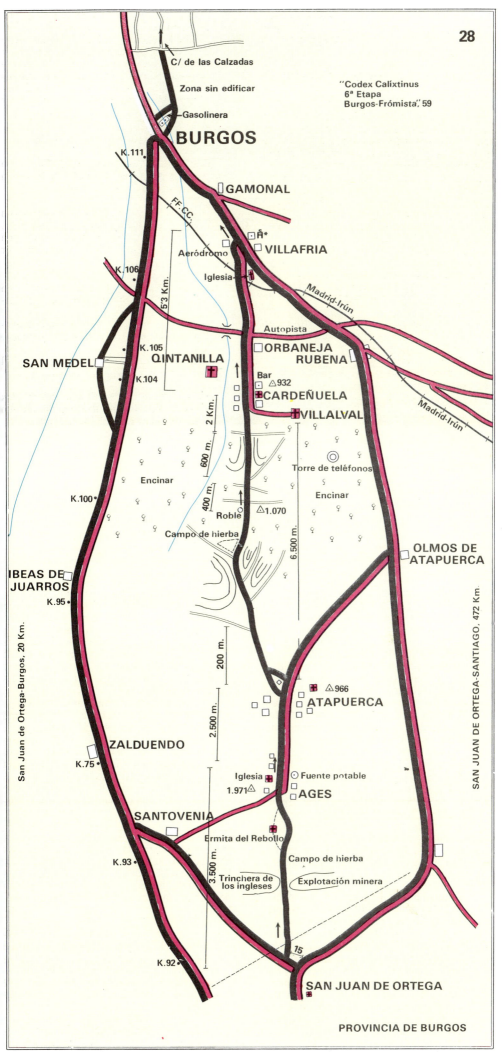

Burgos. Kathedrale. Portal der Vorderfassade, "Sacramental», 13. Jahrhundert.

Burgos ist die "caput Castellae". Der Ort entsteht zur Zeit des Grafen Diego um das Jahr 884. Im Jahre 920 wird er schon **Stadt** genannt. Ferdinand I. und Alfons VI. fördern stark die Entwicklung dieser Stadt. Durch die Gründung des Königreiches Kastilien im Jahre 1035 wird Burgos zur Hauptstadt dieses Königreiches.

Burgos ist mit seinen 160.000 Einwohnern eine historische Groß-Stadt, die dem Besucher viele Kunstwerke bietet. Aber wir werden uns auf unser Thema, die Jakobäische Pilgerroute beschrän-ken.

Am Stadteingang, außerhalb der Mauern, rechts von der jetzigen Landstraße, befindet sich das Spital **San Juan Evangelista.** Später wurde diesem dem Hl. Johannes geweihten Spitl Benediktinerkloster angeschlossen, heute ist es zerfallen, aber dennoch sehr sehenswert. Gegenüber liegt die Kapelle vom Hl. Johannes, jetzt vom Hl. Lesmes, mit seinem Grabmal.

Das Spital stammt aus der Zeit Alfons VI. Im Jahre 1091 stellte er das Haus unter den Schutz de Benediktinerabtei von Chaise-Dieu im Haute-Loire. Der Hl. Lesmes wird zum Prior ernannt. Seine letzten Jahre widmete er den Pilgern.

Die frühere Kirche San Juan, heute San Lesmes, lag näher an der Stadtmauer heran. Bei seinen Kämpfen gegen den König von Navarra befahl Johann I., die Kirche etwas weiter weg von der Mauer zu verlegen, damit die Stadtmauer besser verteidigt werden konnte.

Die jetzige Kirche ist gotisch. Im 16. Jahrhundert und im Jahre 1968 wurden hier bedeutende Reformen duchgeführt. Bei dieser Gelengenheit wurde das Grab des Hl. Lesmes geöffnet. Seine Über-reste waren völlig unversehrt. Das Grab wurde vom Hintergrund der Kirche auf einen bessere Stelle verlegt, auf die Mitte des Altar-raumes.

Am 30 Januar 1969 wurden die neuen Bauten in Gegenwart der Obrigkeit und vor französischen Pilgern eröffnet.

Am Eingang der Kirche, auf der Südseite, befindet sich der Aufsatz des Grabmals von Diego von Carrión, mit einem Relief des Bildes des Hl. Jakobs.

Seit dem 31. Mai 1944 werden alle diese Bauten als ein einziges Monumental-Enssemble angesehen.

Eine kleine mittelalterliche Brücke liegt über dem Stadtgraben. Duch das Stadtmauertor gelangen wir in die mittelalterliche Stadt. Wir kommen an der Kirche del Hl. Gils aus dem 13.-14. Jahrhundert vorbei. Bald sind wir an der sehnsüchtig erwarteten Kathedrale angekommen.

Die Kathedrale ist sehr großzügig angelegt. Sie ist gotisch und eine der schönsten und bekanntesten des Landes. Sie ist architektonisch reich gestaltet und mit vielen Skulpturen verziert. Im Jahre 1221 wurde mit dem Bau dieser Kirche begonnen.

Die Kapelle des Hl. Jakobs nimmt einen besonderen Platz in der Kathedrale ein. Sie liegt in der Nähe des Hauptschif-

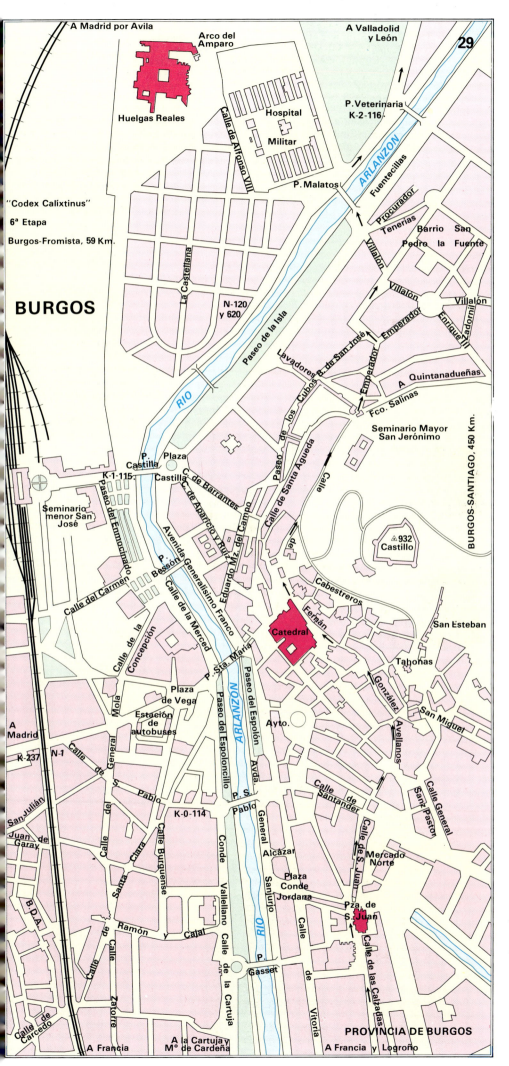

fes. Das Bild des Hl. Jakob zu Pferde erscheint oben auf der Gittertür und auf dem Altaraufsatz der Kapelle.

Der jakobäische Einfluß kommt bei zahlreichen Einzelheiten dieser großartigen Kirche zum Ausdruck. Auf einem der Sitze im **Chor** ist dargestellt, wie die Hl. Jungfrau vom Pilar dem Hl. Jakob erscheint. In **Kreuzgang** erkennt man einen Pilgerkopf auf einem der Kapitelle dargestellt. Im **Museum** gibt es eine schöne Statue des Hl. Jakob.

Sehenswert in der Kathedrale ist der **Santo Cristo de Burgos** (Chistusbild), aus dem 13. Jahrhundert. Das Bild befand sich im Kloster der Augustiner. Jedoch als ihre Güter im Jahre 1835 freigegeben wurde, wurde er der Kathedrale übergeben. Dieses Bild ist Gegenstand zahlreicher Legenden.

Alle bedeutenden Bauten dieser großen Stadt können hier leider nicht erwähnt werden.

Wir nennen nur einige: **Burg** und **Festung**, im hochgelegenen Teil der Stadt. **Das Portal von San Esteban,** aus dem 13. Jahrhundert, Mudejarstil. Die **Kirche Santa Agueda,** auf dem Gelände **Santa Gadea,** wo Alfons VI. vor dem Helden Rodrigo Díaz de Vivar den Eid leistete, er habe am Tode seines Bruders Sancho keine Schuld. Die **Kirche San Nicolás,** in der Straße Fernán González. Gotischer Stil großer steinerner Altaraufsatz aus dem 15. Jahrhundert. **Bogen** und **Turm** von **Santa María,** aus dem 14. Jahrhundert stammend. Der **Palast der Kronfeldherren** oder **Casa del Cordón,** aus dem 15. Jahrhundert. Der **Hauptmannspalast,** usw.

Die Einsiedelei Miraflores ist sehenswert.

Zahlreiche Unterkünfte.

Unterkunft: Information bekommt man beim Arzobispado, Calle Martínez del Campo Nr. 18, Tel.: 22 74 00.

"Codex Calixtinus"
6. Etappe: Burgos-Frómista, 59 km

Das Königsspital. Die Pilger verließen die Stadtmauer von Burgos durch das Tor **San**

Burgos. Bogen Santa María.

Burgos. Kloster Las Huelgas. Kreuzgang.

Burgos. Kirche San Nicolás.

Hornillos del Camino. Pilgerstraße.

Martín, dann gingen sie zum Stadtviertel San Pedro, wo sich das **Kaiserspital** befand (das von Alfons VIII. gegründet wurde). Die Äbtissin des Klosters Las Huelgas wurde mit der Leitung beauftragt.

Las Huelgas wurde von Alfons VIII. gegründet. Es ist nur ein Kilometer vom Königsspital entfernt. An diesem Spital wurden zur Zeit Karls V. bedeutende Änderungen vorgenommen. Heute herrscht der Renaissancestil vor. Dieses Wohltätigkeitszentrum erfüllte bis zum 19. Jahrhundert seine Aufgabe und gehörte zu Las Huelgas. Später wurde es der Krone unterstellt. Dieses Wohltätigkeitszentrum untersteht heute dem Landesausschuß.

Obwohl es heute verlassen und zerfallen ist, kann man immer noch den ehemaligen Glanz dieses großen Spitals erkennen. Überall im Gebäude findet man jakobäische Motive vor.

Tardajos. Vom Königsspital begeben wir uns zur Landstraße N-260. Nach sechs Kilometern schlagen wir dann Richtung León ein.

Hinter dem Fluß Arlanzón kommen wir bald auf den Ort Tardajos. Er existierte schon zur Römerzeit. Der Bischof von Burgos besaß hier einen Palast, ein Geschenk des Grafen von Montemar. Auf den Mauern dieses Palastes wurde das gegenwärtige Kloster der Lazaristen errichtet, wo noch die alten Wappensteine zu sehen sind. Hier gab es früher ein **Pilgerspital.** Im Jahre 1182 überließ die Gräfin Mayor ihre Rechte hinsichtlich dieses Spitals der Kirche von Burgos. Dies wurde im gleichen Jahr von Lucio III. bestätigt: "In villa que dicitur Oterdaios ecclesiam S. Johannis cum hospitale…"

Unterkunft: Bei den Lazaristen werden die Pilger gut aufgenommen. Telefon: 45 10 03.

Rabé de las Calzadas. Dieser Ort ist nicht weit von Tardajos entfernt, nur 1,5 km. Aber diese Strecke muß einst sehr schwierig gewesen sein, denn sie führt über ein Sumpfgebiet hindurch.

Es heißt im Volksmund: "De Rabé a Tardajos, no te faltarán trabajos; de Tardajos a Rabé, libéranos Domine." (Von Rabé nach Tardajos, wirst Du immer Arbeit finden; jedoch von Tardajos nach Rabé, davor bewahre uns der Herr.)

Sein Name "Calzada" (Straße), hat auf der Pilerroute eine große Bedeutung. Der Ort hat sein mittelalterliches Aussehen noch nicht ganz verloren.

Der Weg von Rabé nach Hornillos kann von Fahrzeugen nicht benutzt werden. Sie müssen auf die Landstraße zurückkehren.

Von Rabé aus führt unser Weg vor die Kapelle und an den Friedhof entlang. Am Südrand eines kleinen Tals steigt er leicht an. Bald erreichen wir die Bergebene. Von hier aus hat man einen weiten Ausblick. Am Ende der Bergebene können wir schon Hornillos liegen sehen.

Hornillos del Camino. Bevor er das Dorf erreichte, stand dem Pilger das Spital San Lázaro zur Verfügung.

Eine "Straße" durchquert den ganzen Ort. Zwischen der Häuser nimmt die Kirche einen besondere Platz ein. Sie wurde im gotischen Stil gebaut, mit Kreuzverzierungen an den Gewölben, und ihre drei Kreuzschiffe sin recht gut erhalten.

Da die Strecke von Hornillos nach Castrojeriz schwierig war, mußten Wohltätigkeitszentren zur Hilfe der Pilger gegründet werden.

Alfons VII. schenkte im Jahre 1156 den Mönchen des Hl. Dionisius von Paris diese Ortschaft, um den Pilgern Hilfe und Unterkunft zu verschaffen. Später wird ein kleines Benediktinerkloster, das Rocamador (Frankreich) unterstand, errichtet. Diese Stiftung erhielt von Alfons VIII., Ferdinand III., Ferdinand IV. und

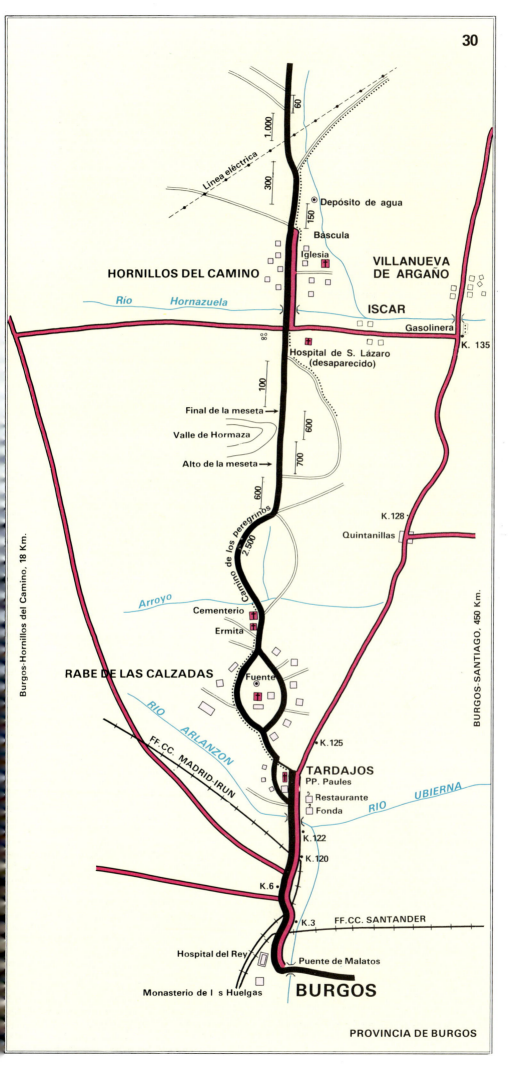

Alfons XI. (1318) Vorrechte und Spenden.

Unterkunft: Das Rathaus bietet Unterkunft.

Noch heute ist die Überquerung der Hochebene, die Hornillos von Hontanas trennt, schwierig. Dafür ist die Strecke um so reizvoller. Hornillos verabschiedet sich vom Pilger mit einem mit Erlen umrandeten Weg. Bald ist dieser Weg verlassen. Biege dann zum Pfad nach links ein. Er führt immer weiter aufwärts und verläuft im Süden über einen Begabhang. Überquere den seichten Bach, der vom Gehöft La Nuez herkommt, dessen Ruinen auf der linken Seite stehen. Dann erreichen wir die höchste Stelle der Bergebene, überqueren einen Feldweg, der von Iglesias ausgeht, einen Bogen schlägt und wieder zum gleichen Ort zurückkehrt. Dieser Weg wurde im Jahre 1984 aufgrund einer Flurbereinigung angelegt.

Bald wandern wir zum ruhigen und einsamen Tal von Sambol hinunter. Auf der linken Seite wird man zwei Schafhürden und eine Wasserquelle erkennen; kurz danach überqueren wir einen Bach.

Unser "Weg", der geradeaus verläuft, überkreuzt den anderen Teil des Feldweges.

Hier gab es ein Kloster der Antoniermönche, das dem Hl. Boal oder Baudilio geweiht war und San Antón de Castrojeriz unterstand. Später gehörte es zu Oña (14. Jahrhundert) und später zu Cardeña (15. Jahrhundert).

Steig jetzt eine zweite Bergebene hoch. Bald überqueren wir die Landstraße, welche Iglesias mit Olmillos de Sasamón verbindet. Der Weg verläuf geradeaus, und ist mit kahlen Felsen auf beiden Seiten umrandet. Am Ende der Bergebene liegt Hontanas.

Hontanas, eine Ortschaft, die am Abhang der einsamen und endlosen Bergebene liegt, ist das Ende der Wegstrecke von Hornillos.

Heute ist es ein reizendes Dorf, das in der Nähe der Landstraße liegt. Die Kirche ragt zwischen den Häusern heraus. An ihrer Südseite gibt es Überreste eines alten Gebäudes. Die Einwohner meinen, daß es ein Kloster war.

Unterkunft: Das Rathaus bietet den Pilgern Unterkunft.

Das **Kloster San Antón.** Von Hontanas aus müssen wir auf der gegenwärtigen Landstraße weitergehen. Es ist ein angenehmer Weg. Es geht bis zum Kloster San Antón immer im Schatten bergab.

Dies ist ein interessanter Ort auf der Route nach Santiago. Du wirst Dich stets an die Silhouette dieser Ruinen erinnern.

Das Kloster wurde im Jahre 1146 von Alfons VII. gegründet und gehörte den Antoniermönchen. Dieser Orden ist französischen Ursprungs, und wurde im Jahre 1791 aufgelöst. Das jetzige, zum größten Teil gotische Gebäude, stammt aus dem 14. Jahrhundert.

Die Landstraße führt unter den gotischen Bogen hindurch; rechts liegt das große, verfallene Portal; rechts sind immer noch die beiden Wandschränke zu sehen, in denen die Mönche und andere barmherzige Leute Essen für die Pilger hinstellten.

Diesen Mönchen wird eine gewise Heilkraft gegenüber dem "heiligen Feuer" oder dem "Hl.–Antonfeuer" zugesprochen, eine Krankheit, die im 10. Jahrhundert in Europa auftrat. Die Kranken wurden mit dem Tau gesegnet, wobei der Hl. Antonius um Beistand gerufen wurde.

CASTROJERIZ ist ein historisches Tal, das zwei Kilometer von San Antón entfernt ist. Es liegt am Südabhang eines Hügels, auf dem Ruinen einer alten Burg (Castrum Segerici) zu sehen sind. Vielleicht wurde sie von Sigerico (760), dem Bruder Rodrigos (Graf von Kastilien und Wiederbesiedler von Burgos) gegründet. Diese Festung war Schauplatz mehrerer Schlachten zwischen Mauren un Christen.

Santa María del Manzano liegt am Ortseingang. Der Bau stammt aus dem 9. Jahrhundert. Die Stiftskirche wurde im Jahre 1214 von Doña Berenguela der Großen gebaut.

Es ist ein großes romanisch-gotisches Gebäude, welches später, im 18. Jahrhundert umgebaut wurde.

Besonders auffällig sind die Verzierungen. Es gibt einen großen Rokoaltaraufsatz aus dem Jahre 1767, mit wertvollen Ölgemälden von Mengs, einem deutschen Maler Karls III.

Weiterhin befindet sich hier eine Statue **Unserer Jungfrau vom Apfelbaum,** aus buntem Stein, vom Anfang des 13. Jahrhundert stammend. Alfons X. der Weise berichtet in den Lobgesängen über mehrere "miraclos" (Wunder), welche von dieser Hl. Jungfrau, die sehr vom Volk verehrt wird, vollbracht wurden.

Weitere interessanten Stücke: **Unsere Frau von Pópulo,** aus dem 14. Jahrhundert. **Jakob der Pilger, di Pietà,** ein Werk del Malers Brunzino, usw.

In dieser Kirche wurden bekannte Persönlichkeiten begraben: die Markgräfen von Hinestrosa, die Gräfen von Rivadavia und Castro, die Königin Leonor von Aragonien, Alonso con Castro, der bei der Schlacht von Zamora im Jahre 1476 ums Leben kam, Äbte, u.v.a.

Dieser bedeutende Bau auf der jakobäischen Pilgerroute wurde von einer großen Anzahl Domherren geleitet. Im 13. Jahrhundert waren es nur noch sechzehn.

Die Kirchen Santo Domingo, Santiago de los Caballeros, San Esteban und San Juan sind ein Beweis für die glanzvolle Vergangenheit dieses Ortes.

Die Kirche Santo Domingo ist die jetzige Pfarrkirche, in welcher Schätze anderer Kirchen aufbewahrt werden. Außerdem wurden neben der Kirche ein interessantes **Pfarreimuseum** eingerichtet.

Die **Kirche San Juan** ist gotisch, ihr Turm weist noch romanische Spuren. Das Schiff ist hochaufstrebend und großzügigen Ausmaßes.

Es gab zahlreiche Spitäler. Der Pilger König nennt im Jahre 1495 vier Spitäler. Anfang des 19. Jahrhunderts gab es sieben: Nuestra Señora del Manzano, San Andrés, Santa Catalina, Inmaculada Concepción (Unbefleckte Empfängnis), San Juan, Nuestra Señora del Pilar und San Lázaro.

Gasthaus Pichón F, 10 Betten. Casa Carlos CH, 15 Betten. Casa El Chato CH, 5 Betten. Restaurant Antón, 10 Betten. Telefon: 12.

Unterkunft: Im Pfarrhaus gibt es eine einfache Unterkunft.

Nachdem unser "Weg" das Dorf duchquert hat, pilgern wir geradeaus weiter über eine fruchtbare Ebene bis zum Fluß Odrilla. Hinter dem Fluß führt der Weg bis zum einer Bergebene, die die Täler der Flüsse Odrilla und Pisuerga voneinander trennt.

Der Aufstieg ist lang, ungefähr zwei Kilometer. Der Weg auf der Bergebene ist manchmal wegen Landarbeiten gesperrt. Es ist jedoch nicht schwierig, dieses Gebiet zu überqueren und man kann es auch leicht umgehen.

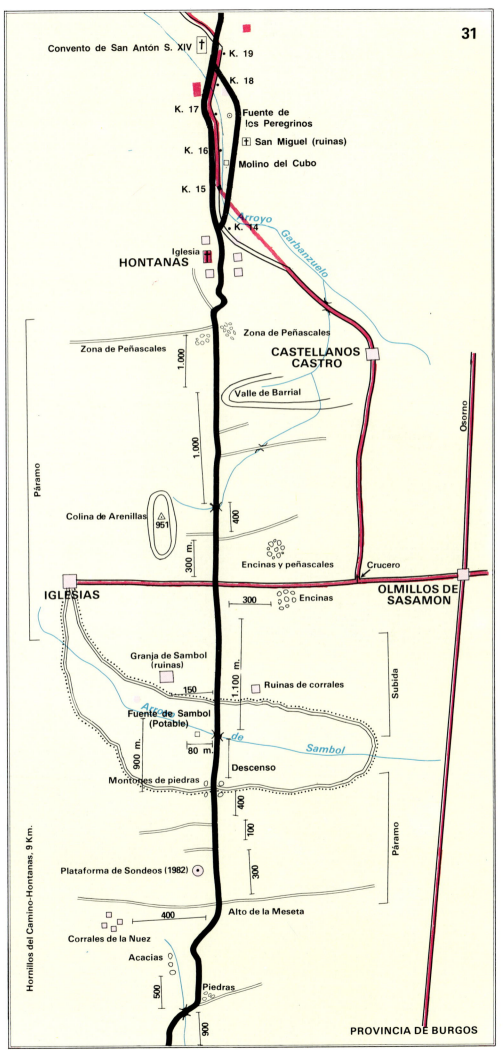

Am Ende der Bergebene haben wir einen weiten Ausblick auf Kornfelder. In der Ferne in nördlicher Richtung kann man die Festung Itero del Castillo erkennen.

Einmal im Tal angekommen gibt es eine Wegabzweigung. Nehme den Weg nach rechts, und überquere dann den Fluß Pisuerga über die Brücke.

Diese Brücke wurde von Alfons VI. errichtet. Daneben wurde im Jahre 1174 vom Grafen Nuño Pérez de Lara und seiner Gattin Teresa ein Spital zur Unterkunft der Pilger gegründet. Nebenan entstand wiederum ein Kloster, das den Zesterziensern und später den Johannitern gehörte.

Die **Brücke,** mit nachträglichen Restaurationen, ist ein Quaderbau aus elf Bögen bestehend. Sie ist noch gut erhalten. Dies ist die "Pons Fiteria" des 12. Jahrhundert unseres Führers.

Der Fluß Pisuerga war die natürliche Grenze zwischen dem alten Kastilien und León.

Ganz in der Nähe, auf der rechten Seite, liegen die Festung und das Dorf Itero del Castillo, der letzte Ort der Provinz Burgos.

Castrojeriz. Kirche San Juan.

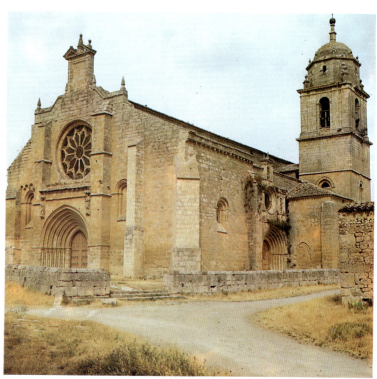

Castrojeriz. Stiftskirche Santa María del Manzano.

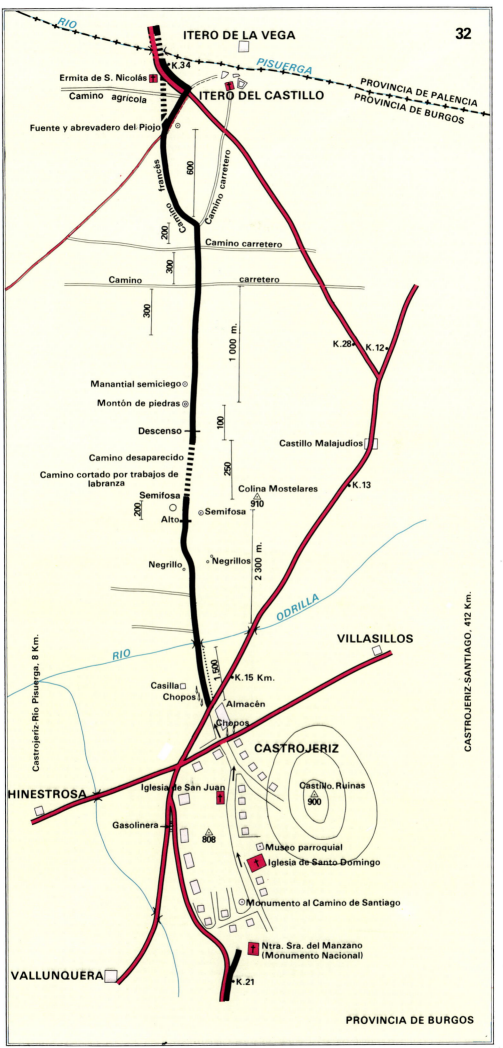

DER WEG NACH SANTIAGO DURCH DIE PROVINZ PALENCIA

Elías Valiña Sampedro
Mitarbeiter: Angel Sancho Campo

Der jakobäische Weg führt durch die ganze Provinz Palencia von Osten nach Westen. Die zurückgelegte Strecke is 65 km lang.

Diese Route bietet keinerlei Schwierigkeiten. Es müssen weder Bergpässe, noch hohe Bergebenen bewältigt werden. Auf dieser Strecke gibt es häufig kleine Ortschaften, jedoch große Städte liegen diesmal nicht vor.

Der Einsatz von Landwirtschaftsmaschinen bei der Bestellung dieser Felder hatte eine bedeutende Flurbereinigung zur Folge gehabt. So, daß der Weg nach Santiago fast auf der ganzen Strecke ernstlich beeinträchtigt worden ist.

Diese Provinz ist sehr reich an Baudenkmäler. Auf der ganzen Strecke hindurch wird es immer wieder zu beiden Seiten des Weges sehenswerte Bauten zu sehen geben.

Itero de la Vega. Hinter der Brücke über den Pisuerga wird die Landstraße verlassen, und es geht dann nach rechts weiter. Es ist ein guter Weg, der uns zum Ort Itero de la Vega führt.

Das Dorf hat 436 Einwohner. Am Ortseingang befindet sich die Kapelle **Piedad,** aus dem 13. Jahrhundert mit einer Statue des Hl. Jakobs dem Pilger.

Die Pfarrkirche **San Pedro** ragt aus dem Dorf heraus. Sie stammt aus dem 16. Jahrhundert. Im 17. Jahrhundert wurde sie vergrößert. Sie besitzt ein Portal aus dem 13. Jahrhundert.

Boadilla del Camino. Verlasse Itero de la Vega, überquere die Landstraße, die von Melgar nach Osorno führt, überquere den Kanal des Pisuerga und steige dann einen kleinen Bergpaß hoch. Von dort aus kann man schon den Ort Boadilla erkennen. Der Weg kann von Fahrzeugen befahren werden.

Diese Ortschaft, sowie auch Itero de la Vega, sind vom Grafen Fernán Mentales wiederbesiedelt worden.

Ab dem 12. Jahrhundert gewinnt der Ort an Bedeutung, jedoch gegenwärtig gibt es nur 315 Einwohner.

Die **gotische Säule** aus dem 15. Jahrhundert ist sehr bekannt. Sie ist ein gutes Zeugnis der richterlichen Macht im Dorf.

Die Pfarrkirche ist der Hl. María geweiht und stammt aus der Renaissance-

Boadilla del Camino. Säule aus dem 15. Jahrhundert.

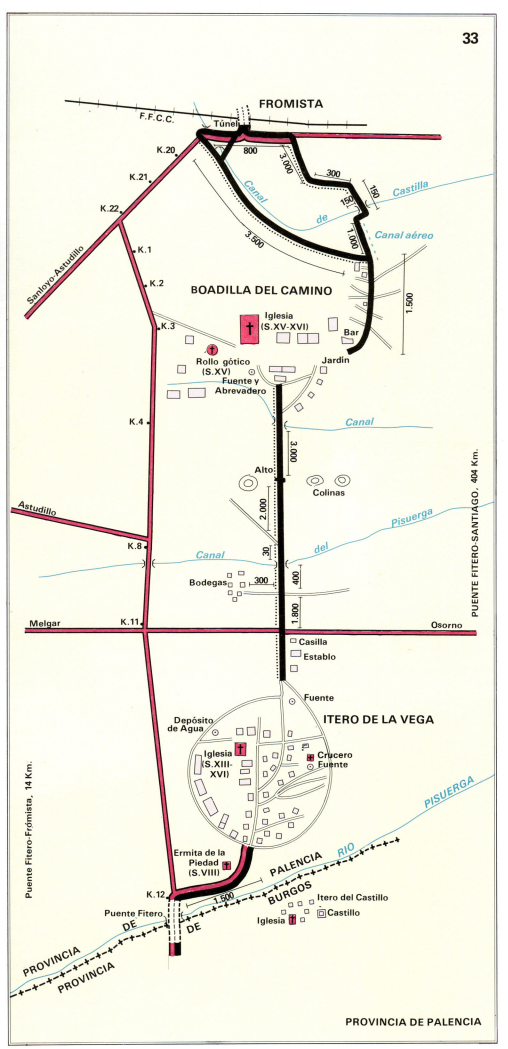

Frómista. Romanische Kirche San Martín, 12. Jahrhundert.

zeit (15. und 16. Jahrhundert). Sie hat drei Schiffe. Die Kuppeln haben Kreuzverzierungen. Im Inneren sind ihre besonderen Gemälde und Skulpturen das romanische Taufbecken, das auf kleinen Säulen ruht, hervorzuheben.

Ende der 6. Etappe des "Codex Calixtinus"

FROMISTA. Der "Weg" verläßt Boadilla in Richtung Norden. Bald teilt sich der Weg in zwei gute Feldwege, beide können von Fahrzeugen befahren werden. Ich Schlage vor, den linken einzuschlagen. Er führt bis Frómista am Kanal entlang.

Das alte Fromesta (von Frumenta, wegen seines Getredereichtums) wurde das gegenwärtige **Frómista del Camino.**

Dieser Ort wurde von den Römern besiedelt und gewinnt in der Westgotenzeit an Bedeutung. Später wurde er zerstört und im 10. Jahrhudert wiederbesiedelt. Bis zum 15. Jahrhundert gehörte Frómista der Krone an.

Die Bauten des Ortes sind ein Zeugnis seines Ansehens im Mittelalter.

Die Kirche San Martín. Diese Kirche wurde im Jahre 1035 von der Königin Doña Mayor gegründet. Im Jahre 1893 wurde sie restauriert und unter Denkmalschutz gestellt. Das heute nicht mehr existierende Kloster stand unter der Leitung von Benediktinermönchen.

Sie ist eine der schönsten Kirchen des romanischen Stils, die auf der ganzen Welt bekannt ist. Drei Schiffe, drei Wölbungen, Kreuzschiff mit Ampel, walzenförmige Türmchen, fünf Türen, Hauptbögen, Imposte, Kirchenfenstern, 315 Sparrenköpfe, und verschiedene Kapitele. Ein perfektes Werk.

Santa María del Castillo. Diese Kirche steht an der Stelle der alten Burgfestung. Sie steht unter Denkmalschutz. Sie ist gotisch, besteht aus drei Schiffen und hat ein Renaissanceportal. Der große Altaraufsatz setzt sich aus 29 Gemäldetafeln zusammen. Darüber befinden sich der gotische Thronhimmel. Verschiedene große Meister haben daran gearbeitet, er stellt die Erlösungsgeschichte dar.

Die **Kirche San Pedro** ist ebenfalls eine große, gotische Kirche aus dem 16. Jahrhundert. Es gibt romanische Überreste der vorherigen Kirche. Die Kirche bewahrt Ölgemälde der Schule von Ribera und zwei von Mengs.

Die **Kapelle del Otero oder Jakobskapelle** ist auch gotisch. Später wurde sie teilweise umgebaut. Es gibt eine sitzende bunte Statue aus dem 13. Jahrhundert, die die Hl. Jungfrau darstellt.

In dieser Ortschaft gab es mehrere Spitäler. Die wichtigsten waren: das Jakobsspital und das Spital Los Palmeros.

Das **San Telmo**-Denkmal im Zentrum des Dorfes erinnert uns daran, daß der Schutzpatron der Seefahrer hier geboren wurde.

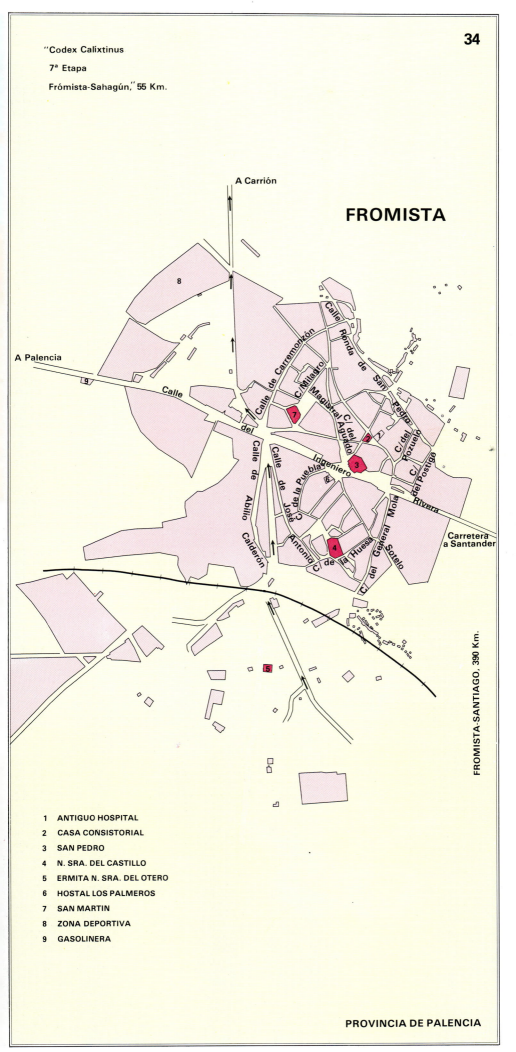

San Telmo HR*, 16 Betten. Telefon: 102. Gasthof Marisa F, 12 Betten.

Unterkunft: Das Pfarrhaus bietet den Pilgern bescheidene Unterkunft. Telefon: 81 01 44.

"Codex Calixtinus"
7. Etappe: Frómista-Sahagún, 55 km

Población de Campos. Wir verlassen Frómista über die Landstraße, die nach Carrión führt. Nach den ersten Häusern von Población wird der nach rechts abzweigende Weg genommen. Wir pilgern weiter auf der Straße des alten Dorfteils.

Población de Campos ist ein kleines Dorf mit 340 Einwohnern. Es war Amtmannschaft der Malteser.
Die Pfarrkirche **La Magdalena,** auf der rechten Seite Deiner Route, liegt auf der höchsten Stelle des Dorfes. Sie ist eine schöne weite Barockkirche die aus drei Schiffen besteht.
Die **Kapelle von der Immerwährenden Hilfe** liegt Mitten im Dorf auf der Plaza del Corro (Plaz). Sie stammt aus dem Übergangsromanischen. Die Kirche beherbergt eine Statue der Hl. Jungfrau der Immerwährenden Hilfe aus dem 13. Jahrhundert. Sie ist eine sitzende bunte Figur.
Die **Kapelle San Miguel** liegt außerhalb des Dorfes und stammt aus der Spätromanischen Zeit.
Das ehemalige Spital. Auf den Resten des ehemaligen Pilgerspitals wurde eine schöne moderne Wohnung errichtet.

Villovieco. Von Población de Campos aus sieht man schon den Ort Villovieco liegen. Der Weg ist gut, er kann von Fahrzeugen befahren werden.

Die Pfarrkirche **Santa María** besteht aus einem Schiff, und einem Renaissancekreuzschiff. Der Altaraufsatz ist vergoldet und mit Themen aus dem Leben des Hl. Jakob sowie mit Andeutungen auf die Schlacht von Clavijo bebildert.
Die Pilger gingen auf der Straße San Jorge weiter, wo sich eine diesem Heiligen geweihte Kapelle befand.
Revenga de Campos liegt an der Landstraße. Hier befindet sich eine sehr schöne Barockkirche, die dem Hl. Lorenz geweiht wurde. Einige Häuser des Dorfes sind mit Wappensteinen geschmückt.

Villarmentero de Campos. Von Villovieco aus, kann man am Ufer des Flußes Ucieza bis nach Villarmentero entlangspazieren. Der Spaziergang ist sehr angenehm.

Die Kirche des Hl. Martin von Tours, besteht aus einem Schiff; Hauptkapelle mit Mudejar-Täfelwerk, achteckig; schöner Plateresken altaraufsatz.

Villalcázar de Sirga. Dieser Ort liegt drei Kilometer von Villarmentero entfernt. Die Landstraße führt immer geradeaus weiter.

Viele Pilger erreichten Villalcázar de Sirga, oder Villasirga nach einem Besuch der Kapellen Virgen del Río oder Cristo de la Salud.
Villasirga ist heute ein kleiner Ort, der reich an Geschichte, Kunst und an Gottesergebenheit ist. Es gibt ein großes archäologisches Museum.
Santa María la Blanca hat über Jahrhunderte hinweg das Leben dieses historischen Dorfes geprägt.
Die Kirche stammt aus dem 13. Jahrhundert. Ihre Mauern sind aus feinen Quadersteinen gebaut. Ihre Form ist eigenartig, sie besteht aus drei Schiffen, einem Kreuzschiff und fünf Nebenschiffen am Kopf.
Das große Portal liegt an der Südseite. Es gibt zahlreiche Skulpturen. Doppelte Vertäfelung, mit der Anbetung der Hl.-Drei-Könige auf dem unteren Teil, oben werden die Apostel mit Christus dem Retter in der Mitte, dargestellt.
Der Hochaltar ist mit gemalten Tafeln aus der Schule Pedro Berruguetes geschmückt.
Die Jakobs-Kapelle ist ein Museum mittelalterlicher Skulptur. Besonders hervorzuheben sind die Grabmäler des Infanten Don Philipp, dem fünften Sohn des Hl. Ferdinand und seiner zweiten Frau, Doña Leonor Ruiz de Castro, sowie das Grab eines Unbekannten. Ein großes, nach Süden gerichtetes Rosettenfenster läßt Licht in diese Kapelle hineinströmen.
Die "Lobgesänge" Alfons X., des Weisen, sowie die Pilger haben zur Berühmtheit der Kirche Santa María viel beigetragen.

"Romeus que de Santiago
Ya forun-lle contando
Os miragres que a Virgen
Faz en Vila-Sirga."

Alfons X. gibt diese Volksverehrung in seinen "Lobgesängen" wider. Die sitzende Weiße Jungfrau aus Stein ist an einer Säule angelehnt. Sie blickt zur Jakobs-kapelle. Eine weitere Figur steht auf dem Hochaltar.
Der Ort, eine ehemalige Komturei des Templerordens, ist sauber und gepflegt.
Auf dem Kircheplatz selbst befindet sich im Süden ein typischer und gemütlicher **Gasthof,** der von Pablo Mesonero geleitet wird. Hier werden seit je her Pilger aufgenommen. Telefon: 88 00 58 und 88 80 22.
Die **Kapelle der Jungfrau vom Fluß** beherbergt eine schöne Alabaster figur des Hl. Jakob als Pilger.

Villalcázar de Sirga. Figur der Weißen Hl. Jungfrau, 13. Jahrhundert.

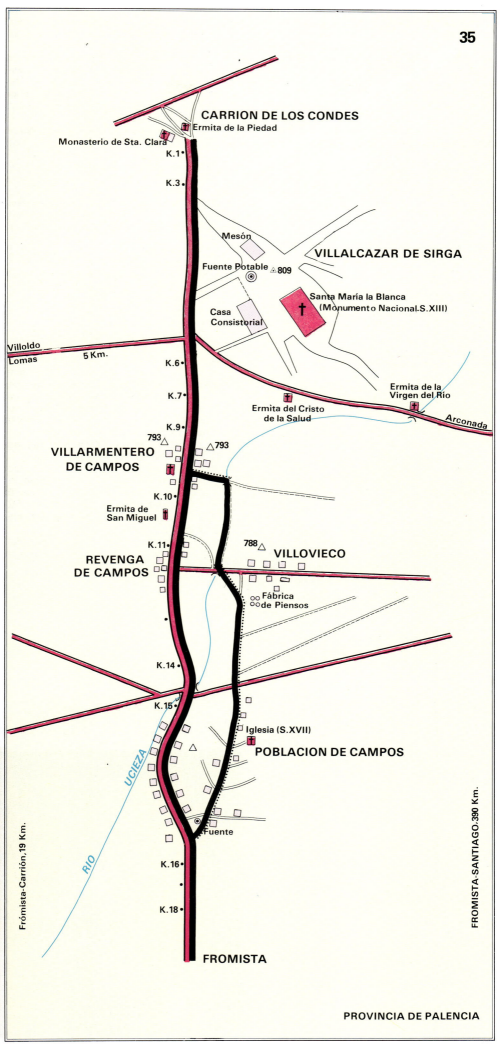

CARRION DE LOS CONDES. Dieser stark mittelalterlich aussehende Ort hat ungefähr 3 000 Einwohner. Wir kommen an die Pietà-Kapelle und vor dem Kloster Santa Clara vorüber. Bald erreichen wir das Tor Santa María und damit die ehemalige Stadtmauer. Innerhalb dieser Mauern steht rechts die Kirche **Santa María del Camino oder de la Victoria.** Überquere den Dorfplatz an der höchsten Stelle. Im Nordwinkel befindet sich die Jakobskirche. Wandere dann bergab zum Fluß Carrión und nach San Zoilo.

Carrión ist ein sehr alter Ort. Er liegt auf einer Anhöhe über dem linken Ufer des Flußes Carrión. Im Mittelalter hatte er eine sehr große Bedeutung. Hier wurden Konzile, Höfe und Versammlungen abgehalten.

Unser Führer, Aymeric Picaud, berichtet über Carrión "Es ist ein reiches und gütiges Dorf, und ist sehr geschickt bei der Brotzubereitung, Weinherstellung, Züchtung und bei der Herstellung von zahlreichen Erzeugnisse."

Carrión ist Hauptstadt einer von der Familie Beni Gómez regierten Grafschaft. Sie waren Widersacher des Cid. Aus dieser Familie stammten seine Schwiegersöhne, die "Infanten von Carrión."

Im Gedicht "La Prise de Pampelune" zieht Karl der Große durch Carrión, als er die ganze jakobäische Route von den Mauren befreit.

Von seiner ruhmreichen Vergangenheit sind uns noch viele herrliche Gebäude verblieben:

Das **Kloster Santa Clara.** Es wurde im 13. Jahrhundert von zwei Gefährten der Hl. Klara errichtet. Es sind einige schöne Täfelwerke zu sehen. In der Klosterkirche befindet sich eine Skulpturgruppe der Pietà, von Gregorio Hernández.

Santa María del Camino oder de la Victoria. Der Name bezieht sich auf den jakobäischen Weg. Es ist ein Werk aus dem 12. Jahrhundert, romanischen Stils. Die Kirche steht unter Denkmalschutz und enthält viele wertvolle historisch-künstlerische Gegenstande.

Das romanische Portal erinnert an **das Tribut der hundert Jungfrauen.**

Unterkunft: Die Pfarrei Santa María bietet den Pilgern Unterkunft. Telefon: 88 70 72.

Als die hundert Mädchen den Mauren übergeben werden sollten, drangen Stiere in den Ort ein. Somit wurde Carrión von diesem schmachvollen Tribut befreit. Zum Dank wurde bis vor kurzem eine Messe in der Kapelle de la Victoria (des Sieges) abgehalten. Diese Messe wurde stets am dritten Ostertag gehalten.

Die Hl.-Jakobs-Kirche. Diese Kirche brannte im Jahre 1809 im Unabhängigkeitskrieg ab. Das herrliche romanische Portal aus dem 11. Jahrhundert ist erhalten geblieben. Ihr berühmtes Fries ist sehenswert. Mittelpunkt der Szene ist Christus der Retter, eine feine Figur, der von den Aposteln umgeben ist. Die Kirche steht unter Denkmalschutz.

Nuestra Señora de Belén (Unsere Frau von Bethlehem). Sie ist die Schutzpatronin der Stadt. Die Kirche liegt nördlich vom Dorf. Sie wurde in gotischen Stil errichtet und beherbergt einen schönen Platereskenaltaraufsatz.

Das **Kloster San Zoilo** steht unter Denkmalschutz. Hier fanden die Pilger auf ihrem Wege gute Aufnahme. Das alte Gebäude ist stark restauriert worden. Es sind nur noch wenige romanische Überreste erhalten geblieben. Der Kreuzgang stammt aus der Renessancezeit, aus dem Jahre 1537, und ist ein Werk von Juan de Badajoz. Camón Aznar sagt darüber: "Dies ist einer der herrlichsten Kreuzgänge der Renaissancezeit in Spanien". Hier befinden sich die Grabmäler der Infanten von Carrión, Söhne der Grafen.

Carrión ist der interessanteste Ort des historischen Gebietes Tierra de Campos (Feldergebiet) auf der jakobäischen Route, über die gesagt wird: "Wer in Tierra de Campos keine Landscholle besitzt, der ist kein Herr."

Casa Videla F, 12 Betten.
Casa Estafanía F, 15 Betten.
Rasbalón F, 14 Betten.

Benevívere. Von Carrión aus führt der Weg geradeaus bis nach Benevívere weiter. Dieser Ort is dicht belaubt und von Bächen umgeben.

In Benevívere gab es eine alte, im 12. Jahrhundert gegründete Abtei, Santa María. Von diesem alten Bau ist nur noch ein Teil seiner völlig zerfallenen Mauern übrigeblieben.

Zur Erinnerung an die Abtei von Benevívere wurde in dem Grundstück Abadía de Abajo eine Wallfahrtskirche gebaut.

Von Benevívere aus muß man nach Westen weiterpilgern. Es liegt eine lange und einsame Strecke vor. Der Weg ist für Fahrzeuge geeignet. Es geht ständig leicht bergauf bis zur Hochebene, dann geht es wieder bergab.

Calzadilla de la Cueza. Beim Abstieg erkennt man bald den Turm des Friedhofes von Calzadilla, der sich wie ein Wegweiser aus den Getreidefeldern erhebt.

Der Friedhof steht an der Stelle einer alten Kirche, von der nur noch der Turm erhalten geblieben ist. Die Glocken werden nur sonntags und bei Beerdigungen geläutet.

Carrión de los Condes. Santa María del Camino oder de la Victoria. Romanisches Portal, 12. Jahrhundert.

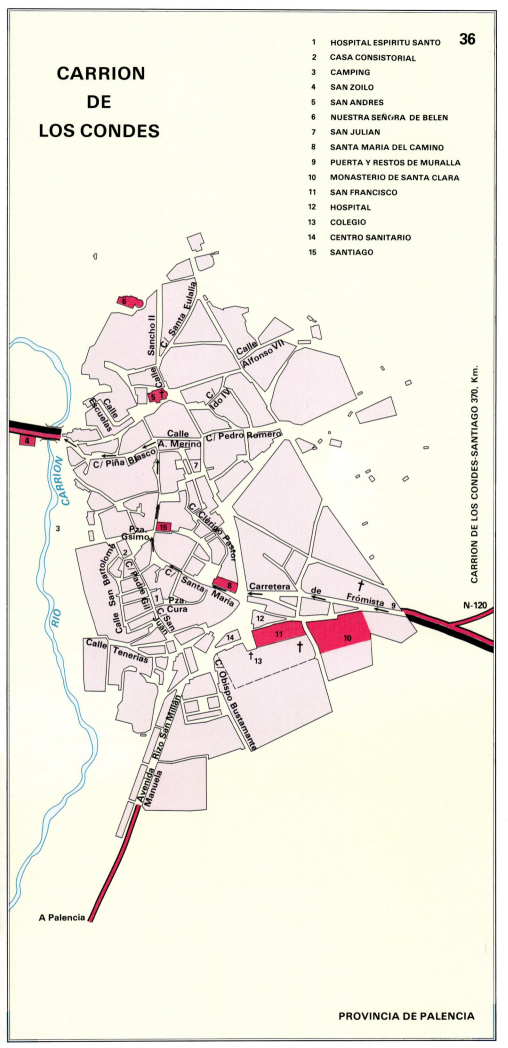

Unterkunft: Der Einwohnerausschuß bietet einfache Unterkunft.

Die Pfarrkirche San Martín hat einen schönen Renaissancealtaraufsatz, der aus dem alten Kloster Las Tiendas, dem Nachbarort stammt.

Der nich sehr schöne Ort Calzadilla ist auf beiden Seiten der Hauptstraße zusammengedrängt. Dieser Ort wird deshalb auch "Pilgerstraße" genannt.

Santa María de las Tiendas. Von Calzadilla nach Tiendas gehen wir über die Landstraße. Es ist nicht weit.

Tiendas besteht nur aus einem einzigen Bauernhaus. Es sind Überreste der alten Klosterkirche zu sehen. Dieses Kloster gehörte dem Jakobsorden und hatte ein bedeutendes Spital. Schon seit dem 11. und 12. Jahrhundert hat man Kenntnis von der Existenz dieses Wohltätigkeitszentrum für Pilger.

Das jetzige Bauernhaus wurde aus den Überresten des Klosters gebaut.

Ledigos. Auf der Landstraße kommt man bis zum vier Kilometer entfernten Ledigos weiter.

Dies ist ein kleiner Ort, der in mehreren mittelalterlichen Schriften genannt wird. Die Pfarrkirche ist dem Hl. Jakob geweiht, dort steht eine schöne Figur des Apostels.

Terradillos de Templarios. Die letzten Kilometer durch die Provinz Palencia werden dann auf der Landstraße hinterlegt, welche mit der ehemaligen Route zusammenfällt. Die Flurbereinigung hat die Spuren der jakobäischen Route gelöscht.

Terradillos, ehemaliges Rechsgebiet des Templerordens, sein Sitz befand sich in der Nähe des Baches Templarios. Davon sind heute keinerlei Spuren mehr erhalten geblieben.

Moratinos. Dieser Ort liegt, wie Terradillos, auf der linken Seite der Landstraße. Die Hauptstraße heißt Königliche Straße oder französische Straße, bezogen auf die Pilgerwanderungen. Die Kirche ist dem Apostel Tomás geweiht.

San Nicolás del Real Campo. Dies ist der letzte Ort in der Provinz Palencia.

Laut einer Schrift aus dem Jahre 1198, gab es hier schon im 12. Jahrhundert ein gutes Pilgerspital, das sich besonders den Leprakranken widmete. Es wurde von Stiftsherren des Augustinerordens geleitet und lag in der Nähe des Friedhofes.

Unterkunft: Das Schulgebäude.

Wir haben Dich gern auf der jakobäischen Route durch die Provinz Palencia begleitet und hoffen, daß Dir unsere Hilfe nützlich war. Pilgerfreund, ultreya, ultreya!...

Kreuzgang von San Zoilo, Renaissance, 16. Jahrhund

DER WEG NACH SANTIAGO DURCH DIE PROVINZ LEON

Antonio Viñayo González

Sahagún de Campos. Kirche San Tirso, 12. Jahrhundert.

Auf der Landstraße N-120 erreicht man die Provinz León. Von einer Anhöhe her, der **Höhe von Carrasco** sieht man den Ort Sahagún, die erste Stadt der Provinz León auf der jakobäischen Route. Vor uns liegt das weite, öde Land, das wir nun zurücklegen werden.

Auf beiden Seiten der Landstraße befinden sich die Grenzsteine der Provinzen León und Palencia.

Der Weg zweigt sich ungefähr 25 Meter rechts vor diesen Grenzsteinen auf der Landstraße ab.

Wir wandern weiter über den Gipfel eines kleinen Bergkammes. Von einer trostlosen Anhöhe aus erblickt man in der Tiefe die Kapelle Nuestra Señora del Puente (Hl. Jungfrau von der Brücke), die am Ufer des Flußes Valderaduey oder Araduey steht.

Dieser Weg führt nicht bis an die Kirche, er wurde vom Ackerland verdrängt. Kehre über einen Pfad für Pferdewagen und Traktoren wieder auf die Landstraße. Hinter dem rechten Ufer des Valderaduey gibt es einenm Weg, der duch die Flurbereinigung eststanden ist; dieser führt uns direkt zur Kapelle Virgen del Puente.

Die Flußrichtung hat sich verändert, und von der alten Brücke sind nur noch einige fast begrabene Reste übriggeblieben.

Die Kapelle ist ein bescheidener Steinbau mit einigen romanischen Spuren. Hier gab es eine Pilgerherberge.

Der Weg von der Kapelle nach Sahagún wird immer noch der **"Französische Weg der Hl. Jungfrau"** genannt.

SAHAGUN. Ende der 7. Etappe des "Codex Calixtinus" Auf dem "Codex Calixtinus" wird Sahagún als "eine sehr reiche und blühende Stadt" dargestellt.

Der Weg der Hl. Jungfrau ist jetzt durch die Eisenbahnschienen gesperrt. Entweder man springt über die Schienen, oder es muß ein kleiner Umweg gemacht werden.

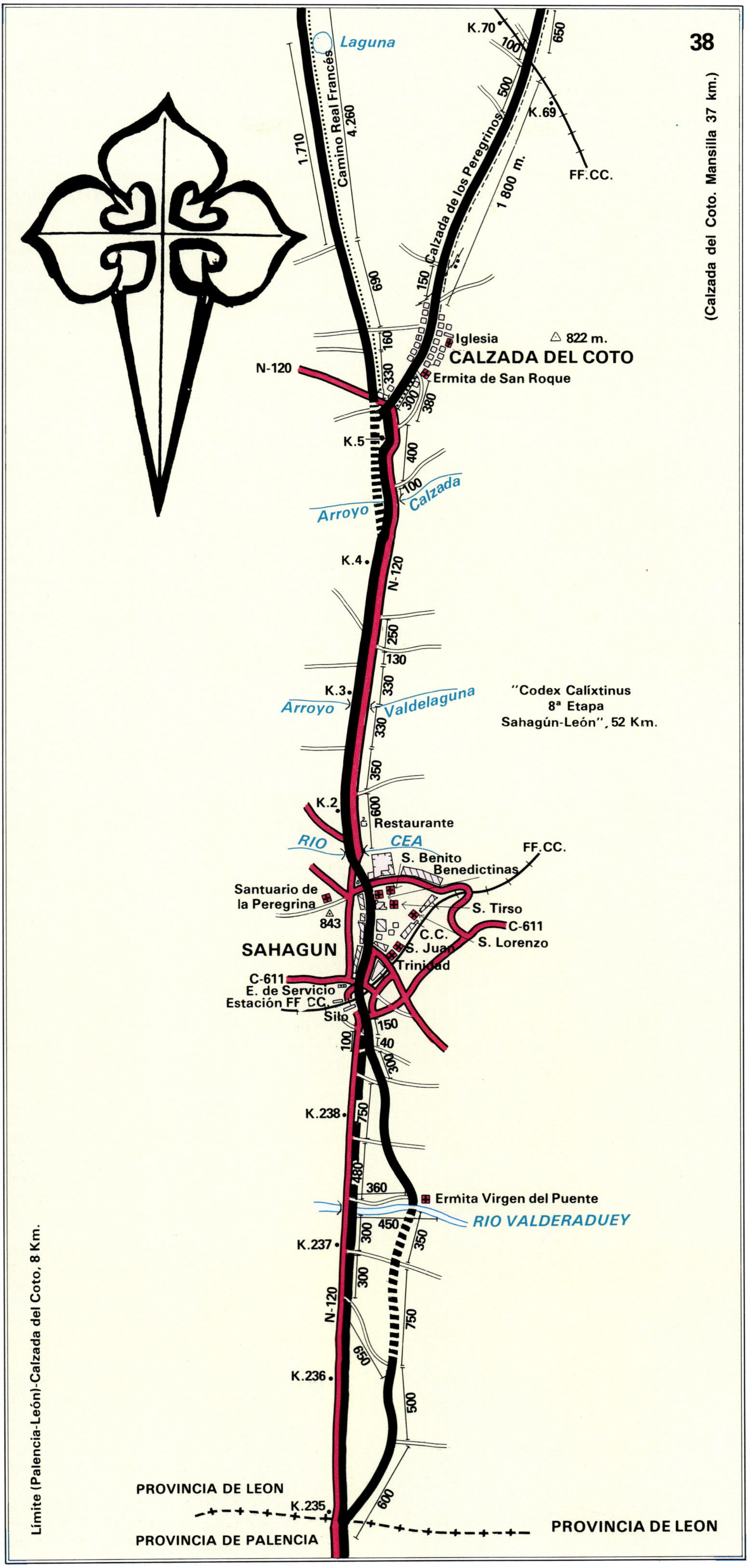

38

(Calzada del Coto. Mansilla 37 km.)

- K.70
- K.69
- FF.CC.
- Laguna
- Camino Real Francés
- Calzada de los Peregrinos
- 1.710
- 4.260
- 1.800 m.
- 690
- 150
- 160
- 330
- 300
- 380
- Iglesia
- △ 822 m.
- **CALZADA DEL COTO**
- Ermita de San Roque
- N-120
- K.5
- 400
- 100
- Arroyo Calzada
- K.4
- N-120
- 250
- 130
- 330
- K.3
- Arroyo Valdelaguna
- 330
- 350
- "Codex Calíxtinus 8ª Etapa Sahagún-León", 52 Km.
- K.2
- 600
- Restaurante
- RIO CEA
- S. Benito Benedictinas
- FF.CC.
- Santuario de la Peregrina
- 843
- S. Tirso
- C.C.
- S. Lorenzo
- C-611
- **SAHAGUN**
- S. Juan Trinidad
- C-611
- E. de Servicio
- Estación FF.CC.
- Silo
- 100
- 150
- 40
- 300
- K.238
- 750
- 480
- 360
- Ermita Virgen del Puente
- 300
- 450
- RIO VALDERADUEY
- K.237
- 300
- 350
- N-120
- 750
- 650
- K.236
- 500
- 600
- K.235
- PROVINCIA DE LEON
- PROVINCIA DE PALENCIA
- PROVINCIA DE LEON

Límite (Palencia-León)-Calzada del Coto, 8 Km.

Der Name **Sahagún** ist aus der Zusammenfassung von San Fagún oder Facundo entstanden. Er war ein Märtyrer aus der Römerzeit. Im Jahre 904 wurde ein Kloster gegründet. Erst im Jahre 1080, als die Kluniazensermönche hierherzogen, erlebte Sahagún seine Blütezeit. Und so entstand hier die wichtigste Benediktinerabtei Spaniens.

Im "Codex Calixtinus" wird Sahagún sehr gepriesen. Hier spielen sich mehrere Legenden Karls des Großes ab.

In einer heißt es, daß der Kaiser in Sahagún mit den Truppen des Afrikaners Aigolando zusammenstieß, und daß am Ufer des Flußes Cea die Lanzen der Märtyrer des kaiserlichen Heeres zu blühen begannen.

Sahagún hatte bis zu **fünf Spitäler.** Das Klosterspital hatte im 11. Jahrhundert 60 Betten und im 15. Jahrhundert lagerte es jährlich 2 000 Fanegas Getreide.

Aus seiner glanzvollen Vergangenheit sind uns herrliche Kirchen erhalten geblieben:

Die romanischen Steinbauten **San Tirso** und **San Lorenzo.**

San Juan de Sahagún und die **Dreifaltigkeitskirche.**

Die **Peregrina** liegt etwas südlich von der Stadt entfernt, und ist ein ehemaliges Franziskanerkloster. Die Figur der Hl. Jungfrau, als Pilgerin gekleidet, befindet sich jetzt in der Kirche San Lorenzo.

Das **Museum der Benediktinerinnen** mit Heiligenbildschnitzereien und Goldschmiedearbeiten ist sehenswert.

Dir Ruinen der **Abtei**, die Kirche **San Tirso, San Lorenzo** und **La Peregrina** stehen unter Denkamalschutz.

San Pedro de las Dueñas liegt fünf Kilometer südlich von Sahagún, und ist etwas abseits vom Wege zu finden. Dieses Gebäude ist eine Kirche aus der romanischen Stilepoche und steht ebenfalls unter Baudenkmalschutz.

Codorniz H*, 35 Betten. Telefon: 78 02 76. La Bilbaína F, 61 Betten. La Asturiana F, 30 Betten. Restaurant Luna CH, 30 Betten. Santa Cruz (Herberge der Benedkitinerinnen), 28 Betten. Pancho. Gasthof Los Faroles. El Arco Iris.

Typische Gerichte: Eintopf und gebratenes Lamm.

Unterkunft: Hogar San José, Barmherzigkeitsbrüder. Telefon; 78 00 85, und die Benediktinerinnen. Telefon: 78 00 78.

"Codex Calixtinus"

Verlasse nun Sahagún über die Brücke, die über den Fluß Cea führt. Am Flußufer stehen große Erlen, die an die blühenden Lanzen des Heeres Karls des Großen erinnern.

Der Weg und die Landstraße verlaufen zusammen über die alte Römische Straße. Hinter dem Kilometerstein 4 zweigt der Weg

Sahagún de Campos. Romanische Kirche San Lorenzo.

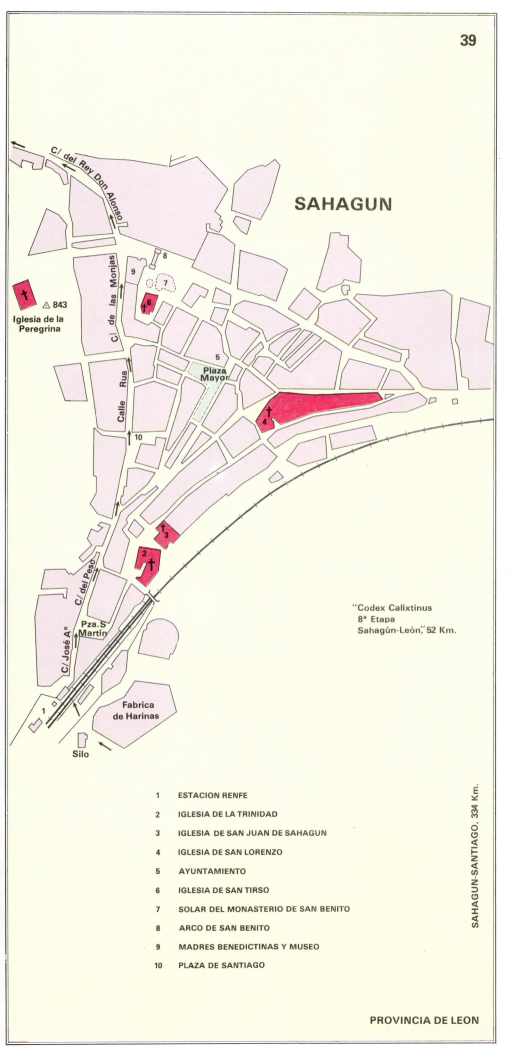

links ab, bergauf, während die Landstraße rechts einbiegt.

Zwischen den Kilometersteinen 5 und 6, ganz in der Nähe von Calzada de Coto, zweigt der Weg von der Landstraße ab und teilt sich in zwei Wege:

    a) **Die Pilgerstraße.** Über Calzada del Coto und Calzadilla de los Hermanillos bis Mansilla de las Mulas, auf der **Römischen Straße** oder **Via Trajana** entlang. Dieser Weg ist bekannter unter **Pilgerstraße.** Er ist mühevoll und einsam. Für Fahrzeuge ist er nicht empfehlenswert.

    b) **Der Königliche Französische Weg.** Er verläuft etwas südlicher und führt über Bercianos, El Brugo Ranero, Reliegos und Mansilla. Dieser Weg ist angenehmer. Es gibt Fahrwege für Autos.

Ich zeige hier beide Wege. Auf beiden wanderten die Pilger. Danach entscheidest Du selbst, auf welchem Du pilgern willst.

A) Die Pilgerstraße

Ausgangspunkt ist die Landstraße N-120, die von Sahagún herkommt, am Kilometerstein 5,240, hinter einer große Kurve.

Calzada del Coto wurde ehemals **Villa Zacarías** genannt und gehörte zum Kloster von Sahagún.

Der Weg führt geradeaus über die Hauptstraße und teilt den Ort in zwei Teile.

Das Dorf verbreitete sich allmählich zu beiden Seiten der Straße, welche Königliche Straße (Calle Real) genannt wird.

Am Ortsausgang kommen wir auf eine Wegegabelung. Beide Wege sind breit, geräumig und in gutemn Zustand. Der linke führt nach Bercianos. Der rechte ist die Römische Straße und führt nach Calzadilla und Mansilla. Schlag diesen Wege in, hier besteht keine Gefahr sich zuverirren.

Vor Dir liegt eine Ebene, die nur vom Horizont begrenzt wird. Die Einsamkeit und das Schweigen werden unser Reisegefährten sein. Es werden weder Quellen, noch Dörfer anzutreffen sein. Vielleicht findest Du eine Schafherde und siehst ein paar Vögel.

Hinter der Eisenbahnlinie Palencia-La Coruña erreichst Du bald das Gestrüpp des Berges von Valdelocajos. Früher war dies ein gefährlicher Ort für Pilger, denn hier gab es viele wilde Tiere.

Wandere auf der Römischen Straße weiter; das Pflaster, auf das wir jetzt marschieren, wurde bei der hier geführten Flurbereinigung als Weg ausgenutzt.

Nach dem Gestrüpp wird unsere Einsamkeit durch das Erscheinen eines bewohnten Bauern-hofes etwas gestört werden.

Sehr bald wird das Ende der weiten Gestrüppfläche mit einer Stromleitung angezeigt. Dann kommt ein Bach mit seinem Ponton. Auf der linken Seite sind Spuren des alten Weges zu sehen.

Calzadilla de los Hermanillos. Lehmhäuser und eine lange Straße, welche mit dem Weg mitzusammenfällt.

Nach dem Ortsausgang ist der Weg gut asphaltiert, und verläuft auf der Strecke der römischen Straße. Später wird er mit dem Weg verbunden, der von El Burgo Ranero nach Villamuñio führt.

Jetzt geht es wieder auf schlechtem Wege über die Römische Straße del Pilger weiter, immer westwärts.

Überquere mehrere Bäche, den Valdecastro, Valdelacasa und den Valdeasneros. Die Ebene scheint nicht enden zu wollen. Wandere über kleine Bergkämme oder ausgetrocknete Bäche.

Wir nähern uns dem auf unserer römischen Straße gelegenen Bahnhof von Villamarco. Über vier Kilometer pilgerst Du schon auf dieser Straße, die sich hier in ihrem ursprünglichen Zustand befindet.

Du gehst durch den nördlichen Teil des Bahnhofs und befindest Dich dann wieder auf der Straße, die an bekanntvorkommenden Landschaften vorbeiführt.

Schon in der Nähe von Mansilla de las Mulas führt der Weg zwischen zwei jetzt ausgetrockneten Gewässern entlang, dem See Ibera und dem Große Bach.

Auf der rechten Seite befindet sich ein modernes Wohnviertel. Geh weiter bis zur Landstraße von Mansilla nach Cistierna, begib Dich von dort aus zum linken Ufer des Flußes Esla.

Vor langer Zeit gab es hier eine Brücke, von der heute nichts mehr zu sehen ist. Nach der Gründung Mansillas und nachdem eine neue Brücke gebaut worden war, wanderten die Pilger durch diesen Ort.

B) Der Königliche Französische Weg

Der Königliche Französische Weg geht von Sahagún am Kilometerstein 5,300 der Landstraße N-120 aus, und führt nach Bercianos, El Burgo Ranero, Reliegos und Mansilla. Der Ausgangspunkt ist 60 m von der **Pilgerstraße** entfernt.

Diese Route verläuft fast parallel zur Pilgerstrße, nur etwas südlicher gelegen, denn beide führen nach Westen.

Der **Königliche Französische Weg** ist heute ein Fahrweg. Er ist breit und verhältnismäßig gut asphaltiert.

Die vor Dir sich ausbreitende Landschaft ist so eben, daß sie kaum vom Himmelsstrich abbegrenzt wird.

Auf der rechten Seite kann man das Dorf **Calzada del Coto** erkennen. Durch dieses Dorf verläuft die **Pilgerstraße,** der andere Pilgerweg.

Bald treffen wir einen See mit Erlen. Später führt der Weg zur Wallfahrtskirche Perales, die in dieser Gegend sehr verehrt wird. Auch hier gab es, laut der Überlieferung ein **Pilgerspital.**

Am Bauerngehöft San Esteban geht es dann bergab zum Bach Coso und schon sind wir in der Nähe des Dorfes Bercianos.

Bercianos del Real Camino Francés. Der "Weg" führt in das Dorf und verläuft über die Hauptstraße, durch das Dorf.

Manche Einwohner lassen den Königlichen Weg bis zu der rechts liegenden Straße verlaufen. Beide Straßen führen in die gleiche Richtung, und sie treffen sich am Dorfausgang wieder zusammen.

Die Kirche El Salvador besitzt einen herrliche Renaissancestatue des Hl. Johannes des Täufers und ein Gemälde des Leidens Christi, beide aus dem 16. Jahrhundert.

Ferdinand II. von León schenkte die Kirche Santa María de Bercianos im Jahre 1186 dem Spital von **Cebreiro.**

Der Weg führt durch ein einsames Gebiet. Das Silo von El Burgo Ranero steht uns vor Augen. Wenn man nach hinten sieht, wird man immer noch den Turm der Kirche von Bercianos vor Augen haben.

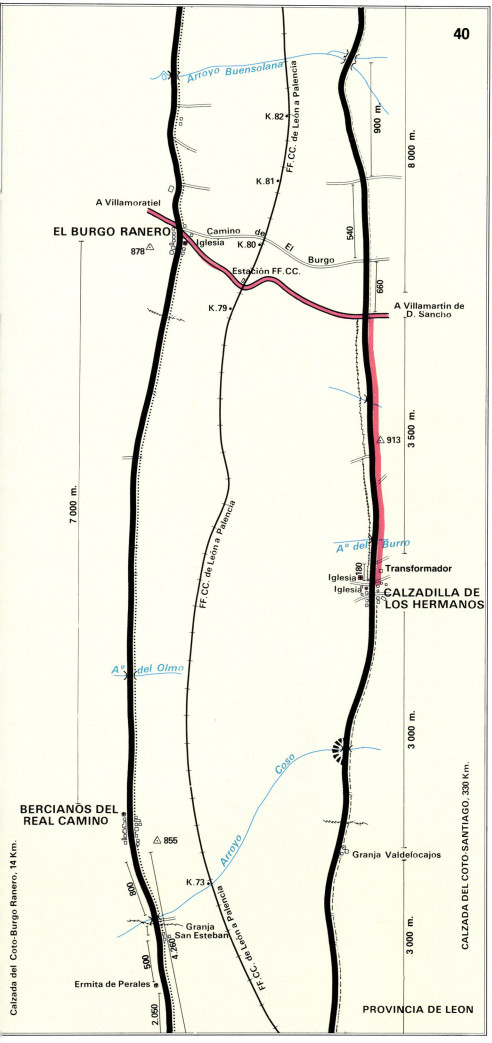

In dieser einsamen Gegend, die einst mit Gestrüpp bedeckt war, fanden Laffi und seine Pilgerkameraden (1681) die Leiche eines Wanderers, der gerade von den Wölfen zerfleischt wurde. Sie entflohen den wilden Tieren und benachrichtigten das nächste Dorf, Brunello (El Burgo), damit die Leiche begraben würde.

El Burgo Ranero. Dieser Ort liegt 6,5 Km von Bercianos entfernt. Überall am Rande des Weges stehen Häuser: die alten sind aus Lehm und die modernen aus Backsteinziegeln.

Wen Du den Dorfaugang erreicht hast, geh geradeaus in Richtung Westen. Auf der linken Seite liegt der Friedhof.

Überquere die Weide der Merinoschafe, ein Wanderherdengebiet. Hier gibt es einige Gehöfte, und in der Nähe befindet sich der Bach Buen Solana, mit Teichen und Bäumen. Zwischen den Bächen Valdeasneros und Utielga gibt es zwei Schafsställe. Danach wird man links im Süden das Dorf Villamarco liegen sehen und rechts im Norden den Bahnhof. Dort führt die Route de **Pilgerstraße** entlang.

Überquere die Eisenbahnschienen. Es geht nun bergauf und bergunter über kleine Bergkämme und Bäche. Dann kommen wir an ein liebliches Tal, das Tal Santa María. Der Weg führt jetzt bergauf zu einer Weide mit Schafgehege.

Reliegos. Schon beim Pilgern auf der Weide sieht man unten das Dorf Reliegos liegen. In der Ferne erkennst Du die Stadt Mansilla.

Reliegos ist das **Palantia** der römischen Routen. Hier trafen drei Straßen zusammen.

Hier befindet sich auch die Königliche Straße, die quer durch das Dorf hindurchführt.

Jetzt wird auf einer weiten Ebene gewandert, diese wird nur kurz vom Bach Arroyo Grande gestört.

MANSILLA DE LAS MULAS. Dies ist das "Manxilla" unseres Führers Aymeric.

Die Stadt ist von einer Mauer mit vier Toren umgeben.

Die Pilger, welche auf die Straße gewandert waren, betraten die Stadt durch das Osttor und durch das Tor Santa María, das heute noch erhalten ist.

Vor ihnen lag die Straße La Concepción, welche zur Straße Olleros führte und im Westen, am Tor San Agustín endete.

Die Pilger die den **Königlichen Weg** als Route gewählt hatten, betraten die Stadt durch das Südtor, (von dem es jetzt keine Spuren mehr gibt) und liefen dann auch zum Tor San Agustín, wo sich das Kloster San Agustín befand.

Dort in der Nähe liegt die gegenwärtige Straße des Pilgers. Hier befand sich das **Pilgerhaus.**

Ab dem Kloster San Agustín zogen sie weiter nach Norden, über den jetzigen Platz La Pícara Justina und Ronda del Río, sie verliesen die Stadt durch das Nordtor und überquerten die Brücke des Flußes Esla, der ebenfalls von Aymeric erwähnt wird, sowie sein gutes Wasser.

Wir wissen nicht, wann die Stadt Mansilla gegründet wurde, aber bes-

Bercianos del Real Camino. Pfarrkirche El Salvador.

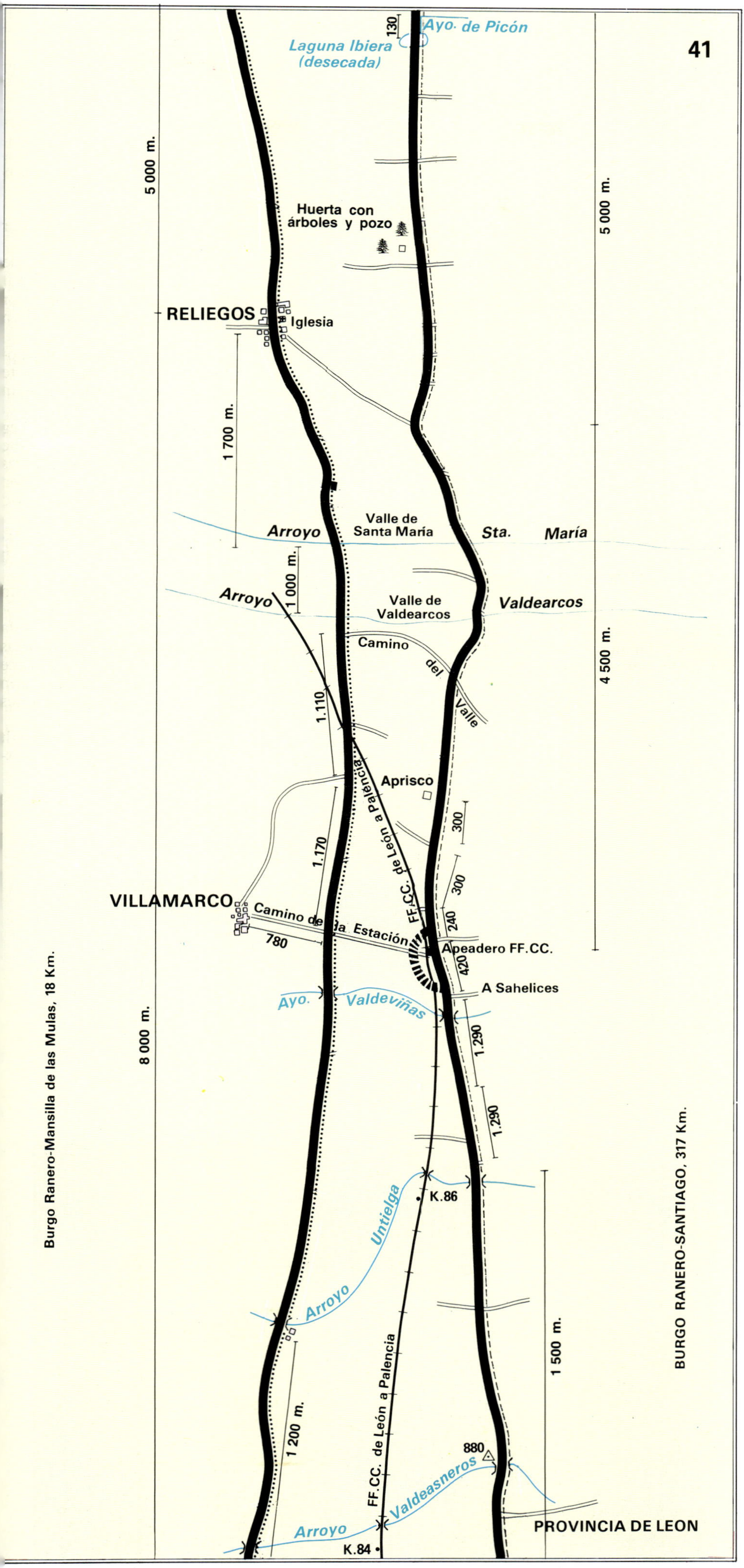

41

Burgo Ranero-Mansilla de las Mulas, 18 Km.

Burgo Ranero-Santiago, 317 Km.

Ayo. de Picón
Laguna Ibiera (desecada)
130

Huerta con árboles y pozo

RELIEGOS — Iglesia

5 000 m.
1 700 m.

Arroyo — Valle de Santa María — Sta. María
1 000 m.
Arroyo — Valle de Valdearcos — Valdearcos

Camino del Valle
1.110

Aprisco
300

1.170
300

VILLAMARCO — Camino de la Estación — 240
780
FF.CC. de León a Palencia
Apeadero FF.CC.
420
A Sahelices

Ayo. Valdeviñas
1.290

8 000 m.
1.290

K.86
Untielga
Arroyo
1 500 m.

1 200 m.
FF.CC. de León a Palencia

880
Arroyo Valdeasneros
K.84
PROVINCIA DE LEÓN

timmt nicht vor 1181, in diesem Jahr wurde Mansilla von Ferdinand II. von León zur Stadt ernannt und bekam das Stadtrecht von Benavente.

Bis zum Jahre 1594 war der Graf von Benavente der Lehensherr. Dann wurde die Burg zerstört.

Die Familie Enríquez, Admiral von Kastilien besaß die Stadt.

Noch heute sind einige Reste der Stadtmauer zu sehen, mit Zinnen und einzelnen Wachtürmen.

Gegenwärtig gibt es zwei Kirchen, in denen Gottesdienst abgehalten wird.

Die Pfarrkirche ist die frühere Kirche Santa María und die Kapelle Nuestra Señora de Gracia befindet sich am Stadteingang, an der Landstraße von Valladolid.

Kirchen, in denen kein Gottesdienst abgehalten wird, sind:

San Martín, aus dem 14. Jahrhundert, ist jetzt ein Lager.

Das **Kloster San Agustín,** das im Jahre 1500 gegründet wurde. Seine Ruinen dienen heute als Handballspielhalle bzw als Schlachthof.

Es sind noch die Grundstücke der Kirchen **San Nicolás, San Lorenzo** und des Klosters San Adrián zu sehen. Das letztere liegt östlich, abseits der mauern.

In dieser Stadt werden drei Pilger genannt. Die Richtordnung de

La Estrella HR*, 23 Betten. Telefon: 31 02 18. Madrid F, 6 Betten. Casa Marcelo F, 2 Betten. La Ruta F, 25 Betten. Restaurants: Apóstol Santiago, El Hórreo, Casa Mateo und La Herrera.

Typische Gerichte: Stockfisch, «callos» (Kalbdaunen), Forellen.

Unterkunft: Die Pfarrkirche bietet den Pilgern Unterkunft.

Mansilla wird über die Brücke des Flußes Esla verlassen. Sie hat acht Bögen und befindet sich im Nordwesten der Stadt. Von hier aus fällt Dein Weg mit der Landstraße N-601 zusammen.

San Miguel de Escalada. Kurz nach dem Kilometerstein 309 führt die Landstraße nach rechts zum mozarabischen Kloster San Miguel de Escalada. Es liegt 12 km entfernt. Im Jahre 913 wurde es zur Kirche geweiht. Heute ist sie das beste Beispiel ihres Stiles in dieser Provinz und steht unter Baudenkmalschutz.

Die Kirche von Santa María de Sandoval, vier Kilometer von der linken Seite entfernt, ist eine Zisterzienserkirche aus dem 12. Jahrhundert im romanischen Stil gebaut. Diese Kirche wurde auch unter Baudenkmalschutz gestellt.

Lancia liegt hinter dem Kilometerstein 311, auf der rechten Seite. Der Weg ist für Fahrzeuge geeignet und führt zum Hügel Lancia. Lancia war die wichtigste Stadt der **Astures.** Im Jahre 19 vor Christus wurde sie von den Römern erobert.

Villamoros de Mansilla. Dieser Ort liegt am Kilometerstein 312. Früher wurde er auch **Villamors del Camino Francés** genannt Außerhalb des Ortes ist nichts mehr vom Weg übriggeblieben. Wiesen und Einzäunungen befinden sich an seiner Stelle. De

Mauer von Mansilla de las Mulas.

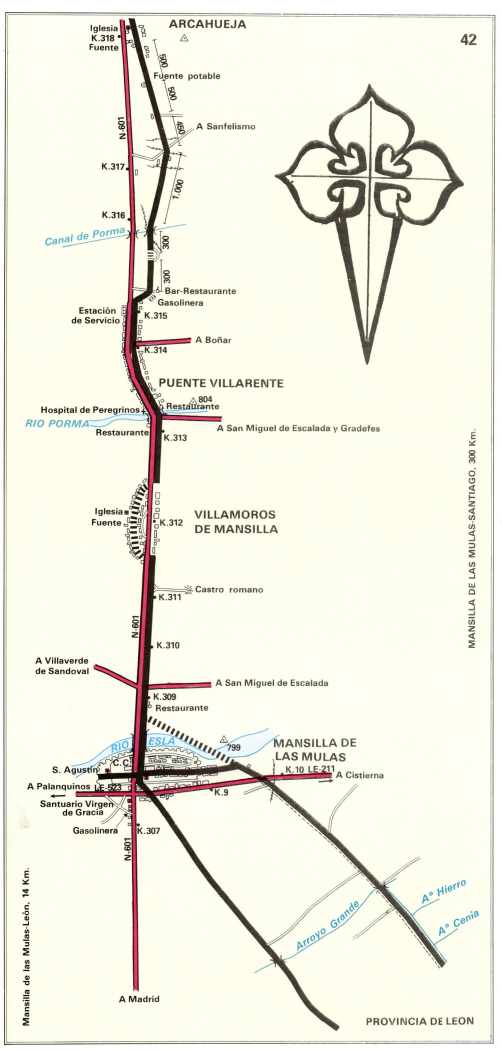

Alte Weg oder der Weg des Hl. Jakob ist noch erhalten geblieben.

Villarente. Hinter dem Zusammenfluß der Flüße Moro und Porma liegt der Ort Villarente.

Aymeric erwähnt eine «riesige Brücke». Er sagte, daß sie zwanzig Bögen habe und geschlängelt sei.

Hinter der Brücke befindet sich gleich links das Gebäude des **Pilgerspitals**, das im 16. Jahrhundert gegründet wurde. Als Besonderheit verfügte es über eine Eselin für den Transport der kranken Pilger nach León.

La Montaña HR**, 11 Betten. Telefon: 31 08 61. Delfín Verde HR*, 14 Betten. Telefon; 31 09 15.

Der "Weg" zweigte von der Landstraße am Kilometerstein 315,200 ab. Die ersten 50 Meter com Wege sind verschwunden. Um ihn wieder aufzunehmen, müssen wir den Zugang zu einer Bar benutzen, und dann rechts verlassen. Der Weg verläuft parallel zur Landstraße.

Später verläuft der "Weg" um einen Schuttabladeplatz herum. Überquere dann das Kanal und die Gemeindestraße von Sanfelismo.

Arcahueja. Hinter der Trinkwasserquelle geht es bergauf nach Arcahueja. Der **Königliche Weg** verläuft durch das Dorf. Er ist für Fahrzeuge nicht geeignet.

Mitten im Dorf, auf einem kleinen Platz, gibt es Trinkwasser.

Über die Stadt León sehen die wir Türme des Fernsehens und der Telefonzentrale von La Candamia.

Auf der rechten Seite, 500 Meter entfernt, befindet sich der Friedhof. 200 Meter weiter kommen wir auf eine Wegegabelung auf einer Viehweide. Schlag den linken Weg ein, er ist der Königliche Weg (Camino Real). Früher weideten hier umherziehende Schafe, die jetzt von den Landgütern verdrängt worden sind. Der Weg verläuft durch Felder. Links liegen die Hauptstraße und mehrere Fabriken.

Valdelafuente. 200 Meter vor dem Kilometer 320 und 500 Meter hinter der Tankstelle von Portillo, nach der dritten Seitenstraße, triff unser Weg mit der Landstraße zusammen.

Links hinter dem Kilometer 321, ian einer Kurve auf gleicher Höhe, auf der Böschung der Landstraße, steht ein **Steinkreuz.** Es ist modern und ersetzt ein anderes, mittelalterliches Kreuz, das vor einigen Jahrzehnten auf dem Platz des Rasthauses San Marcos in León aufgestellt wurde.

Jetzt, auf der **Höhe von Portillo** hat man eine gute Sicht auf die Häuser der Stadt León. Dann beginnt der Abstieg zum Fluß Torío und zur **Brucke Castro.**

Auf dem auf der rechten Seite liegenden Hügel befand sich das **Judenviertel**. Es wurde in den letzten Jahren des 12. Jahrhunderts zerstört.

Die Brücke stammt aus dem 18. Jahrhundert. 50 Meter flußabwärts sind die Gewölbeanfänge der alten römischen Brücke erhalten geblieben.

LEON. Ende der 8. Etappe des "Codex Calixtinus". Pilger, wir haben nun León erreicht. Dies ist eine der wichtigsten Städte auf der jakobäischen Route.

Aymeric, unser Führer, bestätigt, daß León einer der "größten Orte" Spaniens ist, "königlich und päpstlich, voller Glückseligkeiten".

Der Ort ist römischen Ursprungs. Anfänglich war León nur Feldlager der VII. Legion VII. Gémina (10-VI-68).

León hatte eine Stadtmauer mit vier Toren, die z.T. erhalten geblieben ist (restautiert).

Beim Maureneinfall wurde die Stadt verlassen. Ordoño II. macht sie Anfang des 10. Jahrhunders (910-924) zur Hauptstadt seines christlichen Königreiches. Unter Alfons VII. wurde León im Jahre 1135 zur Freien Reichsstadt erklärt, besaß Lehensherren auf der ganzen Iberischen Halbinsel, und sogar jenseits der Pyrenäen.

Kirche San Miguel de Escalada, Süd-West-Ansicht.

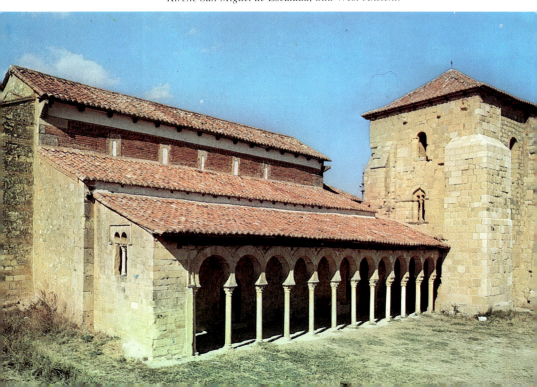

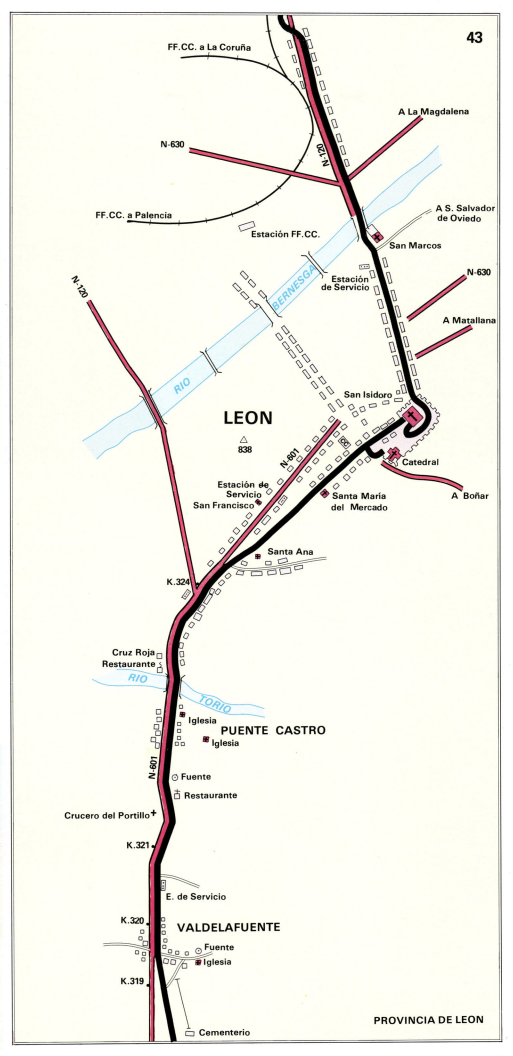

León. San Isidoro. Königliches Grabmal. Romanisches Gemälde.

Nach der Vereinigung dieses Königreiches mit Kastilien im 13. Jahrhundert verliert es seine Vorherrschaft.

Heute ist León eine moderne Stadt mit 130 000 Einwohnern. Sie gibt hier viele wertvolle Kunstschätze und Baudenkmäler.

Hinter der Brücke über dem Fluß Torío gehen wir geradeaus weiter in Richtung Stadzentrum. Auf der rechten Straßenseite kommen bald der Platz und die Kirche **Santa Ana.**

Die Kirche Santa Ana hieß im 12. Jahrhundert Kirche des Hl. Grabes. Im 12. Jahrhundert wurde sie dem Johanniterorden übergeben, dessen Kreuz auf der Westtür zu sehen ist.

Im gleichen Stadgebiet lag das **Spital San Lázaro,** das sich der Hilfe der Leprakranken widmete. Im selben Stadtviertel standen auch das **Spital Santo Sepulcro** und das **Frankenviertel.**

Der Pilger überquerte die mittelalterliche Stadmauer duch das **Münzentor.** Rechts lag die **Kirche Santa María del Mercado** und links das **Kloster La Concepción.**

Santa María del Mercado hieß früher **Santa María del Camino** (Santa María vom Weg. Sie ist eine romanische Kirche aus dem 12. Jahrhundert. Sie erlitt Schäden und wurde umgebaut.

Hinter der Kirche **Santa María** befindet sich der **Platz Del Grano,** mit seinem großen neuklassischen Brunnen, im Hintergrund steht das **Kloster Santa María de Carbajal** (der Benediktinerinnen).

Das **Kloster La Concepción,** auf der linken Seite, wurde im Jahre 1518 gegründet.

Es geht über die **Rúa (der Franken)** weiter, eine typische Straße der Pilgerwanderungen, welche an der römischen Mauer entlanglief. Es gibt noch alte Häuser und wappengeschmückte Paläste.

Wir kommen zur **Breite Straße,** (Calle Ancha) jetzt Straße **Generalísimo,** eine der Hauptstraßen dieser Stadt.

Auf der linken Seite liegt der **Platz San Marcelo,** mit wichtigen Palästen und Baudenkmäler ; die **Kirche San Marcelo,** aus dem 16. Jahrhundert, mit Skulpturen von Gregorio Fernández; das Rathaus, aus dem 16. Jahrhundert; und das **Haus Botines,** ein Werk Gaudís.

Auf der anderen Straßenseite befindet sich der **Palast der Familie Guzmán,** aus dem 16. Jahrhundert, mit einem herrlichen Innenhof. Er ist Sitz des Landesausschusses. Neben **San Marcelo** stand bis zum Anfang unseres Jahrhunderts das **Pilgerspital San Antonio Abad.**

Wenn man die Straße Rúa verläßt, muß man nach rechts abbiegen. Hier befindet sich das **Cauriense-Tor,** die **Sinistra** des römischen Feldlagers. Durch dieses Tor betraten die Pilger die Stadt.

Nicht weit weg davon steht am Straßenrand eine kleine neoromanische Kapelle, die dem Christus vom Sieg geweiht ist. (Cristo de la Victoria).

Nach der Legende wurde diese Kapelle an der Stelle errichtet, wo das Haus

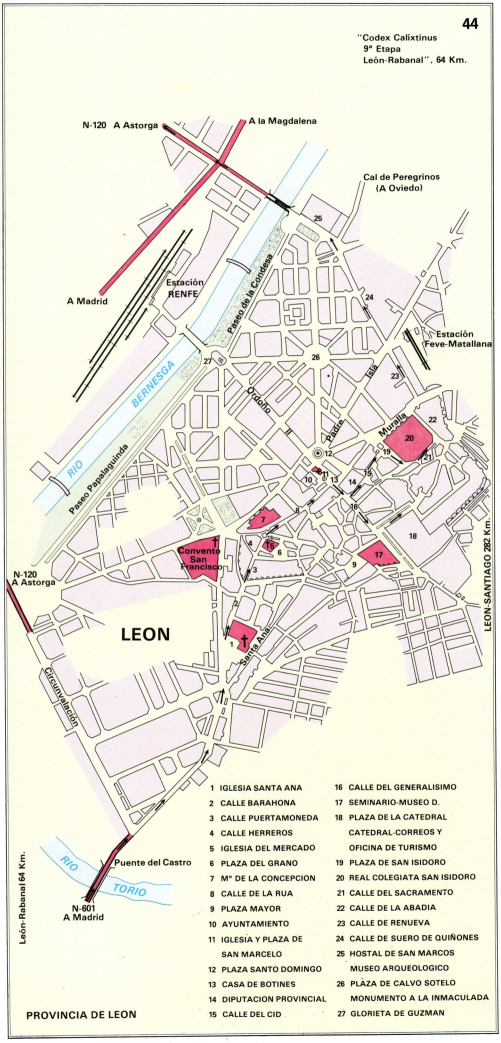

des Hl. Marcelo stand. Er war Befehlshaber der Legion VII. Gémina und römischer Märtyrer.

Auf der anderen Straßenseite steht die Südfassade des Palastes der Familie Guzmán. Hinter diesem Palast beginnt die **Cid-Straße (Calle Cid)**, die zum Platz San Isidoro und zur Basilika gleichen Names führt. Der Weg ist der richtige **Pilgerweg.**

Du kannst auch auf der Straße Generalísimo (Calle Generalísimo) witergehen und die Kathedrale besichtigen. Sie befindet sich am Ende der Straße.

Die **Kathedrale von León**, "pulchra leonina", ist die schönste der gotischen Kirchen. Mit ihrem Bau wurde im Jahre 1205 begonnen, und sie wurde fast im gleichen Jahrhundert fertiggestellt. Römische Thermen und die ehemalige romanische Kathedrale standen früher an ihrer Stelle.

Die Kathedrale wurde nach lateinischer Kreuzform gebaut, mit drei Schiffen. Die Portale sind sehr reich verziert. Es gibt Skulpturgruppen an den Armen des Kreuzschiffes, und ein Portal in jedem Schiff der Westgiebelwand.

Am Fensterkreuz des Hauptportals ist die Weiße Hl. Jungfrau dargestellt, rechts die Statue des Hl. Jakobs, des Pilgers. Sie steht auf einer kleinen Säule, die von den Händen der Pilger und vom Kontakt der Medaillen und Rosenkränze abgenutz und zerkratzt ist.

In der Kirche kommt das Bild des Hl. Jakob immer wieder auf Altaraufsätzen und Portalen vor.

Jedoch das Erstaunlichste an diesem Gebäude sind seine Glasfenster. Zum Einfassen der Fenster wurde so wenig Stein wie möglich benutzt. Es gibt 125 Fenster, 57 Deckenrosetten, drei riesengroße Rosettenfenster: ungefähr 1 800 Quadratmeter Kunstverglasung. Außerdem kann man den **Kreuzgang** besichtigen, es ist eine Mischung aus Gotik und Renaissance; weiter sind noch das **Museum** und das **Archiv** sehenswert, mit bemerkenswerten Goldschmiedearbeiten, Heiligenschnitzereien und alten Handschriften.

An den Südseite der Kathedrale liegt das Priesterseminar, mit demn Diözesenmuseum, das in die Kathedrale verlegt werden soll.

Im Norden ligt das Spital Nuestra Señora de la Regla, das Erbe des Spitals San Marcelo und San Antonio. Es wurde in ein anderes Gebäude, in einen Barockpalast umverlegt.

Die **Königliche Basilika San Isidoro** ist eine der wenigen Kirchen die unser Führer Aymeric den Pilgern empfiehlt: "In der Stadt León muß der verehrungswürdige Körper des Hl. Isidoro, Bischof und Beichtvater oder Doktor, besucht werden. Er schuf eine fromme Regel für die Priester seiner Kirche, prägte dem spanischen Volke seine Lehre ein, und ehrte die ganze Heilige Kirche mit seinen Schriften."

Wir befinden uns jetzt auf dem Platz San Isidoro; links liegt der Brunnen aus dem 18. Jahrhundert; rechts im Hintergrund eine Säule des Jahres 1968; beide Denkmäler wurden zur Erinnerung an die römische Legion, von welcher die Stadt gegründet wurde, errichtet. Davor liegt die Königliche Stifskirche. Sie reicht von einer Straßenecke zur anderen, und ist eine der bedeutendsten Stellen der Pilgerwanderung, sowohl wegen ihrer Geschichte, als auch wegen ihrer Kunst und Kulturschätze, Baudenkmäler und ihres religiösen Wertes.

An der Westseite des römischen Feldlagers, vielleicht auf der Fläche, wo einst ein Merkur-Tempel stand, wurde eine Kirche zu Ehren des Hl. Johannes errichtet, die im 10. Jahrhundert schon sehr alt war.

Im Jahre 966 wurde eine Kirche zu Ehren del Märtyrerkindes Hl. Pelayo gebaut. Beide wurden Ende des 10. Jahrhunderts von Almansor zerstört.

Anfangs des 11. Jahrhunderts wurden sie restauriert und als **Königliches Pantheon** eingerichtet.

León. Gotische Kathedrale, 13. Jahrhundert.

Im Jahre 1063 wurden die Überreste des Hl. Isidoro von Sevilla nach León gebracht. Sie wurden in der neuen, von den Königen Ferdinand una Sancha gebauten Kirche untergebracht. Diese war die erste romanische Kirche auf dem Pilgerwege.

Ende des 11. Jahrhundert wurde diese Kirche erweitert, und im ersten Drittel des 12. Jahrhunderts wurde der Bau beendet.

Heute ruhen im Pantheon die Reste von 23 Königen. Die Kuppeln sind mit romanischen Gemälden aus dem 12. Jahrhundert dekoriert. Diese Gemälde haben diesem Raum den Namen **Sixtinische Kapelle der romanischen Kunst** eingebracht.

Die Stifkirche wird als vollendetster Bau der Romanik angesehen. Es fehlt an nichts: Architektur, Kapitäle und verzierte Tympana, Leinwände, Goldschmiede- und Elfenbeinarbeiten, alte Handschriften, Pergamenturkunden, usw.

Man kann auch das Museum des Pantheons besuchen. Hier gibt es Sammlungen der verschiedensten Stile, wie zum Beispiel die romanischen Inschriten, den Schatz, die Bibliothek, das Pantheon, den Kreuzgang, u.s.w.

Hier sehen wir auch den berühmten Achatkelch, das Banner des Hl. Isidoro mit der Hand des Hl. Jacob, die westgotische Bibel und eine der berühmtesten Handschriften aus dem Mittelalter.

Die **Kirche** ist bei Tag und Nacht geöffnet, denn über dem Sarg mit dem Körper del Hl. Isidoro ist ewig das Allerheiligste ausgestellt. Dies ist ein uraltes Privileg, das dieser Kirche verliehen wurde.

Die Basilika wird von einer Stiftsherrengemeinschaft und ihrem Abt geleitet. Sie leben auch in der Stiftskirche und widmen sich religiösen und kulturellen Werken.

Wenn man etwas sehr feierliches und gefühlvolles erleben möchte, muß man an der Stiftsliturgie abends um neun Uhr teilnehmen.

Es gibt viele jakobäische Legenden hinsichtlich dieser Basilika. Auch sie hat ihre **Tür der Vergebung.**

Am letzten Aprilsonntag kann man an dem sehr bekannten Fest, **Las Cabezadas,** teilnehmen. Dies ist ein jahrhundertelanger und unaufhörlicher Streit zwischen dem San Isidoro-Rat und dem Stadtrat.

Wir betreten die Basilika durch das Südtor. Über dem Portal steht die Statue eines Bischofes zu Pferde. Er ist nicht der Hl. Jakob, sondern der Hl. Isidoro bei der Schlacht von Baeza (1144). In dieser Kirche gibt es immer Leute beim Beten.

Die Pilger verließen die Basilika durch die Tür des Südkreuzschiffes, die Tür der Vergebung. Sie ist ein Werk des Meisters Esteban. Von diesem Kunstschmied wurde auch das Portal Las Platerías in Compostela gefertigt.

Von dieser Tür aus verlief der "Weg" an der Apsis der Basilika und an der Ostseite der Stiftskirche, der jetzigen **Sakramentstraße,** entlang. Diese endet auf dem Platz **Santo Martino** (ein Stiftsherr der Stiftskirche, wo auch seine Gebeine ruhen). Dann gab es einen Ehreneintritt zur Priesterresidenz.

Im Norden des Platzes liegt eine Schule, die früher **Spital der Stiftskirche** für Pilger war.

Wir gehen links weiter, am Garten San Isidoro entlang, die Straße **La Abadía** hinunter und kommen dann auf die zerfallene **römische Mauer,** wo das Tor Renueva im Jahre 1168 für die Pilger offen stand.

Überquere die Straße **Ramón y Cajal** und wandere dann auf der Straße **Renueva** (Rúa nova des 12. Jahrhundert), eine typische Pilgerstraße. Gehe weiter bis zur Straße **Padre Isla,** die wir auch überqueren müssen. Dann befinden wir uns auf der Straße **Suero de Quiñones,** die bis zum **Platz** und **Spital San Marcos** führt. Auf der Platzmitte steht ein gotisches Steinkreuz.

León. San Isidoro. Königliches Grabmal.

Das **Spital San Marcos.** Auf der rechten Straßenseite erstreckt sich ein bescheidenes, zweistöckiges Gebäude, das Spital für die Pilger war.

Daneben liegt ein Renaissancegebäude, das Hauptgebäude der Schwertritter vom Hl. Jakob, die für die Sicherheit der jakobäischen Pilger sorgten (1170).

Neben der Brücke, die über den Fluß Bernesga führt, wurde von der Königin Sancha im 12. Jahrhundert eine Herberge für die **pauperes Christi** gebaut. Noch im selben Jahrhundert folgten viele diesem Beispiel und wirkten bei dem Ritterorden mit.

Im Jahre 1513 beginnt man mit dem Bau eines neuen Gäbaudes. Der Platereskenstil nimmt in León seinen Anfang, später geht er mit Leichtigkeit in die Barockepoche über.

Pilgermuscheln bedecken das Giebeldach und sind überall zu sehen. Büsten von Königen und Königinnen, Prioren und Kriegern sind auf der Hauptfassade auf einer Reihe ausgestellt. Diese Fassade ist mit Kandelabersäulen und Grotesken bedeckt.

Im Inneren befinden sich der bemerkenswerte Kreuzgang, sowie die **Sakristei.** Sie sind zum größten Teil ein Werk von Juan de Badajoz, "dem Jüngling". Sehenswert ist der **Chor der Kirche,** ein Wert von Juní und Guillén Doncel.

In San Marcos befindet sich das **Landesmuseum für Archäologie** mit einer ausgezeichneten Sammlung von römischen Inschriften und Münzen, sowie auch herrlichen Skulpturen und Goldschmiedearbeiten aus dem Mittelalter und späteren Epochen.

Das Spital San Marcos war das bekannteste und in den Berichten der Pilgerwanderung gelobteste Spital. Es liegen 17 Berichte darüber vor, obwohl sie bestimmt viel mehr gewesen sein müssen.

San Marcos H*****, 503 Betten. Telefon: 23 73 00. Conde Luna H****, 255 Betten. Telefon: 20 65 12. Riosol H**, 224 Betten. Telefon: 22 36 50. Quindós HR**, 156 Betten. Telefon: 23 62 00. Reina HR*, 17 Betten. Telefon: 20 52 12. París HR*, 125 Betten. Telefon: 23 86 00. Don Suero HR**, 166 Betten. Telefon: 23 06 00. Reino de León HR**, 45 Betten. Telefon: 20 32 51.

Typische Gerichte: Knoblauchsuppe, Rauchfleisch, marinierte Forellen, Cachelada von León (Kartoffelgericht), Kälberbries Aufschnitt und Käse.

Unterkunft: Von den Stiftsherren der Basilika San Isidoro werden die Pilger traditionsgemäß aufgenommen. Telefon: 23 66 00.

"Codex Calixtinus"
9. Etappe: León-Rabanal, 64 km

Wir überqueren den Fluß über eine Brücke aus dem 16. Jahrhundert, und lassen León, wo die Wurzeln Spaniens liegen, zurück.

Später kommen wir auf die Straßenkreuzung, **das Kreuz,** wo im Jahre 1434 eine reisengroße Figur den Weg nach Santiago zeigte, dann kommt die

Spital San Marcos, 16 Jahrhundert.

León. Plaza de San Marcelo.

Brücke "Paso Honroso" (Ehrenhafter Übergang) über den Fluß Orbigo.

Trobajo del Camino ist eine Vorstadt von León, ist aber eine unabgängige Gemeinde. Jetzt wird es schwierig, die mittelalterliche Route zu verfolgen. Ich werde mich bemühen, den Weg zu weisen.

Wärend den ersten 1 200 Meter der Strecke verläuft der Weg bis zur Kreuzung mit der Eisenbahn von Gijón auf der Landstraße. Die Landstraße zweigt zur Überführung rechts ab. Der Weg führt während der nächsten 200 Meter geradeans weiter. Überquere die Landstraße nach rechts und biege links ein. Geh die erste Straße antlang (die parallel zur Landstraße verläuft) — **Reguero de la Botija,** heute **Straße Los Peregrinos (Pilgerstraße)** — dann überqueren wir das **Staubecken Bernesga.** Auf dieser Straße müssen 200 Meter zurückgelegt werden, dann biegen wir links ein und befinden uns wieder auf der Landstraße, auf der Höhe eine Kinos.

Auf der Straßenseite des Kinos — Eduardo Contreras — wird auf der Landstraße weitergewandert, und gleich rechts sirht man eine bescheidene Kapelle, die im Jahre 1777 dem Apostel Jakob geweiht wurde, jedoch ist sie schon viel älter.

Die Landstraße führt bergauf und 175 Meter vor dem Kilometerstein 3 biegt der "Weg" links ab — **Straße Del Atajo,** jetzt **Straße Doña Sira Sampedro** —, der Weg bildet ein L, während die Landstraße wegen der Höhe einen großen Bogen zieht.

Nach 300 Metern kehrt der Weg wieder zur Landstraße zurück, am Ende der Kurve überquert er sie nach rechts.

Jetzt zweigt der Weg von der Landstraße ab und führt rechts über einen steilen Abhang hoch, der anfangs noch asphaltiert ist. Wir pilgern zwischen den alten unterirdischen Weinkellereien.

Oben angekommen, kommen wir zu einem Säulenfuß mit fünf Treppen und einem Untersatz eines alten **Kreuzes,** das den Weg anzeigte. Das Kreuz ist heute nicht mehr da.

Einmal hier angekommen, müssen wir hinter uns blicken, von hier aus hat man einen prächtigen Blick auf die Stadt León!

Dann kommt ein kleines Restaurant, "Mirador de la Cruz", danach eine Trinkstube. Laß die Trinkstube auf der linken Seite liegen, und ein Lager auf der rechten, und zwischen beiden führt unsere Route nach Virgen del Camino.

Wir überqueren nun einen Feldweg und kommen unter einer Stromleitung hindurch. Nach 150 Metern steht ein Autofriedhof. Es geht zu einer Niederung hinab, eine Abzweigung auf der linken Seite führt zur Landstraße. Es wird geradeaus bis hinter einen Schutthaufen weitergepilgert.

Nach 750 Metern stößt unser Weg auf die Landstraße, wir betreten sie jedoch nicht, sondern gehen rechts weiter über einen Viehweg, dann führt der Weg bergauf, über einem Bergrücken.

Es geht jetzt zwischen Lagern und Fabriken hindurch. Auf der höchsten Stelle des Bergrückens befindet sich eine Wegegabelung. Biege links ab.

La Virgen del Camino. Vor uns liegt das Dorf La Virgen del Camino. Bald sieht man den Wasserbehälter und den Kirchturm. Überquere ein Brachfeld. In der Nähe der ersten Häuser gibt es eine Wegegabelung. Schlage den rechten Weg ein. Er führt zum Wasserbehälter. Überquere dann die Landstraße, die zum Militärflughafen führt. Wir wandern über Felder, und schon befinden wir uns vor dem zugesperrten Heiligtum der Hl. Jungfrau.

> Das heutige Dorf und Heiligtum Virgen del Camino (Hl. Junfrau vom Weg) war im ersten Jahr des 16. Jahrhunderts ein freier Hügel mit einer kleinen Kapelle.
> Über das freie Feld zog der Französische Pilgerweg.
> Zwischen den Jahren 1502 bis 1511 erschien dort die Jungfrau Maria einem Hirten, namens Alvar Simón. Sie bat ihn darum, auf dieser Stelle eine Kapelle zu bauen.
> Das Marienbild wirkte Wunder und die Kapelle wurde hier errichtet. Diese Hl. Jungfrau ist die Schutzpatronin des Gebietes von León. Die Hauptfeste werden am 15. und 29. September, und am 15. Oktober gefeiert.
> Das gegenwärtige Heiligtum wurde im Jahre 1961 eingeweiht. Es besitzt gewagte, moderne Linien und ist ein Werk des Architekten Coello de Portugal, ein Dominikanerpater.
> An der Fassade befinden sich 13 riesengroße Bronzestatuen von Subirachs. Sie sind sechs Meter hoch.
> Vom gleichen Künstler sind die vier Bronzetüren. Die erste auf der Südseite, die zum Heiligenschrein der Hl. Jungfrau führt, stellt das Wunder der Erscheinung dar.
> Im Inneren befindet sich ein Barockaltaraufsatz aus dem Jahre 1730. In der Mitte auf einem Silberthron sitzt die Pietà, aus dem 16. Jahrhundert.
> Seit dem Jahre 1954 wird das Heiligtum von den Dominikanerpatern geleitet. Sie kümmern sich ebenfalls um die "Stiftung der Hl. Jungfrau vom Weg" und um die religiösen, kulturellen und sozialen Einrichtungen, die alle auf der anderen Straßenseite gesehen werden können.

Soto HR**, 51 Betten. Telefon: 23 61 15. El Central H*, 29 Betten. Telefon: 30 00 11. Julio César HR*, 20 Betten. Telefon: 30 01 29. La Cuesta F, 20 Betten.

Unterkunft: Die Dominikanerpater bieten würdige Unterkunft. Telefon: 30 00 01.

Der Weg verläuft wieder auf der Landstraße N-120 weiter. Auf der linken Seite befindet sich das Seiminar der Dominikaner. Auf dieser Straße pilgern wir 50 Meter, links an der Kurve gibt es einen Pfad mit einem Straßendamm, der wieder zum alten Weg hinunterführt.

Überquere den Sturzbach über eine kleine schmale Brücke. Jetzt führt der Weg bergauf. Links liegt der Friedhof desr Ortes.

Der Weg verläuft weiterhin links neben der Landstraße und auf vielen Strecken parallel zu ihr.

So geht es neben der Landstraße bis nach Astorga weiter.

Wir befinden uns mitten im Ödland von León. Gehe immer geradeaus. Im Nordwesten erkennt man die gewaltigen Kalksteinmassen der Kantabrischen Bergkette.

Zuweilen wird man einige Fabriken auf der Strecke erblicken.

Jetzt beginnt der Abstieg zum Fresno-Tal, auf der Höhe des Kilometersteins 8 der Landstraße heute befindet sich hier das Autobahndreieck León-Asturien.

> Das kleine Fresno-Tal, das wir soeben durchquert haben, hat durch den Bau der **Autobahn Asturien-León** eine große Veränderung erfahren. Unser tausendjäh-riger Weg, der große Weg nach Santiago, ist dabei nicht in Betracht gezogen worden.
> Hinter dem Autobahndreieck bietet sich uns ein prächtiges Bild. Im Osten erkennen wir den Turm der Kapelle Virgen del Camino. Im Westen hat man einen Blick auf das Dorf Valverde, und halbkreisförmig. im Norden, Westen und Südwesten sieht man die Bergkämme **Peña Portilla, Peña Ubiña, El Teleno,** usw in der Ferme.

Valverde de la Virgen (früher: del Camino). Hier fallen Weg und Landstraße im Dorfzentrum zusammen. Obwohl der Ort sehr alt ist, — er wird in Schriften des 10. Jahrhundert erwähnt, — gibt es, außer seinenm Namen, keine Spuren der Pilgerwanderung, und heute nicht einmal in seinem Namen.

Der Weg und die Landstraße verlaufen auf den beiden Kilometern zwischen Valverde und dem nächsten Dorf San Miguel zusammen.

San Miguel del Camino. Am Anfang des Dorfes zweigt sich der Weg von der Landstraße ab und führt rechts über die lange Straße. Dann verläuft er zwischen Wiesen hindurch und hinter dem Kilometerstein 12 stößt er wieder auf die Landstraße, die er nach links überquert. Dann führt er weiter zwischen zwei Schluchten entlang. Hier befinden sich die Zugänge zu den Weinkellern des Dorfes.

> In San Miguel gab es im 12. Jahrhundert ein **Pilgerspital.** Im Archäoligiemuseum von León wird eine herrliche Statue aus dem 15. Jahrhundert aufbewahrt. Sie gehörte zu dieser Pfarrei.

Bis zum Ort Villadangos verläuft unser Pilgerweg sieben Kilometer lang parallel zur linken Seite der Landstraße.

Nach 18. Kilometer kommen wir in **Montico** an; hier gibt es eine Landhaussiedlung mit dem treffenden Namen "Camino de Santiago". Es gibt eine Tankstelle und ein kleines Hotel.

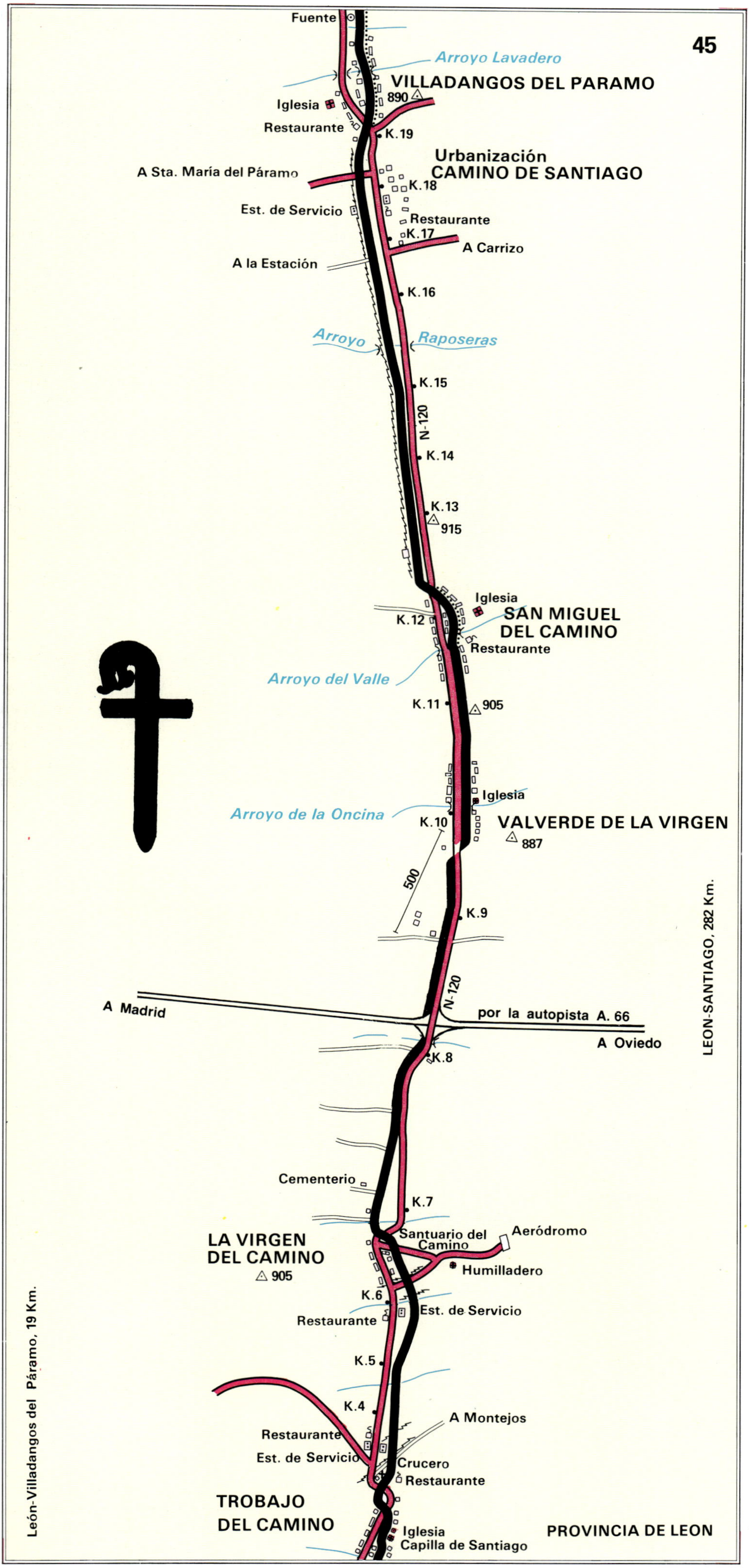

45

Fuente
Arroyo Lavadero
VILLADANGOS DEL PARAMO
890
Iglesia
Restaurante
K.19
Urbanización
CAMINO DE SANTIAGO
A Sta. María del Páramo
K.18
Est. de Servicio
Restaurante
K.17
A la Estación
A Carrizo
K.16
Arroyo Raposeras
K.15
N-120
K.14
K.13
915
Iglesia
K.12
SAN MIGUEL DEL CAMINO
Restaurante
Arroyo del Valle
K.11
905
Iglesia
Arroyo de la Oncina
K.10
VALVERDE DE LA VIRGEN
887
500
K.9
N-120
A Madrid
por la autopista A. 66
A Oviedo
K.8
LEON-SANTIAGO, 282 Km.
Cementerio
K.7
LA VIRGEN DEL CAMINO
Santuario del Camino
Aeródromo
905
Humilladero
K.6
Est. de Servicio
Restaurante
K.5
K.4
A Montejos
Restaurante
Est. de Servicio
Crucero
Restaurante
TROBAJO DEL CAMINO
Iglesia
Capilla de Santiago
PROVINCIA DE LEON

León-Villadangos del Páramo, 19 Km.

Hl. Jungfrau vom Weg. Schutzpatronin des Königreiches.

Hl. Jungfrau vom Weg. Skulpturen der Fassade. Ein Werk von Subirachs

Villadangos del Páramo. Der Weg zweigt jetzt links neben der Landstraße ab, un führt bergab. Er verläuft zwischen der Landstraße und der neuen Schule, dann kommen eine kleine Schlucht und ein Sturzbach, wo die Landstraße einen Bogen zieht. Gleich vor dem Kilometerstein 19 überquert der Weg die Landstraße und läuft rechts neben ihr weiter. Gleich kommt die **Königliche Straße** (Calle Real). Sie trägt noch immer den Namen des **Königlichen Französischen Weges.**
Überquere den **Bewässerungskanal des Ödlandes** und den Weg, der dazu gehört. Geh 250 Meter durch die Wiesen entlang. Eimal bei den Tennen angekommen, kommt man wieder auf die Landstraße, 50 Meter vor dem Kilometerstein 20.

Villadangos ist eine alte Stadt, und ist römischen Ursprungs. Im Jahre 1111 fand hier die Schlacht der Truppen Alfons von Aragonien gegen die seiner Gattin, Doña Urraca von León statt.
Es gab hier ein **Pilgerspital,** wo es früher stand, gibt es heute eine Gedenktafel.
Auf dem oberen Teil der Torflügel vom Eingangstor der Jakobskirche sind zwei Szenen der Schlacht von Clavijo zwischen Ornamenten dargestellt. Auf dem Altaraufsatz des Hochaltars erscheint ein recht malerisch gekleideter Jakob als Maurentöter.

Nach weiteren drei Kilometern fließt der "Weg" wieder mit der Landstraße zusammen.

In den letzten 25. Jahren hat sich diese Gegend völlig verändert. Das einstige Ödland, monoton und unfruchtbar, hat heute sehr fruchtbare Gärten zustandegebracht.
Zu beiden Seiten des Weges ist der Boden mit Wasserkanälen zerfurcht. Dies sind **die Bewässerungskanäle del Orbigo.** Sie haben die Landschaft verändert.

San Martín del Camino. Hier zweigt sich der Weg rechts von der Landstraße ab. Er führt durch die **Breite Straße** (Calle Ancha), zur Dorfmitte auf den Dorfplatz, vor der "Bar Cubano" entlang, die an der Ecke der Landstraße liegt.
Dann kommt die Stelle, wo das ehemalige **Pilgerspital** stand. Kurz vor dem Kilometerstein 24, münden Straße und Weg in die Landstraße zusammen.
So fallen Landstraße und Weg wieder fünf Kilometer lang zusammen.

Hospital de Orbigo. Hinter dem Kilometerstein 29 zweigt sich "Dein" Weg nach 250 Metern rechts von der Landstraße ab. Er führt geradeaus weiter und nach 750 Metern erreicht man die **Brücke des Orbigo.** Vor uns steht der spitze Glockenturm der Kirche Santa María.
Bald kommt die berühmte **Brücke über den Fluß Orbigo.** In der Mitte dieser Brücke befinden sich auf jeder Seite ein Steinmonolith zur Erinnerung an die Heldentaten des Don Suero de Quiñones.

Die Schlachten, die am Fluß Orbigo stattfanden, haben ihn recht berühmt gemacht: zum Beispiel Sweben gegen Goten im Jahre 456, oder auch die Schlachten der Mauren gegen Christen, die hier zur Zeit Alfons III. ihren Schauplatz fanden.
Die **Brücke** ist eine der bedeutendsten auf dem Weg nach Santiago. Besonders berühmt wurde sie durch den leonesischen Ritter Don Suero de Quiñones im Heiligen Jahr 1434.
Dieser liebte eine spröde Dame und versprach ihr, alle Ritter Europas, die an diesem Wettstreit teilnehmen wollten, zu einem Lanzenstechen herauszufordern. Er verpflichtete sich, den Übergang des Orbigo mit neun weiteren leonesischen Rittern bis zum Brechen von 300 Lanzen zu verteidigen.
Am 10. Juli begann das Lanzenstechen, es dauerte 30 Tage. Von dieser Tat erfuhr ganz Europa. Sie ist sogar in die Literatur eingegangen.
Nach dem glücklichen Ausgang des Wettstreites, dem sogenannten "Ehrenhaften Übergang", pilgerten die Sieger nach Compostela, um dem Apostel zu danken. Sie hinterließen eine goldene Halskette in seinem Reliquienschrein, diese schmückt noch bis heute eine, aus San Isidoro de León Stammende Büste eines jungen Hl. Jacob.

Hinter der Brücke liegt das Dorf **Hospital.** Gehe geradeaus weiter. Rechts befindet sich die Kirche San Juan, die den ehemaligen Johannitern gehörte.
Auf der anderen Seite des Platzes weisen die Einwohner auf die **Ruinen des Spitals** hin. In der Mitte des Platzes steht ein bescheidenes Steinkreuz.
500 Meter vom Fluß entfernt kreuzt die Landstraße von La Magdalena vor der Kirche den "Weg". Gehe 200 Meter weiter geradeaus und danach kommt eine Wegegabelung. Hier steht auch ein Eckhaus neben einem kunstvoll verzierten Brunnen.
Auf der rechten Seite zweigt sich der **Weg von Villares** ab; dieser wurde ab und zu von Pilgern benutzt. Heute ist er von Bauerngehöften besetzt.
Der "Weg" führt links an der Straßenecke und am artesischen Brunnen vorbei, zieht einen Bogen von 1 200 Metern um die Aue, und stößt beim Kilometerstein 32,400 wieder auf die Landstraße von Astorga.

Paso Honroso HR**, 18 Betten. Telefon: 37 49 75. Suero de Quiñones F, 18 Betten. Telefon: 37 49 38. Avenida HR. Telefon: 37 49 11.

Typische Gerichte: Knoblauchsuppe mit Forellen, Bohnen a la Santibáñez, Krebse, usw.

Unterkunft: Das Rathaus und die Pfarrei bieten Unterkunft. Telefon: 38 82 06 und 38 84 44.

Jetzt trifft sich der Weg wieder mit der Landstraße zusammen. Esr geht bergauf über rauhen, unfruchtbaren Boden, an Schluchten, Thymianfelder und Gebüsch vorbei.

Am Kilometerstein 39 steigen wir einen kleinen Hügel hinauf. Im Südwesten erkennt man die Gipfel des Teleno.

250 Meter hinter dem Kilometerstein 40 verläuft der Weg rechts geradeaus weiter, während die Landstraße einen großen Bogen zieht. Wir treffen auf das Kreuz des **Hl. Toribio,** Bischof von Astorga im 5. Jahrhundert. Der Ausblick von hieraus ist wirklich herrlich.

San Justo de la Vega. Beim **Kreuz** geht es bergab über die Landstraße und das Dorf San Justo wird bald erreicht.

Die Kirche ist, mit Ausnahme des Turmes, renoviert worden. Sie enthält eine Figur des Hl. Justo, ein Werk von Gregorio Español aus dem 16. Jahrhundert, und einen schönen Altaraufsatz aus dem 17. Jahrhundert.

Ideal HR*, 34 Betten. Telefon: 61 68 81.

Überquere die Brücke des Flußes Tuerto. 50 Meter weiter nach rechts, führt der "Weg" wieder bergab und parallel zur Landstraße, bis hinter der dreibögigen römischen Brücke. Kehre dann wieder auf die Landstraße zurück.

Astorga. Die Fläche von Astorgas ist ein Gebirgsausläufer, der von Westen nach Osten und von allen Seiten, nur nicht im Westen, eingeschnitten ist.

Der Weg führte zum Osttor der Stadtmauer hoch, das Puerta Sol (Sonnentor) genannt wurde. Heute ist nichts mehr davon zu sehen. Auf der linken Seite sind noch die Mauern des **Spitals Las Cinco Llagas** (Fünf Wunden) erhalten geblieben. Vor weinigen Jahren brannte es ab. Es stand an der Stelle von zwei früheren Spitäler: San Esteban und San Feliz. Auf der rechten Seite befindet sich das **Kloster San Francisco,** das heute von den Redemptoriten belegt ist.

Begeben wir uns weiter über die alte Straße Las Tiendas, die heute San Francisco heißt. Sie führt zum Plaza España, wo sich das Rathaus befindet. Dann kommt die Straße Pío Gullón, die ehemalige Rúa Nueva; danach die Straße Santiago Crespo; die Straße Santiago Apostol, die frühere Caleya Yerma, welche zum großen architektonische und künstlerischen Gebäude der Hauptstadt der Maragatería führt: der **Palacio Museo de los Caminos** (Palast-Museum der Wege), Ein Werk con Gaudí; dahinter liegt die **römische Mauer,** links, die **Pfarrkirche Santa María**; vor uns die **Kathedrale Santa María,** mit dem Bildnis des Pero Mato, dem Helden von Clavijo, das oben auf dem Ehrenplatz steht.

Am Fuße der Kathedrale, quer gegenüber der Hauptfassade, liegt das **Spital San Juan.** Nach einer Legende soll hier der Hl. Franziskus einer Krankheit genesen sein.

Über die Straßen Leoncio Núñez und San Pedro kommen wir zur Kirche **San Pedro de**

Spital von Orbigo. Brücke "Paso Honroso".

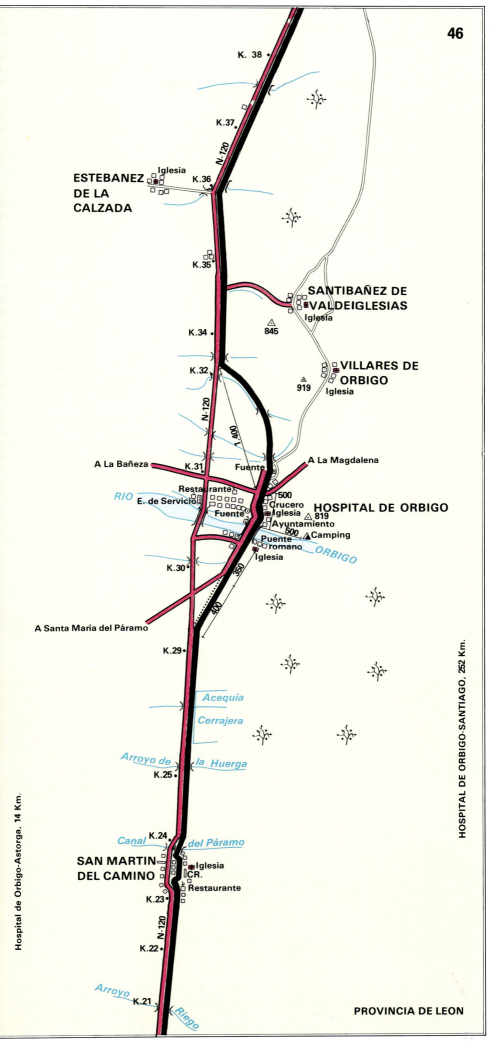

Afuera oder **Arrabal de Rectivía,** dies ist ein modernes Gebäude.

Überquere nun die Landstraße N-VI, und folge die Landstraße von Santa Colomba y Foncebadón.

ASTORGA. "Asturica", war die erste vorrömische Festung der Amacos, später wurde es zum punkt einiger Tätigkeiten von Augustus so bekam dieser Ort die Ehrenbezeichnung "Augusta"; und wurde zur Rechtsgemeinschaft und zum Verkehrsknotenpunkt von neun verschiedenen Straßen. Bischofsitz seit den Anfängen der Christianisierung. Die Stadtmauern sind römischen Ursprungs.

Hier treffen zwei Pilgerstraßen zusammen: der **Französische Weg** und die **Vía de la Plata.** Von hier gingen zwei weitere Routen aus: Foncebadón und Manzanal.

Gemäß den Schriften war Astorga, nach Burgos, die Stadt Spaniens, die die meisten Pilgerspitäler beherbergte: es waren 22.

Die Kathedrale. Seit seiner Besiedelung gab es in Astorga drei Kathedralen. Mit dem Bau der jetzigen wurde im Jahre 1471 begonnen. Sie ist eine Mischung mehrerer Stilrichtungen: geschnörkelte Gotik, Renaissance und Barock. Die wichtigsten Skulpturschätze sind: María die Herscherin, romanisch, aus dem 11. Jahrhundert; der Hochaltar, von Becerra; die Unbefleckte Empfängnis, von Gregorio Fernández; die Kanzel und das Chorgestühl.

In der Kathedrale muß das **Diozösanmuseum** besichtigt werden. Es stellt bemerkenswerte Sammlungen aus.

Der **Bischofspalast** ist ein Werk von Gaudí. Mit seinem Bau wurde im Jahre 1889 begonnen. In diesem Palast befindet sich das **Museum der Wege:** römische Inschriften, mittelalterliche Inschriften und Skulpturen des Pilgerwegs und vom Weg der Frachtfahrten von Maragatería.

Das **Rathaus** (Barock, aus dem 17). Jahrhundert, das **Monumento de los Sitios,** das **römische Sklavengefängnis, Las Emparedadas,** die Kirchen **San Bartolomé, Fátima, Santa Marta, San Esteban, San Francisco, Santa Clara** und **San Andrés** sind Bauwerke, die sehenswert sind.

Wenn Dich Pergamentschriften oder alte Schriften interessieren, so besuche das Diözesenarchiv hinter der Kathedrale.

Gaudí H***, 70 Betten. Las Cadenas H**, 16 Betten. Telefon: 61 60 18. Gallego HR**, 99 Betten. Telefon: 61 54 50. La Peseta HR**, 64 Betten. Telefon: 61 53 00. Norte H*, 18 Betten. Telefon: 61 66 66. Coruña HR*, 34 Betten. Telefon: 61 50 09. Delfín HR*, 28 Betten. Telefon: 61 62 10. La Concha P*, 12 Betten. Telefon: 61 61 59. García P*, 5 Betten. Telefon: 61 60 46.

Typische Gerichte: Eintopf aus der Maragatería, Forelle mit Knoblauch, Bohnen mit Kaldaunen, Meeraal mit Knoblauch, Schmalzgebäck aus Astorga.

Unterkunft: Die Holländischen Brüder der Kongregation Nuestra Señora de Lourdes bieten den Pilgern Unterkunft. Telefon: 61 59 76.

Nach den Engpässen der Berge von León hin. Wie schon darauf hingewiesen, führten aus Astorga zwei Pilgerrouten. Sie verliefen auf zwei römischen Straßen, die über der **Bergpaß Manzanal** nördlichbzw über **Foncebadón** und den **Berg Irago liegen.**

Die **Route von Foncebadón,** die bekannteste und früher auch einfachere Route, auf der am meisten gepilgert wurde, wird von unserem Führer, Aymeric Picaud, im 12. Jahrhundert benutzt und beschrieben. Wir wollen diese Route auch einschlagen.

Ein Hinweis: Die Route von Foncebadón ist ein enger, aber gut asphaltierter Weg. Autofahrer müssen wissen, daß

Bischofspalast von Astorga, ein Werk von Gaudí.

Astorga. Kathedrale.

sich auf dieser Strecke 50 Km lang keine Tankstellen befindent.

Valdeviejas. Wenn man Astorga über die Landstraße von Santa Colomba verläßt, sieht man auf der linken Seite ein Altersheim und ein Haus, in dem Exerzitien abgehalten werden. Beide werden von Franziskanerinnen geleitet.

Bald treffen wir auf die Kapelle Ecce Homo, dann kommt gleich auf der rechten Seite das Dorf **Valdeviejas.** Das Dorf besaß ein **Pilgerspital,** das Sancha Pérez hieß.

Die Pfarrkirche San Verísimo wurde eines gotischen Altaraufsatzes aus dem 14. Jahrhundert beraubt, der sich heute im Museo de los Caminos (Museum der Wege) in Astorga befindet.

In früheren Zeiten hieß der Ort "Villa Sancti Verissimi".

Mesón "La Peregrina".

Murias de Rechivaldo. Vielleicht ist das Bemerkenswerteste an diesem Dorf sein wohlklingender Name. Am Anfang des Dorfes zweigt der Weg links ab.

Mesón "El Rancho".

Der Weg läuft geradeaus weiter und bildet die Grundlinie eines Dreieckes. Die beiden Seitenlinien werden von der Landstraße gebildet. Die Spitze bildet das Dorf **Polvazares.**

Diese Strecke des "Weges" wird heute "Französischer Weg" gennant.

Castrillo de Polvazares. Dieser Ort wird nicht von der Route durchquert. Es ist eines der schönsten und typischsten Dörfer der Maragatería.

In diesem Dorf, das zum historisch-künstlerischen Ort erklärt wurde, spielt sich der Roman "Das Bild von Maragatería" ab.

Wenn die Landstraße zwischen dem 6. und 7. Kilometer erreicht worden ist, wird sie überquert und die Wanderung auf dem Asphalt-Weg bis Rabanal weiter fortgesetztz. Die Landschaft ist steppenartig.

Dieser Weg ist nicht gekennzeichnet. Die von mir in den Karten angegebenen Streckenabstände haben nur einen ungefähren anzeigenden Wert.

Santa Catalina de Somoza. Ab dem Kilometerstein 1 sieht man den Ort im Vordergrund liegen; im Westen können wir den Berg **Teleno** erkennen; vor uns steht der **Becerril,** und im Hintergrund das Dorf Foncebadón.

Santa Catalina de Somoza ist ein kleiner Ort, es gab hier ein Pilgerspital, das auch das **große Spital** genannt wurde. Der Weg führt

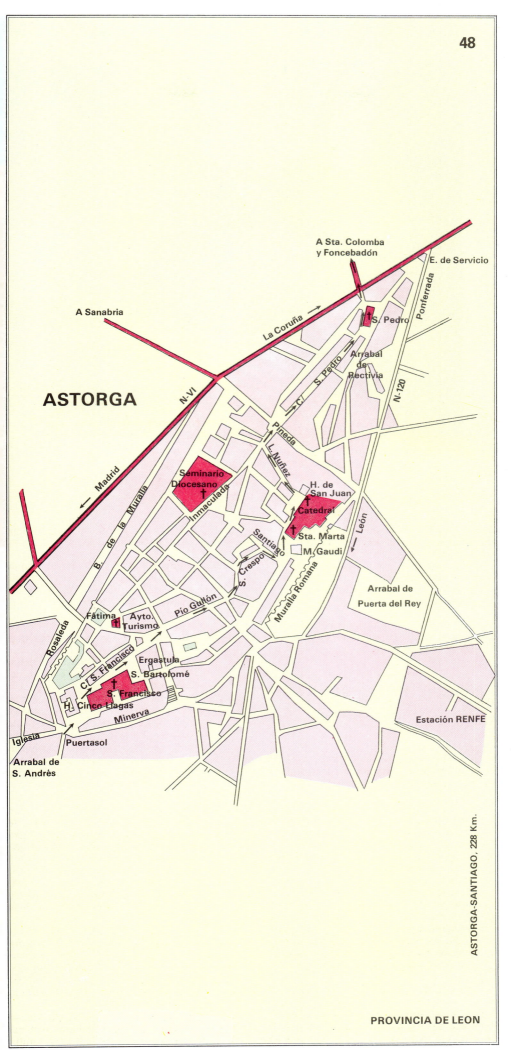

Castrillo de los Polvazares. Eines der typischen Dörfer der Maragatería.

durch das Dorf, über die bekannte **Königliche Straße** der jakobäischen Ortschaften, und hinter der Apsis der Pfarrkirche entlang.

Einmal wieder auf der Landstraße geht es bergauf, über unfruchtbare Felder hindurch weiter. Wir befinden uns im Herzen der **Maragatería.**

Links im Hintergrund, befindet sich ganz nah das Symbol dieser Gegend: der **Berg Teleno.** Für die Römer stellte er den Mars dar.

El Ganso ist ein nettes Dorf, das auf dem "Wege" wichtig ist. Der Weg führt, wie auch in Santa Catalina, über die **Königliche Straße** und überquert den Ort.

Schon im Jahre 1142 hatte El Ganso ein **Spital** und ein **Kloster.** Sie wurden dem Prämonstratenserorden übergeben.

Die Kirche wurde dem Hl. Jakob geweiht. Am Ende der Vorkirche gelangt man zur Kapelle "Cristo de los Peregrinos" (Christus der Pilger).

Bald kann man die Strohdächer einiger Häuser erkennen.

Am 10. Kilometer, 700 rechts von der **Brücke Pañote** entfernt stehen die fast vollständig erhaltenen Anlagen einer Goldmine aus der Römerzeit, heute **La Fucarona** genannt.

Hier verläuf die kaiserliche Straße, welche auf dieser Strecke nicht mit dem Pilgerweg zusammenfließt.

Der asphaltierte Weg auf dem wir wandern verschmilzt sich jetzt mit der Landstraße, die wir in Santa Calatina verlassen hatten. Nachdem sie einen Bogen um Santa Colomba de Somoza gezogen hat, erscheint sie hier wieder. Da wo sich die Landstraßen treffen, steht die **Kapelle Santo Cristo.**

Rabanal del Camino. Ende der 9. Etappe des "Codex Calixtinus". Von der der Kapelle Santo Cristan aus, führt der Weg durch die **Königliche Straße.** Sie ist gerade, lang, und gut gepflastert, und hat eine Wasserrinne.

Gleich am Anfang des Dorfes liegt auf der linken Seite ein Haus, das ein **Spital** war. Einige Schritte weiter, befindet sich auf der rechten Seite die Kapelle San José.

Wir gehen geradeaus und kommen zum "das Haus der Vier Ecken", wo sich Philipp II. einquartierte. In der Mitte des Dorfes stehen der **Brunnen** und die **Kirche,** die den Tempelherren gehörte. Diese wurde der Hl. Maria geweiht und weist romanische Spuren aus dem 12. Jahrhundert auf. Die Tempelherren von Ponferrada hatten ihre Residenz direkt neben der Kirche festgelegt.

Auf einem großen Platz auf der Landstraße befindet sich die **alte Schule,** die Dorfbehörden wollen sie als Pilgerunterkunft einrichten lassen. Dann kommt noch ein Brunnen und ein Gasthausr "Camino de Santiago", das von Chonina geleitet wird und den Pilgern in dieser einsamen Gegend gute Dienste leistet.

Nach der **Chronik von Anseis,** dieser bretonische Ritter des Heeres Karls des Großen, heiratet in Rabanal die verliebte Tochter des Sarazenensultans. Von hier aus blickten Karl der Große und Anseis auf die Städte Astorga, Mansilla und Sahagún.

Unterkunft: Ein verlassenes Schulgebäude dient den Pilgern als Unterkunft.

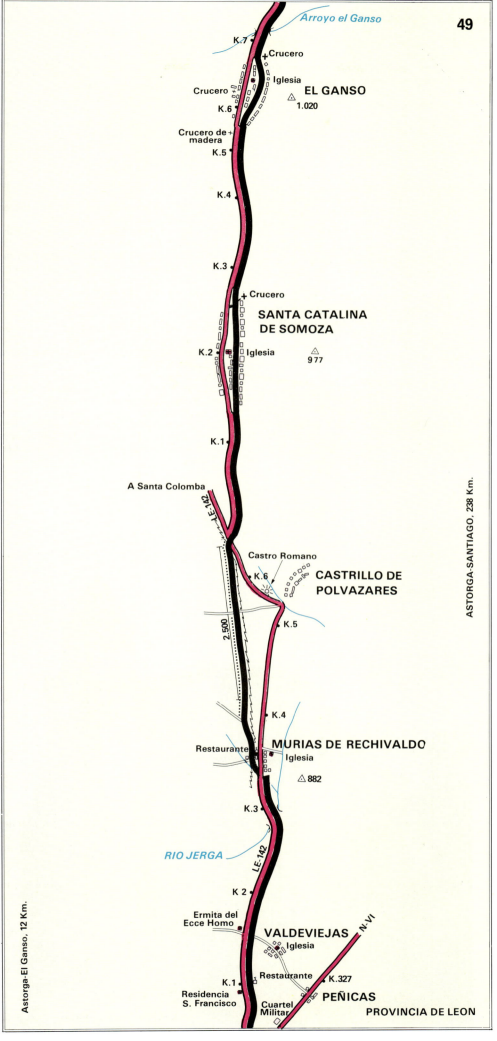

"Codex Calixtinus"
10. Etappe: Rabanal-Villafranca, 50 km

Beim Ausgang von Rabanal werden Landstraße und Weg 50 Meter vom Kilometerstein 23 an von einer heute ausgetrockneten Wasserspur gekreuzt. Sie diente der Goldgrube von Fucarona.

Jetzt kommen Landstraße und Weg wieder zusammen. An dem Kilometerstein 26 bis 27 stieg der Weg rechts hoch. Später kommt er wieder zum Vorschein und führt parallel zur Landstraße bis Foncebadón.

Die Landstraße berührt Foncebadón, zweigt jedoch rechts ab, und führt nicht durch das Dorf, sondern zieht einen Bogen und führt zum Berg hinauf. Dort steht ein kleines Haus und ein Turm mit einer Antenne.

Ab Foncebadón gibt es einen neuen asphaltierten Weg, auf dem es keine Verkehrszeichen stehen. Die Kilometerangaben der Karte sind provisorisch.

Bei der Wegegabelung, am 28. Kilometer muß aufgepaßt werden. Schlage den rechten Weg nicht ein, und bleibe auf der linken Seite. Umrande den Weg, bald wird das Dorf Foncebadón erkennbar.

FONCEBADON. Der Weg verläuft auf der Königlichen Straße von Foncebadón, durch das Dorfzentrum hindurch, bis er wieder zur Landstraße führt. Im Dorf wird eine Strecke von 1 600 Metern zurückgelegt.

Weiter auf unserer Strecke führt unser Weg rechts an einer Schule und einem Teich vorbei, auf der rechten erblicken wir einen Turm. Man nimmt an, daß sich hier die Ruinen des Spitals und des Klosters aus dem 12. Jahrhundert befinden.

Foncebadón ist heute ein verlassenes Dorf. Die einzigen Bewohner dieser Einsamkeit sind die Witwe María und ihr Sohn Angel, beide Schäfer.

Das Dorf liegt auf dem Ostabhang des **Berges Irago.** Es wird häufig in mittelalterlichen Schriften genannt, und es ist eines der berühmten Orte auf der Route.

Im 10. Jahrhundert wurde in dieser Ortschaft ein Konzil abgehalten.

Im 11. Jahrhundert wurden vom Einsiedler Guacelmo eine Herberge, ein Spital und eine Kirche für Pilger gegründet. Diese Institutionen wurden von den Königen Spaniens (angefangen bei Alfons VI. bis zum Unabhängigkeitskrieg) mit Vorrechten begünstigt.

Dann zieht der Weg einen großen Bogen nach links, überquert einen Bach und führt zur Landstraße hoch. Das **Kreuz von Ferro** wird jetzt sichtbar.

Das Kreuz von Ferro. Nach Verschmelzung des Weges mit der Landstraße führt er zum berühmten **Kreuz von Ferro.**

Dies ist ein Steinhügel. Hoch oben wurde ein Holzpfahl, der von einem Eisenkreuz gekrönt wird, eingeschlagen.

Rabanal del Camino, romanische Apsis der Pfarrkirche.

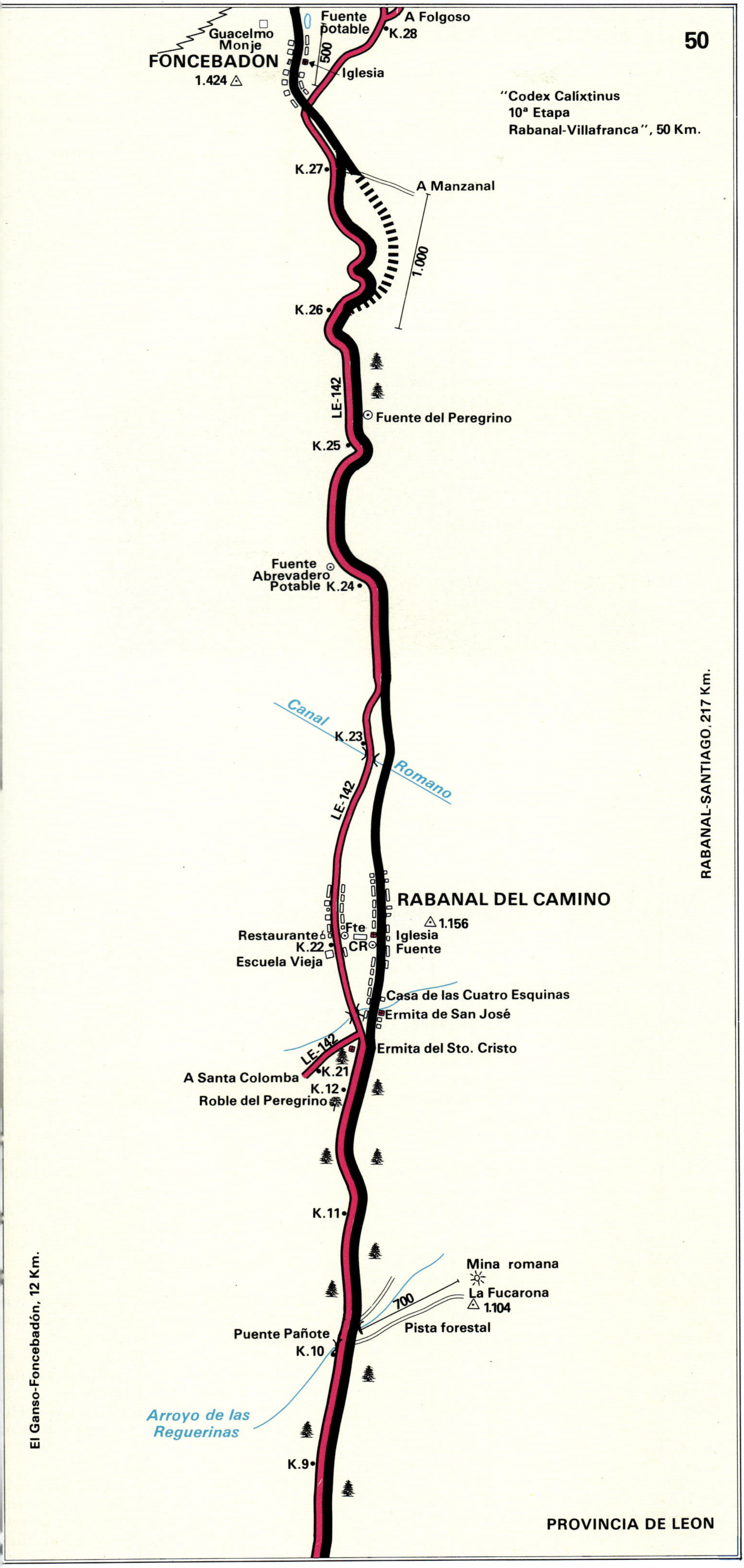

50

**"Codex Calíxtinus
10ª Etapa
Rabanal-Villafranca", 50 Km.**

Guacelmo Monje
FONCEBADON
1.424
Fuente potable
A Folgoso
K.28
Iglesia
500

K.27
A Manzanal
1.000

K.26

LE-142
Fuente del Peregrino
K.25

Fuente Abrevadero Potable K.24

Canal Romano
K.23
LE-142

RABANAL DEL CAMINO
1.156
Restaurante
K.22
Fte
CR
Iglesia
Fuente
Escuela Vieja
Casa de las Cuatro Esquinas
Ermita de San José
LE-142
Ermita del Sto. Cristo
A Santa Colomba
K.21
K.12
Roble del Peregrino

K.11

Mina romana
La Fucarona
1.104
700
Puente Pañote
Pista forestal
K.10

Arroyo de las Reguerinas

K.9

PROVINCIA DE LEON

El Ganso-Foncebadón, 12 Km.

RABANAL-SANTIAGO, 217 Km.

123

Das Kreuz von Ferro in Foncebadón.

Ursprünglich war der Steinhügel eine Trennmauer zwischen der Maragatería und dem Bierzo. Diese Grenzsteine wurden von den Römern **Merkurberge** genannt.

Nach heidnischer Tradition mußten die Reisenden einen Stein auf den Hügel werfen. Diesem Brauch folgen die Pilger heute noch.

Dieses einfache und bescheidene, 1 490 Meter hohe Denkmal, das mit einem 5 Meter hohen Eichenpfahl und einem einfachen Eisenkreuz errichtet wurde, ist vielleicht eines der bekanntesten Denkmäler Europas.

Die Kapelle wurde im Jahre 1982 gebaut.

Auf dieser Höhe ist die Landschaft trostlos und einsam, jedoch majestätisch und herrlich anzusehen.

Der "Weg" führt auf der Landstraße weiter. Jetzt beginnt der Abstieg des **Berges Irago**. Zu deinen Füßen liegt die Niederung des Bierzo mit seiner bergigen Umgebung. Ganz in der Ferne kann man die Berge von Cebreiro erkennen, bald werden sie erstiegen.

Manjarín ist ein verlassenes und zerfallenes Dorf; früher hatte es ein **Pilgerspital.**

Die zerfallene Kirche und die zerstörten Häuser lassen uns über die Unbeständigkeit der Dinge nachdenken.

Es ist noch ein Brunnen erhalten geblieben, der zur Erfrischung der Pilger noch raussprudelt. Er befindet sich links, hinter dem letzten Haus.

Der Weg verlief früher hinter dem Dorf auf der linken Seite der jetzigen Landstraße. Hinter dem Kilometerstein 34 vereinte er sich mit ihr.

Militärstützpuntkt. Vom Kilometerstein 34 aus gibt es einen Zugang zum Militärstützpunkt, wo sich ein Hubschrauberlandeplatz und einige Anschlußantennen befinden.

Da die Antennen sehr wuchtig, und tagsüber gut zu sehen sind, und auch nachts beleuchtet sind, dienen sie der Pilgern als Bezugspunkt zur Orientierung.

Auch der Verkehr der Militärfahrzeuge vermittelt in dieser einsamer Gegend ein Gefühl von Sicherheit und Schutz.

Dank diesem Stützpunkt wird der Weg hier auch immer schneefrei gehalten. Viele Reisenden sind von den Soldaten geholfen worden.

Compludo. Es geht jetzt durch das trostlose Ödland bergab. Der Blick auf den Bierzo macht es schöner.

Auf der Höhe des Kilometersteins 38 steht eine Abgrund auf der linken Seite. Dort liegt der Ort Compludo.

Hier wurde das erste Kloster vom Hl. Fructuoso, Vater des Mönchstums von Theben, gegründet.

Die Schmiede. Noch immer wird hier in diesem Abgrund in der mittelalterlichen Ferrería (Schmiede) gearbeitet. Das Eisen wird geschlagen und alles wird vom Wasser bewegt: der Säulen-

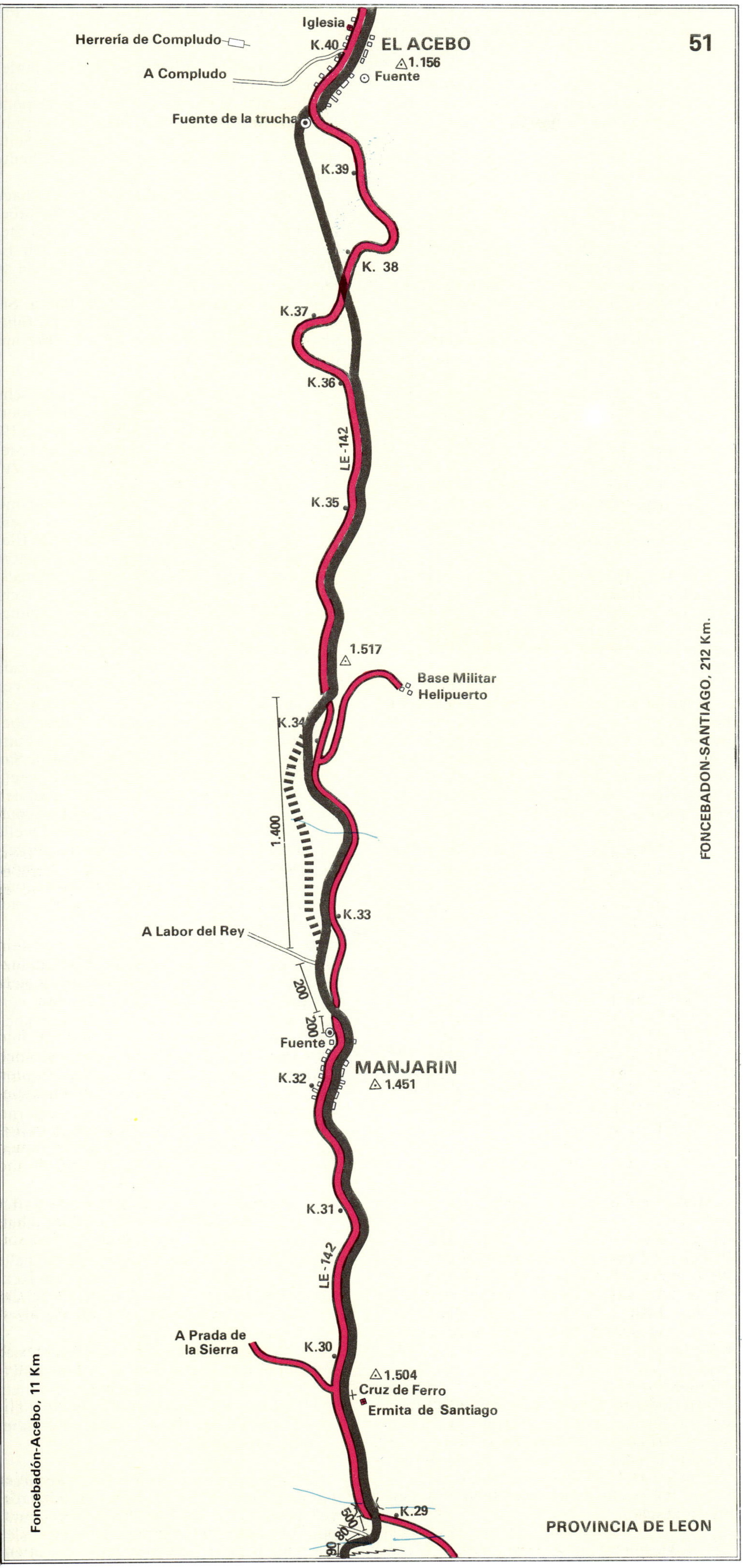

51

Iglesia
Herrería de Compludo
A Compludo
EL ACEBO
K.40
△ 1.156
○ Fuente

Fuente de la trucha ○
K.39
K. 38
K.37
K.36

LE-142

K.35

△ 1.517

Base Militar
Helipuerto

K.34

1.400

A Labor del Rey
K.33

200
200
Fuente ○
MANJARIN
K.32
△ 1.451

K.31

LE-142

A Prada de la Sierra
K.30

△ 1.504
† Cruz de Ferro
Ermita de Santiago

K.29

PROVINCIA DE LEON

Foncebadón-Acebo, 11 Km

FONCEBADON-SANTIAGO, 212 Km.

125

hammer, der Ofenbalg, sogar die Kühlung der Schmiedeeisen werden von der Wasserströmung zum Funktionieren gebracht.

Von Acebo aus können wir hinuntersteigen. Mit dem Auto kann man einen Umweg über Ponferrada machen.

El Acebo. Der Weg führt am Forellenbrunnen entlang und dann durch das Dorf.

Dieses alt aussehende Dorf hat besondere Merkmale. Häuser mit Außentreppen am zweiten Stockwerk, große Sonnenterrassen und weite Gehwege auf der Straße, schieferbedeckte Dächer, die den Landhäusern ein neues Aussehen verleihen.

Auch hier gab es ein **Pilgerspital.** Die Kirche beherbergt eine wertvolle romanische Figur des Hl. Jakob, dem Pilger.

Am Dorfausgang, links vor dem Friedhof, führt ein schlechter Reitweg zu den Brücken des Mal Paso. Eine 5 Kilometer lange Strecke durch die unwegsame Gegend des Flußes Meruelo. Die römische Bauten der Médulas de Espinoso de Compludo sind recht interessant. Von Molinaseca aus gibt es auch einen Zugang.

Der Weg führt weiter über ein sauberes Gelände mit Bäumen und Sträuchern bergab. Hinter dem Kilometerstein 42 zweigt sich der Weg links an einer Kurve, neben einem Wasserdepot ab, in Richtung Riego de Ambrós.

Riego de Ambrós. Der Weg mündet in den hoch gelegenen Teil des Dorfes, der auf einem steilen Abhang liegt. Geh geradeaus weiter. Nach 50 Metern hinter dem Brunnen zweigen wir rechts ab. Es geht jetzt talabwärts. Beim Kilometerstein 11 kommen wir von neuem auf die Landstraße.

In **Riego de Ambrós** gab es ein **Spital,** Wenigstens ab 12. Jahrhundert. Die Pfarrkirche La Asunción ist nicht bedeutend. Am Rande des Weges liegt die Kapelle des Heiligen Fabián und Sebastián.

Jetzt hat sich die Landschaft verändert. Es gibt viele Kastanienwälder, diese Bäume sind so faltig und voller Narben, daß sie wie Gespenster aussehen.

Hinter dem Kilometerstein 11 führt der Weg rechts am Berg entlang. Plötzlich geht es abwärts, über eine lange Strecke mit felsigen Boden, der von der Zeit und den Spuren der Pilger abgenutzt ist.

MOLINASECA. Wieder auf der Landstraße erkennt man auf der rechten Seite die halbzerfallene Kapelle Las Angustias (Betrübnis). Überquere den Fluß Meruelo über die romanische Brücke, die auf die Königliche Straße führt. Etwas weiter im Ort steht an einer Ecke der Calle Torre ein Haus.

Es wird gesagt, daß hier Doña Urraca wohnte. Weiter unten, auf der rechten Seite liegt die Villa der Familie Balboa mit ihren Türmen.

Am Ende der Königlichen Straße befindet sich das Pilgerspital. Der Dorfplatz wird von einem Steinkreuz gekrönt, er steht auf einer kleinen Kapelle, in der sich die Figur des "Santo Cristo" (Hl. Christus) befindet. Diese Kreuz habe ich immer mit Blumen geschmückt gesehen.

Mesón "Real".

Unterkunft: Das Rathaus bietet den Pilgern Unterkunft.

Nach Molinaseca befand sich einst hinter dem Kilometerstein 6 die Kapelle Santa Marina. 300 Meter weiter kam die Kapelle San Lázaro. Von beiden ist heute nichts mehr zu sehen. Etwas weiter, auf der linken Seite steht die Kapelle San Roque; hier wird heute kein Gottesdienst mehr abgehalten.

Von dieser Kapelle aus führt der Weg nach rechts, bleibt jedoch nah an der Landstraße bis zum Kilometerstein 3,500. An dieser Stelle gab es eine Gabelung von zwei Routen. Es wurde versucht, die Flüße Boeza und Sil so leicht wie möglich zu überqueren:

a) **Die Route über Paso de la Barca.** Sie folgt auf der jetzigen Landstraße und führt über den Fluß Boeza über eine Brücke aus dem 19. Jahrhundert.

Die vorhergehende, romanische Brücke stürzte im 18. Jahrhundert zusammen und wurde erst wieder im 19. aufgebaut. Eine Laienbrüderschaft stellte damals den Pilgern ein Boot zu Verfügung.

Dor entstand das Dorf **Pomboeza,** mit der Kapelle Nuestra Señora (Unsere Frau), eine weitere wurde San Blas genannt, mit einer Herberge, einem Spital, und später kam noch ein Augustinerkloster hinzu. Das Dorf verschwand. Jedoch die Brücke wird immer noch San Blas und Paso de la Barca (der Übergang des Bootes) genannt.

Vor der Gründung von Ponferrada bis zum 11. Jahrhundert verlief der Weg auf der rechten Seite über den Berg, in Richtung **Santo Tomás de Ollas,** über den Fluß Sil. Es führte eine Böschung hinunter, und dann and der **Kapelle San Miguelín** entlang, —, so heißt heute diese Stelle —, später führte er über den Fluß in der Nähe des **Brunnes La Sepultura,** dann kam die berühmte Quelle **Fuente del Azufre** (Schwefelquelle) neben der Talsperre gleichen Namens und dem Elektrizitätswerk von Compostilla. Heute ist es fast unmöglich, auf dieser Route zu pilgern.

b) **Die Route von Campo.** Am Kilometerstein 3,500 wird nach links abgebogen Überquere den Bach Valdegarcía und verfolge den alten Weg, er wird immer noch **Galicierweg** genannt.

Campo. Der Weg führte auf der rechten Seite des Dorfes durch eine Böschung hinunter. Heute verläuft die Route durch das Dorf Auf der rechten Seite, 300 Meter entfernt steht der mittelalterliche Brunnen, der einer unterirdischen Kapelle gleicht. Es war damals die einzige Quelle des Dorfes.

Campo ist ein schönes, zauberhaftes Dorf, das an einem Bergabhang liegt. Es hat typische Straßen.

Der Dorfplatz ist von der Kapelle Santo Cristo, der Schule und dem Rektorhaus (heute ein Gasthaus) umgeben. Alle diese Gebäude sind aus Quadersteinen gebaut.

Neben dem Gasthaus befindet sich der Brunnen des Dorfes. Schon außerhalb des Ortes, steht mitten auf einem Feld die Pfarrkirche aus dem 17. Jahrhundert. Der Weg dorthin führt über die Landstraße nach Villar.

Geh nun weiter auf der Straße **La Francesa** hinunter. Am Ende führt sie zur Landstraße welche von der Brücke des Boeza herkommt. Der Weg läuft rechts weiter. Er nähert sich dem neuen Dorf und dem Fluß, bis er die

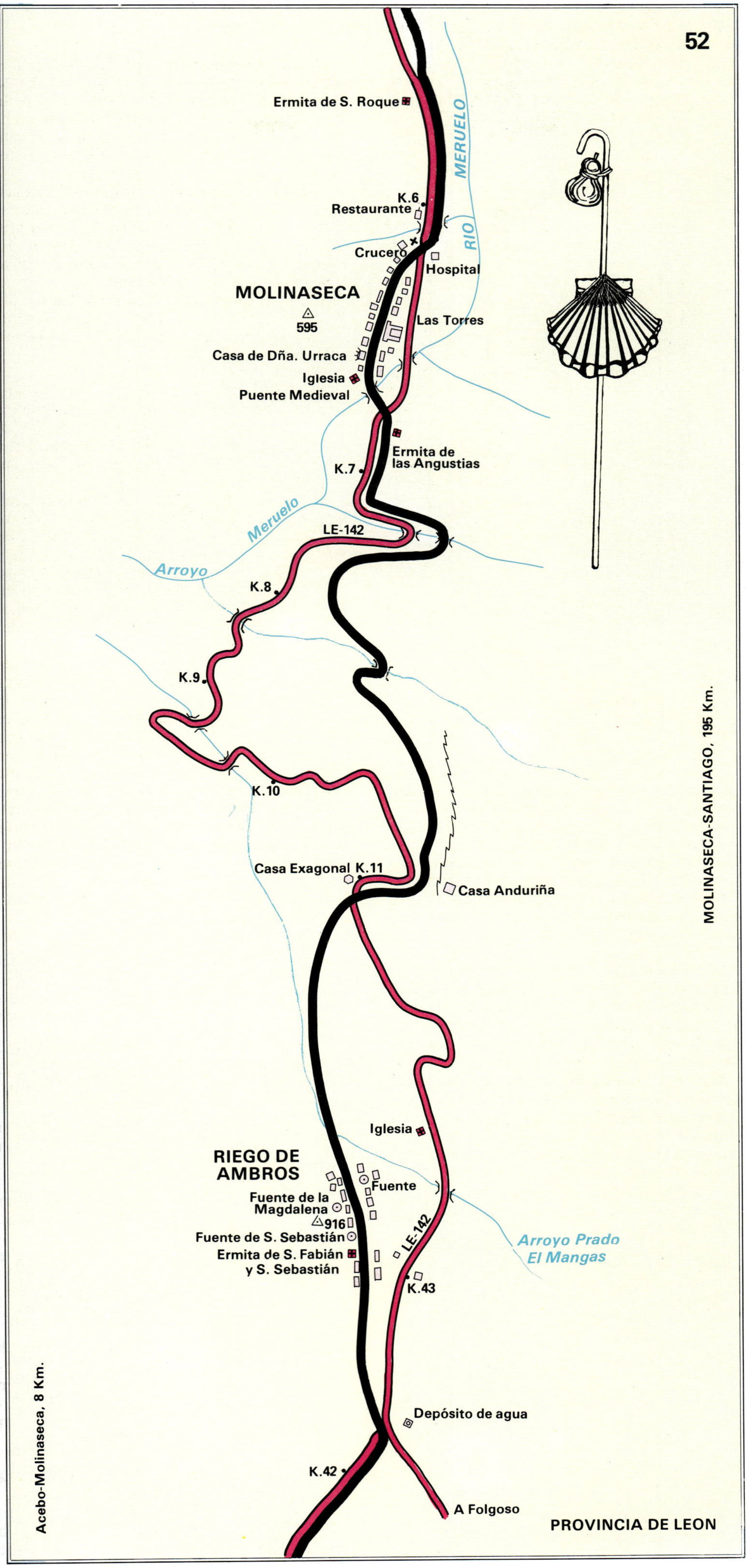

52

MOLINASECA

- Ermita de S. Roque
- K.6 Restaurante
- Crucero
- Hospital
- Las Torres
- 595
- Casa de Dña. Urraca
- Iglesia
- Puente Medieval
- Ermita de las Angustias
- K.7
- LE-142
- K.8
- K.9
- K.10
- Casa Exagonal K.11
- Casa Anduriña

RIEGO DE AMBROS
- Iglesia
- Fuente
- Fuente de la Magdalena
- 916
- Fuente de S. Sebastián
- Ermita de S. Fabián y S. Sebastián
- LE-142
- K.43
- Arroyo Prado El Mangas
- Depósito de agua
- K.42
- A Folgoso

RIO MERUELO

Meruelo

Arroyo

Acebo-Molinaseca, 8 Km.

MOLINASECA-SANTIAGO, 195 Km.

PROVINCIA DE LEON

Ponferrada. Mozarabische Kirche Santo Tomás de las Ollas.

Landstraße von Villar erreicht. Zwischen den Häusern, und mit dem Boeza auf der rechten Seite kommen wir auf die Landstraße von San Esteban de Valdueza, die auch von Sanabria genannt wird; sowie auch zu einer mittelalterlichen Brücke, namens Mascarón.

Die Brücke Mascarón führt zum Stadtviertel **La Borreca** von Ponferrada, und zur Landstraße von Sanabria.

PONFERRADA. Am Stadteingang ist es sehr schwierig, den Weg zu folgen, denn die Stadt hat sich industriell sehr entwiccelt, und wird deshalb ständig größer. Ich helfe dir so gut ich eben kann, und der Hl. Jakob wird Dir auch beistehen.

Vor dem Bau der Burg und der Kapelle war das ganze Gelände ein Eichenwald. Es mußte von den Pilgern überquert werden, wenn sie die andere Seite des Hügels erreichen wollten. Dann wanderten sie zum Fluß **Sil** hinab und überquerten ihn über die Brücke **Ferrado;** diese wurde Ende des 12. Jahrhundert von Osmundo, Bischof von Astorga, gebaut.

Im Jahre 1498 wurde von den **Katholischen Königen** das **Königinspital** gegründet. Dort wurde den Pilgern auch der Weg gewiesen.

Hinter der Brücke Mascarón, die über den Fluß Boeza führt, begeben wir uns nach links über die Straße Bajada de San Andrés hinauf, dann kommt Buenavista, das Postamt, rechts die Straße **Hospital,** welche uns über einen Platz zur **Castillo del Temple** führt.

Auf der rechten Seite kommt dann die Kirche San Andrés. Geh um sie herum, hinter ihr gehen wir auf der Straße Comendador bis zur Kirche La Encina.

Die Kirche La Encina. An dieser Stelle kommen beide Wege zusammen. Sie zweigen sich von Neuem bei der Überquerung des Flußes Boeza ab.

Nachdem sie die Schutzpatronin des Bierzo begrüßt hatten, wanderten die Pilger auf der Straße Rañadero (jetzt Mateo Garza) bis zur Brücke Ferrado, die über den Fluß Sil führt, weiter.

Andere Pilger gingen geradeaus über die Straße Reloj weiter, ginger den Bogen Reloj und zum Rathaus. Von hieraus gingen sie nach links auf der Straße La Calzada hinunter. Dann kommt die heutige Landstraße von Madrid mit der Brücke Ferrado.

Überquere den Fluß Sil über die **Brücke Ferrado.** Links befindet sich das **Fremdenverkehrsbüro,** und rechts das **Telefonamt.** Auf diesem Gelände befand sich die ehemalige Kirche San Pedro, die sowie die Brücke, die vom Bischof Osmundo Ende des 11. Jahrhundert gebaut wurden.

Eine Straßenecke weiter, auf der rechten Seite flußaufwärts, trifft man dann auf die breite Allee **Huertas del Sacramento,** die eingeschlagen werden muß.

Aufgrund eines Wunders, das im 16. Jahrhundert geschah, wird diese Stelle "Flußufer vom Sakrament" genannt, hier wurde auch eine Kapelle zu Ehren des Heiligen Sakraments errichtet.

Die Pilger trafen sich in dieser Gegend in dier Kapelle Nuestra Señora del Refugio (Unsere Frau von der Zuflucht) und Apóstol Santiago (Apostel Jakob) in Valdesantiago.

Etwas weiter hinter dem Fluß liegen der Brunnen La Sepultura (Grab) und die Schwefelquelle.

Auf der linken Seite des Flußes Sil befand sich auf dieser Höhe die Kapelle San Miguelín, und auf der rechten die Kapelle San Martín. Dort entlang ver-

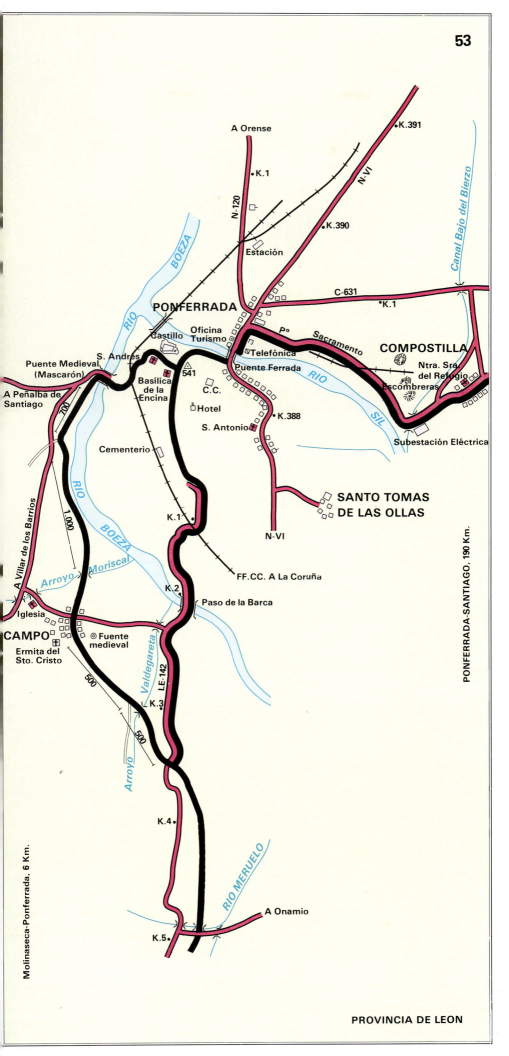

Ponferrada. Burg der Tempelherren, 13. Jahrhundert.

lief der Weg, den Santo Tomás de Ollas benutzte.

Wie man sehen kann, hat sich heute alles in diesem aufstrebenden und industriellen Ponferrada verändert.

Wie behauptet wird, ist **Ponferrada** prähistorischen und römischen Ursprungs, wenn auch die Siedlungen, falls diese existierten, verlassen wurden.

Die Burg des Templerordens. Fernando II. von León besiedelte die Stadt und schenkte sie im Jahre 1185 dem Templerorden; dieser Orden wurde jedoch im Jahre 1312 aus Spanien vertrieben. Noch heute beeindruckt diese gewaltige Militärfestung, die sich aus verschiedenen Zeitepochen und architektonischen Stilrichtungen zusammensetzt. Im Jahre 1924 wurde sie unter Baudenkmalschutz gestellt.

Die Basilika Nuestra Señora de la Encina (Unsere Frau von der Eiche). Gleich nachdem sich die Tempelherren hier niedergelassen hatten, erschien die Hl. Jungfrau im nahen Eichenwald. Die Hl. Jungfrau der Eiche wurde in der ganzen Gegend verehrt. Im Jahre 1958 wurde sie zur **Schutzpatronin des Bierzo** ernannt. Ihre Kirche bekam dann den Rang einer Basilika. Der Bau der jetzigen Kirche wurde im 16. Jahrhundert begonnen.

San Andrés ist eine Barockkirche aus dem 17. Jahrhundert, sie beherbergt einen Barockaltaraufsatz und eine Figur des Christus von dem Berg aus dem 14. Jahrhundert.

Das Kloster der Franziskanerinnen vom Dritten Orden wurde im Jahre 1542 errichtet.

Das Rathaus wurde am Ende des 17. Jahrhundert gebaut.

Der Uhrturm stammt aus dem 16. Jahrhundert.

Ausflüge: Santo Tomás de Ollas liegt in einem Stadtviertel von Ponferrada, ist mozarabisch und stammt aus dem 10. Jahrhundert. **Santa María de Bizbayo** befindet sich auf der anderen Seite des Flußes Boeza, ist romanisch und stammt aus dem 11. Jahrhundert. **Santiago de Peñalba**, mozarabisch, stammt aus dem 10. Jahrhundert und steht unter Baudenkmalschutz. **San Pedro de Montes** ist romanisch, wurde im 12. Jahrhundert gebaut, liegt in der Nähe von Peñalba und ähnelt San Fructuoso, San Valerio und San Genadio.

El Temple HR***, 197 Betten. Telefon: 41 09 31. Conde Silva HR**, 100 Betten. Telefon: 41 04 07. Madrid H**, 87 Betten. Telefon: 41 15 50. Lisboa H**, 25 Betten. Telefon: 41 13 50. La Madrileña H*, 32 Betten. Telefon: 41 28 57. Fonteboa HR*, 22 Betten. Telefon: 41 10 91. Hostal Cornatel. Telefon: 41 09 12. María Encina P*, 9 Betten. Telefon: 41 12 37.

Typische Gerichte: Botillo vom Bierzo, Cachelada vom Bierzo, Chanfaina (Lungenragout), Aufschnitte und Rauchfleisch, Paprikaschoten vom Bierzo, Weine vom Bierzo.

Unterkunft: Die Pfarrei der Basilika Nuestra Señora de la Encina bietet den Pilgern Unterkunft. Telefon: 41 19 78 und 41 00 59.

Compostilla. Die Allee **Las Huertas del Sacramento** führt zu dem ersten Schutthaufen des Elektrizitätswerkes von Compostilla. Laß sie auf der linken Seiten liegen, dann kommt eine Wegegabelung. Die Landstraße auf der rechten Seite läuft weiter zur **Schwe-**

Ponferrada. Rathaus, 17. Jahrhundert.

felquelle; die Landstraße auf der linken Seite, auf der wir uns befinden, führt durch die Schutthaufen und das Elektrizitätswerk hindurch. Gehe geradeaus weiter bis zur neuen Kirche von Compostilla. Umgehe sie an der Ost– und Südseite.

Die jetzige Kirche von Compostilla ist modern und steht an der Stelle der ehemaligen **Kapelle Nuestra Señora del Refugio** (Unsere Frau con der Zuflucht), die schon in Schriften des 12. Jahrhundert erwähnt wird. Die romanische Hl. Jungfrau-Figur wird im Landsmuseum von Orense aufbewahrt.

Ab Compostilla führt der Weg bis zur Kirche von Columbrianos. Es sind Überreste von der Römischen Straße erhalten geblieben.

In diesem Gebiet hat sich alles verändert. Überall sind Gebäude zu sehen. Die Landstraße N-VI und die Eisenbahn von Villablino sind hier auch eingedrungen.

Columbrianos. Ab hier der Kirche von Compostilla führt der Weg hinab zur Landstraße von Villablino. Auf der Höhe Teso können wir die Kirche von Columbrianos erkennen. Überquere die Landstraße von Villablino und wandere auf der Querstraße geradeaus weiter in nordöstlicher Richtung, dann kommen wir zur Landstraße von Vega de Espinareda, überquere sie, die Straße Las Eras führt zum Königlichen Weg —, er wird immer noch so genannt —, in Richtung Fuentes Nuevas.

Auf der rechten Seite liegt ganz in der nähe die Stelle, wo sich das Pilgerspital früher befand.

Columbrianos entstand vor der Römerzeit. Zwei bekannte Festungen sind noch zu sehen: die Festung Columbrianos und die Festung Montejos.

Die Kirche hat drei Schiffe und eine Kuppel, und einen Altaraufsatz aus der Barockzeit.

Fuentes Nuevas. Bevor wir in Fuentes Nuevas ankommen, vereinigen sich die Calle Real (Königliche Straße) und der Weg del Couso. Am Anfang, der linken Seite, liegt die Kapelle Campo del Divino (Feld des Göttlichen Heilands). In der Mitte des Dorfes befindet sich auf der rechten Seite die Pfarrkirche, und am Dorfausgang liegt der Friedhof. Einen Kilometer weiter, in Camponaraya, kommen wir auf die Landstraße N-VI.

Camponaraya. Vor dem Haus Nummer 328 verschmilzt der Königliche Weg

Der Turm der Basilika La Encina. Nachts beleuchtet.

Der sogenannte Uhrturm, einziger Überrest der Stadtmauer von Ponferrada.

mit der Landstraße zusammen. Bis zum Ende des Dorfes wird auf der Landstraße, die nach La Coruña führt weitergepilgert.

In **Camponaraya** gab es früher zwei Pilgerspitäler: La Soledad und San Juan de Jaberos.

In der Nähe des Kilometersteins 397 biegt der Weg links von der Weingenossenschaft ab. Er verläuft nun zwischen den Hügeln Raimunda und Arrevaca. Zwischen den Kilometersteinen 399 und 400, an der Stelle, die Fontousal genannt wird, steht wieder die Landstraße.

Überquere die Landstraße, auf der anderen Seite wird uns ein breiter Gehweg begegnen. In Kürze gelangen wir zum Zugangsweg eines Wasserkanals, den wir sogleich überqueren, und steigen die Anhöhe San Bartolo zum Gehöft Cimadevilla hinab.

Cacabelos. Die nach Cacabelos hineinführende Straße verläuft an herrlichen Weinbergen entlang. Auf der rechten Seite des Ortseingangs befindet sich der Platz San Lázaro mit seinem Brunnen. Hier lag die ehemalige Lázaro Kapelle. Dann kommt die Kapelle San Roque, dem Hiligen Pilger. Danach kommt die Pfarrkirche Santa María und die Straße gleichen Namens, welche in die Nähe der Brücke des Flußes Cúa führt. Rechts hinter der Brücke steht die Kapelle La Quinta Angustia (die fünfte Qual).

Cacabelos gehörte bis vor kurzem zum Bistum Compostela. Der Ort wurde in der Geschichte Compostelas und in den Pilgerzeitungen erwähnt. In der Nähe befinden sich die Ausgrabungstellen Castrum Bergidum und Edrada.

Die **Kirche Santa María** aus dem 16. Jahrhundert, mit Überresten aus dem 12. Jahrhundert. Eine Christus-Figur aus dem 16. Jahrhundert und eine kleine Figur der Jungfrau María aus Stein aus dem 13. Jahrhundert.

Die Kapelle des fünften Schmerzes ist neoklassich und wurde im 18. Jahrhundert gebaut. Im 13. Jahrhundert wurde sie schon in Schriften erwähnt. Daneben liegt ein Pilgerspital, und wie es aussieht, gab es hier früher noch vier weitere.

Das **Archäologiemuseum** beherbergt interessante Stücke, die in dieser Gegend gefunden wurden.

Ausflüge: Nach Norden, **Vega de Espinareda.** Dort gibt es das Benediktinerkloster San Andrés. Nach Süden,

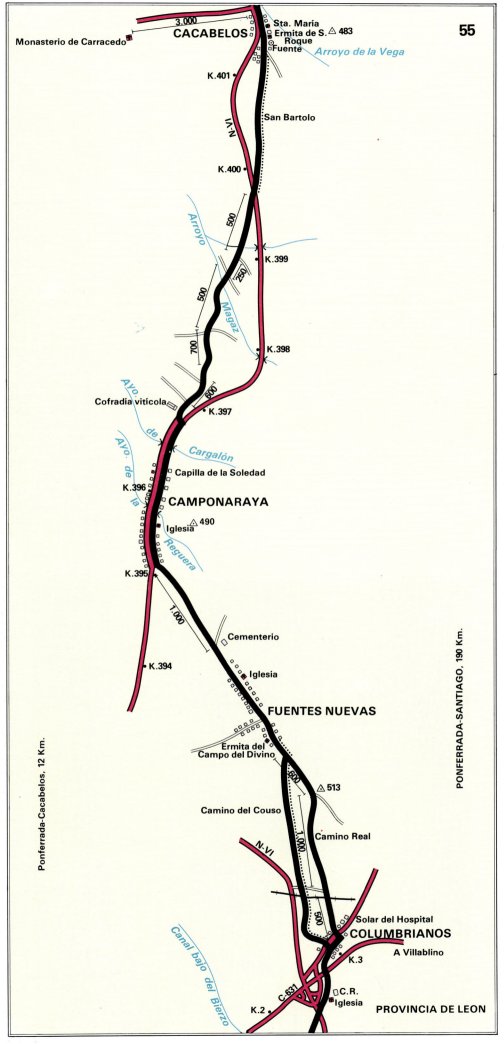

das Zisterzienserkloster von **Carracedo**, mit interessanten romanischen Resten, einen Kilometer weiter befindet sich die romanische Kirche von **Carracedelo**.

Miralrío F, 8 Betten. Venecia F, 8 Betten.

Unterkunft: Die Pfarrei bietet im offenen Vorhof der Kapelle Las Angustias Unterkunft. Telefon: 54 61 10.

Pieros. Von Cacabelos aus führt die Römische Straße hoch zur Kirche von Pieros, über ein Tal, das heute von einem Bach eingenommen worden ist, dann lief sie weiter nach **Valtuille de Arriba,** wo sie einen Bogen Richtung Villafranca zog. Die am meisten von den Pilgern benutzte Route führte an der Kirche San Martín entlang. Auf der Fassade dieser Kirche gibt es eine Innschrift aus dem Jahre 1086.

Der Weg wurde wieder bei der Landstraße normalisiert.

Castrum Bergidum befindet sich links neben der Landstraße, war Stadt des Volkes der Asturier, wurde von den römischen Legionen besiegt. Im 13. Jahrhundert wird sie in Schriften genannt, als Alfons IX. von León den Ort wiederbesiedelte. Du stehst hier vor der Wiege des Bierzo.

Hinter der Brücke, die über den Bach Valtuille führt, steht ein Wirtshaus, **Venta del Jubileo** genannt (Freudenwirtshaus). Von ihrer Ostseite ging der alte Weg hinter einem Hügel, der heute fast verschwunden ist, aus.

Wandere bis Prados de Valdonege über die Lantstraße. Am Kilometerstein 406,700 triffst Du wiederum den alten Weg. Früher gab es hier eine Straße, die auf dem Bergrücken entlangführte. Der alte Weg ging von der ersten Wegegabelung auf der linken Seite aus. Heute ist nichts mehr von dem Weg zu sehen. Es geht nun etwas mehr bergauf. Wir kommen auf den Weg der Hl. Jungfrau, der von Valtuille de Arriba nach Villafranca führt. Wende Dich nach links und pilgere auf diesem Wege.

Villafranca del Bierzo. Ende der 10. Etappe des "Codex Calixtinus". Wir wandern auf dem Wege der Hl. Jungfrau etwas mehr als zwei Kilometer und erreichen die Kirche **Santiago de Villafranca**.

Es geht weiter bergab über die alte Landstraße N-VI. Die Nordfassade der Burg liegt auf der linken Seite. Hinter einer großen Kurve geht es links zu einer Gasse hinab, die zur berühmten Straße **Del Agua** (Wasserstraße) führt. Diese Straße ist herrschaftlich, sehr gepflegt, sie ist auf beiden Seiten mit Palästen verziert, die ihre alten Wapen auf den Fassaden zur Schau stellen.

Biege am Ende der Straße kurz vor der Stiftskirche links ein, jedoch schlage nicht die Straße Santa Catalina ein. Du kommst jetzt an die Brücke des Flußes Burbia, sie ist sehr eng.

Luftansicht von Cacabelos.

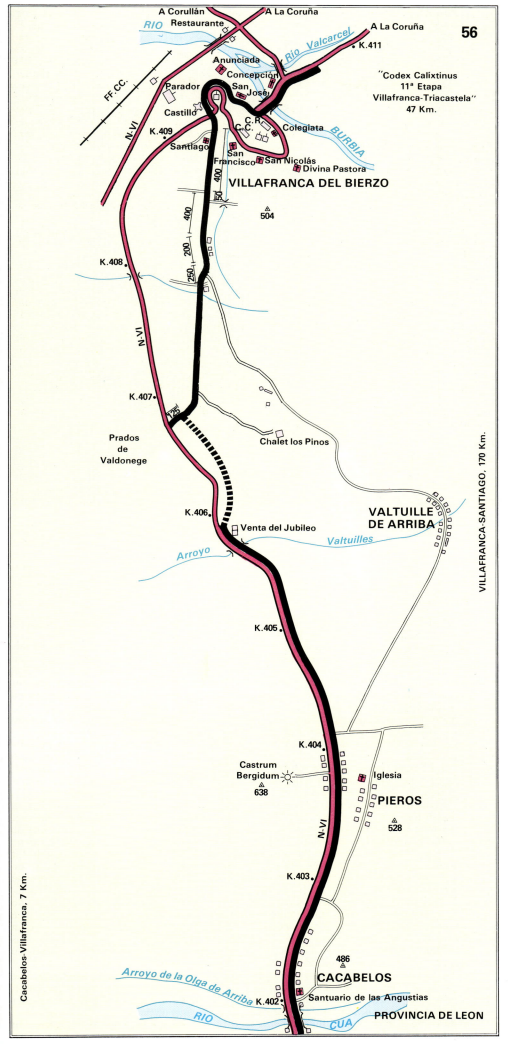

Villafranca del Bierzo. Kirche Santiago, "Die Tür der Vergebung", 12. Jahrhundert.

VILLAFRANCA ist aufgrund der Pilgerwanderung entstanden. Im 11. Jahrhundert wurde hier eine Burg von den Franken gegründet, "Villa Franca". Später kamen die Kluniazensermönche, die die Kirche **Nuestra Señora de Cluniaco** errichteten.

Zuerts gehörte der Ort Königen, dann ging die Herrschaft auf die Osorios über. Im Jahre 1486 wurde die **Markgrafschaft von Villafranca** gegründet.

Im Unabhängigkeitskrieg war die Stadt Überfällen und Besetzungen ausgesetzt. Nach der Bildung der **Provinz Bierzo** im Jahre 1822 wurde Villafranca zur Hauptstadt erklärt, das blieb sie bis zum Jahre 1833.

Die Jakobskirche stammt aus dem 12. Jahrhundert, ist romanisch und steht am Rand des Weges. Sie besitzt eine herrliche Nordtür und verzierte Kapitälen.

Die Pilger, welche diese Kirche erreichten, und nicht im Stande waren, weiter zu pilgern, empfingen hier alle Ablässe von Compostela.

San Francisco liegt auf einer kleinen Anhöhe, rechts gegenüber der Jakobskirche. Es wird gesagt, daß sie vom Hl. Franziskus selbst gegründet wurde. Das romanische Portal stammt aus dem 13. Jahrhundert. Im Kirchenschiff findet man interessante Mudejararbeiten, der gotische Hauptteil stammt aus dem 14. Jahrhundert.

Die **Stiftskirche Santa María** aus dem 16. Jahrhundert, wurde nach einem Entwurf von Gil de Hontañón gebaut. Sie wurde jedoch nur zur Hälfte fertiggestellt. Es gibt einen wertvollen Altaraufsatz der Hl. Dreifaltigkeit aus dem 16. Jahrhundert zu sehen.

La Anunciada wurde als Franziskanerinnenkloster im Jahre 1606 gegründet. Italienisiertes Portal. Altaraufsatz aus dem 17. Jahrhundert aus der Schule Becerra. Das Sakramentshäuschen wurde von Rom hergeschickt. Hier befindet sich das Grab des Hl. Lorenzo de Brindisi. Pantheon der Markgräfen.

San Nicolás Ist ein Jesuitenkloster aus dem 17. Jahrhundert. Es wurde im Barockstil gebaut und ist eine Nachahmung des römischen Gesú. Churriguera-Altaraufsatz und Barock-Kreuzgang. Figur vom "Christus der Hoffnung", dem Schutzpatron der Stadt. Das Gebäude wird von den Lazaristen geleitet.

St.-Jakobs-Spital ist heute die Schule Divina Pastora. Man glaubt, daß es hier fünf weitere Spitäler gegeben hat.

Burg-Palast der Markgrafen. Mit seinem Bau wurde im Jahre 1490

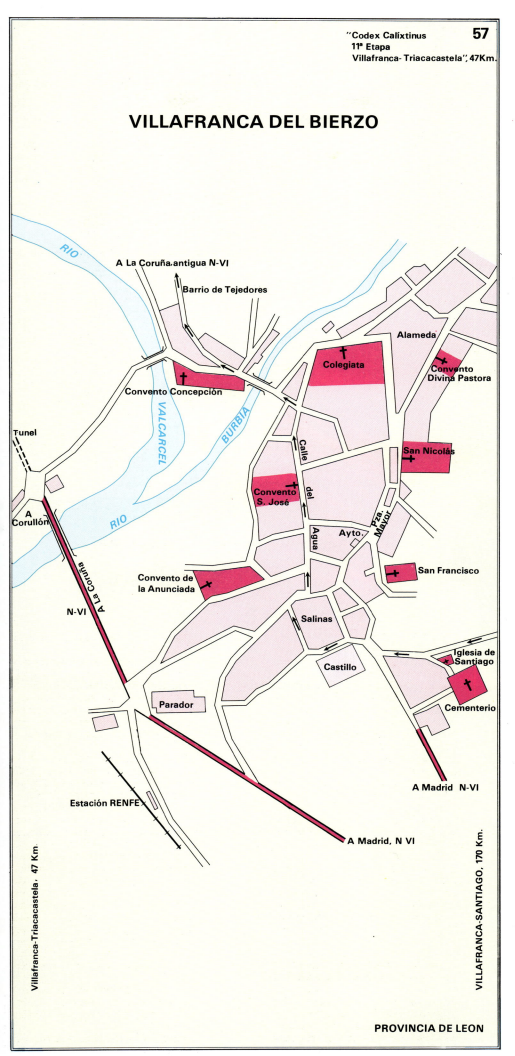

begonnen, seine Türme wurden beim Bürgerkrieg zerstört.

Auf der Straße **Del Agua** stehen die Paläste Torquemada, Alvarez de Toledo und die Omañas-Kapelle.

In dieser Straße wurden der Universalgelehrte Fray Martín Sarmiento und der romantische Dichter und Romanschreiber Gil y Carrasco geboren.

Ausflüge: In südlicher Richtung stent die romanische Kirche **San Fiz de Visonia,** hier enstand im 6. Jahrhundert das dritte Kloster des Hl. Fructuoso. Später gehörte es dem Johanniterorden.

Corullón. Dieser Ort liegt ebenfalls im Süden, hier stehen die romanischen Kirchen San Miguel und San Esteban. Es gibt eine Burg aus dem 14. Jahrhunder. Sie gehörte den Familien Valcarce und Osorio, sowie auch dem Markgrafen von Villafranca. Aussichtsplatz mit Blick über den Bierzo.

Parador Nacional H***, 70 Betten. Telefon; 54 01 75. Comercio H*, 27 Betten. Telefon: 54 00 08. El Cruce H*, 37 Betten. Telefon: 54 01 85. La Charola HR*, 9 Betten. Ponterrey HR*, 16 Betten. Telefon: 54 00 85. El Carmen F, 25 Betten. Telefon: 54 00 30.

Typische Gerichte: Fleischbrühe vom Bierzo, Pastete vom Bierzo, gefüllte Paprikaschoten, Gemüse mit Schinken, Forellen aus dem Burbia, in Zucker eingemachte Früchte. **Weine** von Villafranca.

Unterkunft: Die Pfarrei bietet den Pilgern Unterkunft. Telefon: 54 00 80.

Pilgerbruder, gute Reise, und daß dir der Hl. Jakob zur Hilfe stehe!

Villafranca del Bierzo. Kirche San Nicolás, 17. Jahrhundert.

*Villafranca,
Calle del Agua
(Wasserstraße).*

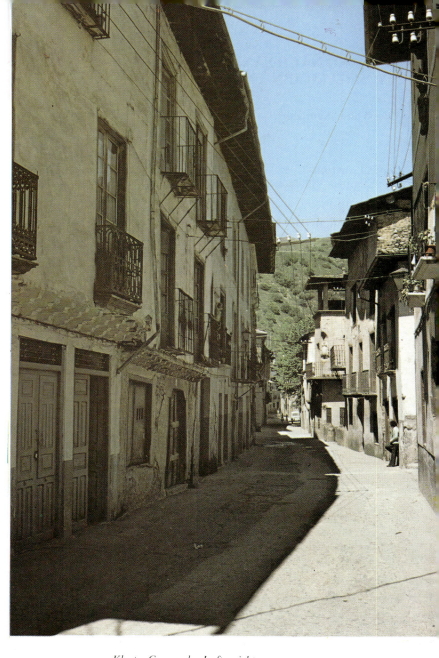

Kloster Carracedo. Luftansicht.

DER WEG NACH SANTIAGO NACH GALICIEN

Elías Valiña Sampedro

Codex Calixtinus"
11. Etappe: Villafranca-Triacastela, 47 km

Jetzt beginnt eine harte Etappe. Wir steigen die Berge von Cebreiro empor. Am Fluß Valcarce und Bächen entlang ist die Landschaft angenehm und malerisch.

Bis zum Jahre 1953 gehörten diese Dörfer der Provinz León zur Diözese Astorga. Dieses Gebiet ist Galicien wollkommen gleich. Die wirkliche Grenze von León ist in Villafranca.

Hinter Santa María de Cluny überqueren wir den Fluß Burbia. Sein wasser ist klar. Er entspringt in der galicisch-leonesischen Bergkette Los Ancares. 150 Meter weiter fließt ein anderer Fluß, der Valcarce, der in den Bergen Cebreiro entspringt. Bis hoch auf die Berge werden wir seinem Lauf folgen.

Fluß und Tal heißen Valcarce, was eingekerkertes, oder enges Tal bedeutet, "vallis carceris".
Bald kommen wir auf die Landstraße N-VI (Madrid-La Coruña), die als Tunnel durch den Hügel führt; dessen Nordabhang schon umgangen worden ist.

Wenn es uns auch nicht gefällt, so müssen wir doch diese Landstraße einschlagen. Sie verläuft auf dem ursprünglichen jakobäische Weg.

Ich kann Dir leider keinen anderen Weg weisen, sonst würde sich die Kilometeranzahl verdoppeln, sowie auch die Schwierigkeiten, denn das Gelände ist sehr gebirgig.

Das ist die Route der prähistorischen Völker, die Römische Straße, die Straße der Einfälle fremder Völker, usw.

Der neue Lauf der Landstraße N-VI weicht beträchtlich von der jakobäischen Route ab.

Pereje. Hinter dem Kilometerstein 414 geht nach rechts zum Dorf Pereje.

Im Dorfkern gibt es noch viele Wohnhäuser, die ihr mittelalterliches Aussehen bewahrt haben.
Von dem Gebiet des Valcarce wird dieses Dorf in mittelalterlichen Schriften am häufigsten genannt.

Cebreiro. Prähistorische "Palloza".

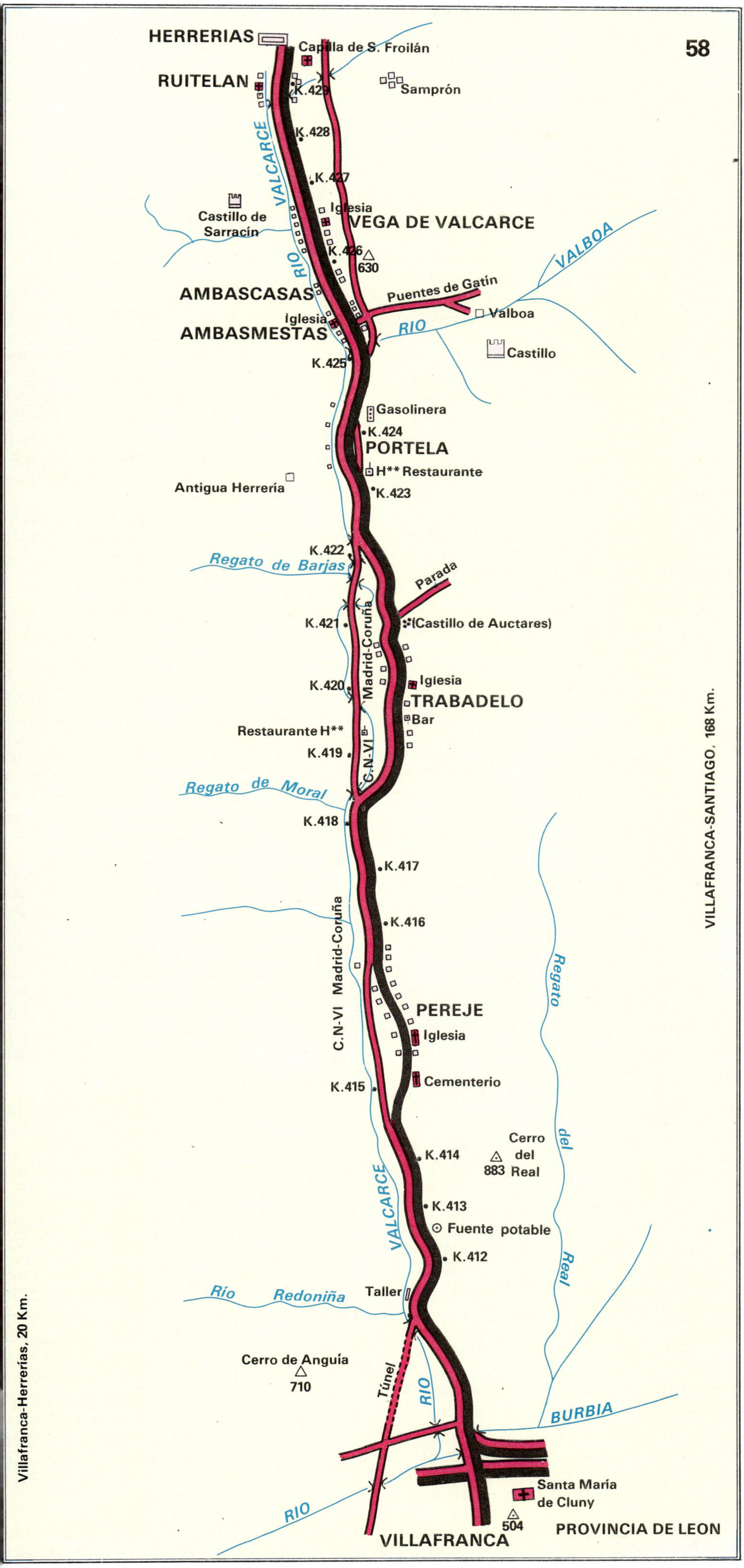
58
HERRERIAS
Capilla de S. Froilán
RUITELAN
K.429
Samprón
K.428
K.427
RIO VALCARCE
Castillo de Sarracín
Iglesia
VEGA DE VALCARCE
K.426
630
AMBASCASAS
Puentes de Gatín
VALBOA
Iglesia
AMBASMESTAS
RIO
Valboa
Castillo
K.425
Gasolinera
K.424
PORTELA
H** Restaurante
Antigua Herrería
K.423
K.422
Regato de Barjas
Parada
K.421
Madrid-Coruña
(Castillo de Auctares)
K.420
Iglesia
TRABADELO
Bar
Restaurante H**
C.N-VI
K.419
Regato de Moral
K.418
K.417
K.416
C.N-VI Madrid-Coruña
Regato del Real
PEREJE
Iglesia
Cementerio
K.415
Cerro del Real
883
K.414
K.413
VALCARCE
Fuente potable
K.412
Río Redoniña
Taller
Cerro de Anguía
710
Túnel
RIO
BURBIA
Santa María de Cluny
504
RIO
VILLAFRANCA
PROVINCIA DE LEON
VILLAFRANCA-SANTIAGO, 168 Km.
Villafranca-Herrerías, 20 Km.

Vom Jahre 1118 bis zum 19. Jahrhundert gehörte es zu Cebreiro, dieses Dorf war Geschenk der Königin Doña Urraca.

Das Spital von Cebreiro schuf in Pereje ein neues Haus und Spital für die Pilger. Dises gab Anlaß zu einem Streit zwischen den Häusern von Cluny, Villafranca und Aurillac vom Cebreiro. An diesem Zwist waren Doña Urraca, Alfons IX., Urban III., der Bischof von Astorga, der Erzbischof von Compostela, der Bischof von Lugo, der Abt von Samos, u.v.a. beteiligt. Der Streit wurde zu Gunsten des Cebreiro gelöst.

Dieses Haus und Spital waren den Pilgern sehr von Nutzen; besonderes in der Winterzeit, wenn sie wegen des Schnees den Cebreiro nicht besteigen konnten.

Trabadelo. Von Pereje aus muß zwei Kilometer weiter auf der Landstraße gepilgert werden. Schon hinter dem Kilometerstein 418 zweigen wir rechts ab und wandern zum Dorf Trabadelo. Kurz vor dem Dorf stand rechts am Wegesrand die Kapelle San Lázaro.

Trabadelo war Besitz der Kirche von Compostela, als Geschenk Alfons III. (Vom Jahre 895 bis zum 19. Jahrhundert).

Im Jahre 1703 gehörte der Ort zum Gericht von Sarracín, wurde dem Markgrafen von Villafranca übergeben, und später dem Erzbischof von Compostela verliehen. Zuletzt gehörte er zur Diözese von Lugo. Gegenwärtig gehört Trabadelo, wie das ganze Valcarcegebiet, der Diözese von Astorga.

Nova Ruta H**, 17 Betten. Telefon: 54 04 81.

Castillo de Auctares. Auctares ist eine der bekanntesten alten Festungen. Es ist das "Utraris" der römischen Route von Antonino. Am Ortsausgang von Trabadelo kann man Höhlen in einem Hügel sehen. Sind dies vielleicht Reste der Festung Auctares?

Die Festung Auctares war Zufluchtsort der Reisenden und Pilger, wenn sie von Straßenräubern angefallen wurden.

Alfons VI ließ den Wegezoll, den diese Festung einnahm, aufheben. Er meinte, dieser Zoll würde die Pilger betrügen, und beseitigte ihn, denn wie er sagte, die Pilger hätten keinen anderen Beschützer als den König.

Portela. Von Trabadelo bis Portela aus müssen zwei Kilometer auf der Landstraße zurückgelegt werden.

Portela ist ein kleines ländliches Dorf. Auf der neuen Landstraße wurden ein Gasthof und eine Tankstelle eingerichtet.

Hostal Valcarce H**, 55 Betten. Telefon: 54 04 98.

Ambasmestas. Gleich hinter Portela und bevor wir Ambasmestas erreichen, verlassen wir endgültig die neue Landstraße N-VI.

Vor dem Dorf überqueren wir den Fluß Valboa, der in den Fluß Valcarce mündet. Daher kommt der Name Ambasmestas (Aguas Mestas = Wasser Vermischt).

Vega de Valcarce. Dieses Dorf ist im Schatten der Burgen Sarracín und Veiga entstanden. Heute ist es das größte Dorf des Gebietes von Valcarce.

Am 20. März 1520 aß der Kaiser Karl V. zu Abend und übernachtete in diesem Ort.

Die Burg Sarracín. Am Ausgang von Vega de Valcarce liegen links auf dem Berg die Ruinen des Burg Sarracín, aus dem 14.-15. Jahrhundert. Ihr Ursprung geht auf das 9.-10. Jahrhundert zurück. Zuletzt gehörte sie den Markgrafen von Villafranca.

Vor Sarracín lag auf dem rechten Berg die Festung Castro de Veiga. Es sind keine Überreste davon erhalten geblieben.

Ruitelán ist ein bescheidener Ort, der sich zu beiden Seiten des Weges erstreckt.

Über den Häusern erhebt sich auf der rechten Seite die Kapelle San Froilán. Eine Volkslegende erzählt, daß sich der Heilige von Lugo in dieser einsamen Gegend als Einsiedler zurückzog. Später mußte Froilán seine Einsiedelei verlassen, und den Bischofsitz von León einnehmen.

Herrerías. Ganz in der Nähe von Ruitelán befindet sich der Ort Herrerías. Auf der Höhe der ersten Häuser verlassen wir die Landstraße, steigen ab zum Tal und überqueren den Fluß Valcarce. Auf der linken Seite auf einem Hügel liegt die Pfarrkirche. Wir wandern auf einer besonders malerischen Landstraße. Auf der linken Seite liegen Häuser, und auf der rechten Seite sehen wir grüne Wiesen und den Fluß.

Laffi, der Pilger aus Bologna, war erstaunt über die Größe der Hämmer, mit welchen hier in den Schmieden das Eisen geschmiedet wurde.

Hospital Inglés. Die letzten Häuser von Herrerías werden Spital genannt.

In einer Verordnung von Alexander III. aus dem Jahre 1178 wird diese Ortschaft mit dem Namen **Spital der Engländer** erwähnt. In der gleichen Schrift heißt es, daß es im Ort eine Kirche gab, in welcher gewohnheitsgemäß die Pilger begraben wurden. Das wird durch die menschlichen Überreste, die vor kurzer Zeit von den Dorfeinwohnern entdeckt wurden, bestätigt.

Camino de la Faba. Der Weg führt wieder bergab zum Fluß, die moderne Brücke

Cebreiro. Kirche, 10. Jahrhundert, und Herberge.

wurde im Jahre 1981 gebaut. Jetzt verläuft der Weg bergauf parallel zum Fluß, von dem er sich immer weiter entfernt.

Der Weg ist gut und auch für Fahrzeuge geeignet. Bald überqueren wir den Bach, der von Pedrafita herabfließt. Rechts hinter diesem Bach stand rechts der Ausgangspunkt des Weges der Pilger, die nach Lugo wanderten.

> Künig pilgert auch dem Weg nach Lugo. Es schreibt: "Jedoch wenn Du an die Andere (Brücke) kommst, paß gut auf, gehe nicht nach Allefaber (La Faba) hoch. Laß diesen Ort links liegen und geh rechts über die Brücke."

Auf dem Wege sieht man den Fluß Valcarce immer tiefer liegen. Eine vom Berg, den wir umwanderst, gebildete Kurve gibt den Blick nach Westen frei. Hoch oben können wir schon das Dorf La Faba zwischen Bäumen liegen sehen. 50 Meter hinter der Kurve geht es wieder bergab über einen Pfad, der sich den Wiesen und dem Bach nähert, den wir dann später überqueren. Zwischen schattenspendenden Kastanienbäumen beginnt der Aufstieg nach La Faba.

La Faba ist ein in den jakobäischen Führern sehr oft genannter Ort; es ist die letzte Pfarrei der Diözese Astorga und der Provinz León. Der Weg verläuf weiterhin bergauf und mitten durch das Dorf. Die Landschaft wird immer prächtiger. Die Bäume werden immer spärlicher. Ganz hinten in der Ferne, wo der Berg sich mit dem Himmel vereint, kann man schon den Umriß des legendären Cebreiro erkennen.

Laguna de Castilla. Auf der Strecke von La Faba bis Laguna de Castilla hat die ursprüngliche jakobäische Route keine Änderung erfahren. Laguna ist ein kleines Dorf, in dem reiche Bergbauern leben. Von hier aus führt ein neuer Weg bis nach Cebreiro, dieser führt parallel zum alten Weg; dann halbversteckt von Gestrüpp zieht er nach links wieder.

Gleich ist das Ziel erreicht, der "mons Februari", "mons Zeberrium", mit seiner Höhe von 1 300 Metern bezwungen, "la cime la plus abrupte du chemin français".

Eine neue Welt liegt vor uns, Galicien! Und dort hinten, in der Ferne, im Norden, das Dantabrische Meer.

Unser Führer, **Aymeric Picaud,** gab uns im 12. Jahrhundert eine Darstellulng der Besonderheiten, die er auf seiner Wanderung durch Galicien feststellte:

"… hinter dem Berge Cebreiro liegt die Haimat der Galicier. Es gibt viele Wälder, Flüße und Wiesen, reiche Obstgärten, sehr gutes Obst und glasklare Quellen. Es gibt jedoch sehr wenig Städte, Dörfer und Saatfelder. Weizenbrot und Wein und Honig und riesige und kleine Meeresfische sind reichlich vorhanden. Das Land ist reich an Gold und Silber, Geweben und Fellen wilder Tiere und anderen Reichtümern, vor allem an Sarazenenschätzen. Die Galicier gleichen unserem gallischen Volk, jedoch sind se jähzornig und streitsüchtig".

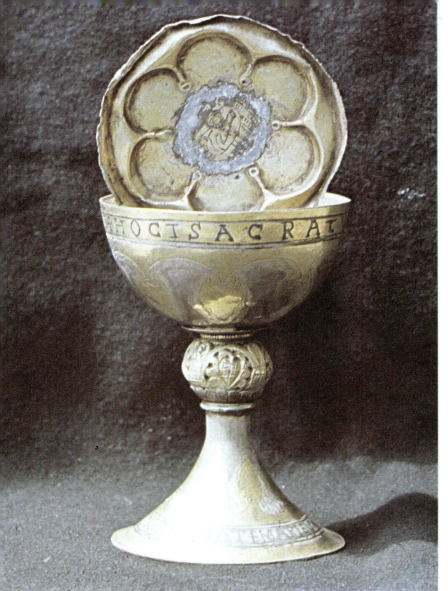

*Der Cebreiro.
Der wundersame Kelch.*

GALICIEN
DER WEG NACH SANTIAGO DURCH DIE PROVINZ LUGO

Elías Valiña Sampedro

CEBREIRO. Dieser Berg ist wegen seinen ausgeprägten prähistorischen und mittelalterlichen Charakterzügen eines der interessantesten Orte auf dem jakobäischen Weg, und ist zugleich das Zugangstor nach Galicien. Er ist der höchste Punkt der galicisch-leonesischen Berge, die die Trennungslinie zwischen dem Wasser des atlantischen Ozeans und des Kantabrischen Meeres bilden. Das kleine, hier liegende Dorf mit dem gleichen Namen, besteht aus nur neun Häusern, und wurde unter Künstlerisch-historischen Denkmalschutz gestellt.

El Cebreiro entstand bei Pilgerwanderungen und ist ein Ort für die Pilger. Es ist eine der ersten Zufluchtsstätten, die für alle, die zum Grab des Apostels pilgerten, entstanden. Später, als es schon den Rang eines **Spitals** bekam, wurde es im Jahre 1072 von Alfons VI. den Mönchen der Abtei San Geraud d'Aurillac übergeben, so wurde das Spital an Cluny angeschlossen, um den ausländischen Pilgern besser beistehen zu können, insbesondere den Franzosen. Bis zum Jahre 1854 wurde dieses Spital von Benediktinermönchen geleitet, dann verließen sie es.

Alle Pilger erwähnen ihren Aufenthalt in Cebreiro, und immer sind sie dankbar für die hier empfangene Gastfreundlichkeit.

Das Abendmahlwunder von Cebreiro hat dieses kleine Hochgebirgsdorf in ganz Europa berühmt gemacht. Es geschah Anfang des 16. Jahrhundert:

"Ein Bauer des kleinen Dorfes Barxamaior stieg zum Cebreiro empor, um Messe zu hören. Es gab gerade ein großes Unwetter. Ein nicht sehr frommer Mönch hielt die Messe, und er mißachtete das Opfer des Bauern. Jedoch bei der Wandlung wurde die Hostie sichtbar zu Fleisch und der Wein wurde zu Blut."

Die Nachricht von diesem Wunder wurde von den Pilgern verbreitet. Selbst Wagner wird dadurch zu einem Thema für seinen Parsifal inspiriert. Der Kelch des Wunders, ein wertvolles romanisches Stück aus dem 12. Jahrhundert, wird hier aufbewahrt. Die Katholischen Könige, welche im Jahre 1486 nach Santiago pilgerten, sahen das Wunder und schenkten Cebreiro einen Reliquienschrein, der mit dem Kelch in einer Schatztruhe ausgestellt wird, um von den Gläubigen betrachtet zu werden.

Die vorromanische **Kirche,** aus dem 9.-10. Jahrhundert, ist architektonisch sehr interessant.

Die romanische Figur aus dem 12. Jahrhundert, **Santa María la Real,** ist die Schutzpatronin dieser Gegend.

Am Namensfest des Schutzpatronin, am 8. und 9. September, kommen hier im Cebreiro ungefähr 30 000 Wallfahrer aus der Umgebund zusammen.

Die Reste des alten **Spitals** und das Wohnhaus der Mönche wurden im Jahre 1965 zu einem typischen und gemütlichen Gasthaus umgebaut.

Die prähistorischen "Pallozas" (Strohhäuser) der Bauern dienen als **Volkskundemuseum** dieser Gegend.

Zwei dieser "Pallozas" wurden als Pilgerherberge eingerichtet.

San Giraldo de Aurillac H**, 12 Betten.

Typische Gerichte: Galicische Brühe, Eintopf, Hausmacherwurst, Käse "do Creiro". Telefon: (982) 36 90 25.

Unterkunft: Bei den genannten "Pallozas". Telefon 36 90 25

Die Landstraße, die nach Süden verläuft, führt zu den Gruben von Rubiales, die vier Kilometer entfernt liegen. Es handelt sich hierbei um eines der besten Zink– und Bleilager Europas. Diese Grube ist mit der modernsten Technik des Bergbaues ausgerüstet.

Liñares. Vom Cebreiro nach Liñares verläuft die Landstraße völlig auf der jakobäischen Route weiter.

Links auf der Höhe der letzten Häuser vom Cebreiro steigst Du den Berg hinauf. Der Weg ist gut. Er führt nach Liñares durch Pinienhaine.

Auf halben Wege sieht man auf der rechten Seite den Ort Lagúa de Tablas liegen. Hier befindet sich die Wiege der berühmten Ritter von Santiago.

Liñares ist das "Linar de Rege" von Aymeric. Diese Ortschaft wird schon in einer Schrift des Jahres 714 genannt.

Die Kirchen von Liñares, Veiga der Forcas und Hospital zeigen eine gewisse Ähnlichkeit mit der Mutterkirche des Cebreiro. Sie wurden gemäß den im Jahre 1963 an der Mutterkirche durchgeführten Bauarbeiten restauriert.

Die Höhe von San Roque. Beim Ortsausgang von Liñares siehst Du links, drei Kilometer entfernt, das große Bergwerk von Rubiales. Wir beginnen nun den Aufstieg zu einem 1 264 m hochgelegenen Hügel, der "Alto de San Roque" genannt wird. Der ehemalige Weg steigt auf der rechten Seite parallel zur Landstraße hoch. Heute ist er halb zugeschüttet.

Auf der "Höhe von San Roque" gab es am rechten Wegrand eine Kapelle, die diesem Heiligen geweiht war. Wenn du einen kleinen Umweg von 200 Metern über einen linken, bis zum Hügel hochführenden Weg wagst, hast du von hier aus einen Ausblick auf ein malerisches Tal, das sich zu deinen Füßen erstreckt. Von hier aus kann man auch den Ort Veiga de Forcas erkennen, mit dem verzierten Herrenhaus der Familie Armesto, die Kajre 1604, den berühmten Ritter des Jakobsordens hervorgebracht hat, wie Pedro und Juan de Armesto y Valcarce.

In den Pilgerführern wird der "Berg von Cebreiro" als die schwierigste Strecke auf der ganzen jakobäischen Route angesehen. Im Gegensatz zu anderen Bergpässen, muß hier von Laguna de Castilla nach Filloval eine Strecke von 17 km auf einer Höhe von über 1 000 Metern über den Bergkamm hinterlegt werden. Heute ist alles viel anders. Eine Landstraße verläuft auf der gleichen Strecke.

Hospital da Condesa. Auf der "Höhe von San Roque" zweigt die Landstraße nach Süden ab. Wir können auf einem Pfad weitergehen, der Rest des ursprünglichen Weges ist. Dann gelangst Du von neuem auf die Landstraße. Später trennt sich der Weg wieder von ihr und führt mitten durch das Dorf, rechts neben der Landstraße eintlang.

Man glaubt, daß diese Ortschaft ihren Namen einem schon zerstörten **Spital** verdankt, das gegen ende des 9. Jahrhunderts von Doña Egilo gegründet wurde.

Padornelo. Bald finden wir rechts auf der Landstraße eine Abzweigung, die auch für Fahrzeuge geeignet ist. Nach ungefähr 100 Metern verlassen wir sie wieder und biegen links ab. Bald können wir das Dorf Padornelo, das drei Einwohner hat, erkennen. Der Weg führt an eine bescheidenen Kirche, ein paar Bauernhäuser und an den Friedhof entlang.

Zur Bereicherung der Kirche des Apostels und zur Hilfe der Pilger, verschaffte sich der große Gelmírez

Cebreiro. Santa María la Real, 12. Jahrhundert.

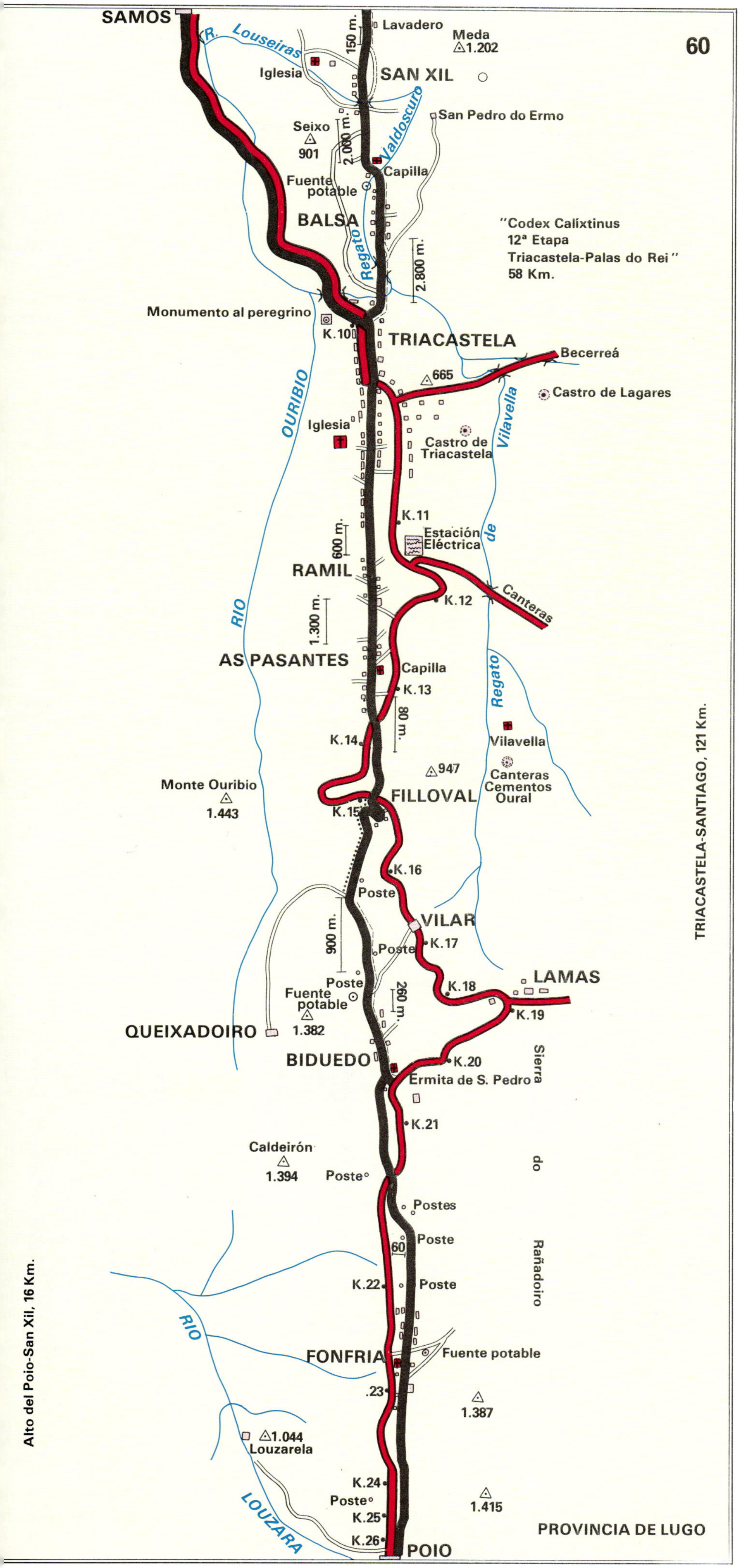

60

SAMOS

R. Louseiras
Lavadero
Meda △1.202
Iglesia
SAN XIL
Seixo 901
San Pedro do Ermo
Valdosuro
Capilla
Fuente potable
BALSA
Regato

"Codex Calíxtinus
12ª Etapa
Triacastela-Palas do Rei"
58 Km.

Monumento al peregrino
K.10
TRIACASTELA
△665 — Becerreá
Castro de Lagares
Iglesia
Castro de Triacastela
Vilavella
K.11
Estación Eléctrica
RAMIL
K.12 — Canteras
RIO OURIBIO
AS PASANTES
Capilla
K.13
Regato
K.14
△947
Vilavella
Canteras Cementos Oural
Monte Ouribio △1.443
FILLOVAL
K.15
K.16
Poste
VILAR
Poste K.17
K.18 **LAMAS**
Poste
Fuente potable
K.19
QUEIXADOIRO △1.382
BIDUEDO
K.20
Ermita de S. Pedro
K.21
Sierra do Rañadoiro
Caldeirón △1.394
Poste
Postes
Poste
60
K.22 Poste
FONFRIA Fuente potable
.23
△1.387
△1.044
Louzarela
K.24
Poste
△1.415
K.25
K.26
POIO
RIO LOUZARA

Alto del Poio-San Xil, 16 Km.

TRIACASTELA-SANTIAGO, 121 Km.

PROVINCIA DE LUGO

mehrere Besitztümer auf dem Pilgerwege. Padornelo war eine der Ortschaften, die zum Eigentum von Compostela gehörten.

Die Malteser ließen sich auch in diesem Ort nieder, und boten den Pilgern ihre Hilfe an. Der Name der Pfarrkirche, San Juan, erinnert noch an die Malteser.

Im jetzigen Friedhof gab es eine weitere Kirche, Santa María Magdalena.

Die Höhe von Poio. In Padornelo mußt Du den kurzen, aber steilen Aufstieg zum Bergpaß Poio bewältigen. Er liegt 1 337 Meter hoch. Dor stösst Du wieder auf die Landstraße zurück.

Die Pilger kamen an einer Kapelle vorüber, die sich auf der rechten Seite im Bergpaß befand. Sie war der Hl. María geweiht. In den Schriften wird sie **Santa Maria del Poio** genannt. Heute gibt es hier vier moderne Häuser.

Jetzt beginnt der Weg leicht herabzufallen. Auf der rechten Seite haben wir einen Blick auf die prächtige Landschaft des Flußes Navia. Hinten, in der Ferne, liegt der Cebreiro.

Dieser unaufhörliche Paß der Berge des Cebreiro brachte manche Pilger ernsthaft in Bedrängnis. Jean de Tournai und sein Pilgerkamarad Guillaume überqueren diese Berge im Winter des Jahres 1488. Es geht ein starker Schneefall nieder. Der Schnee reicht ihnen bis an den Hüften Guillaume weint. Gott und der Hl. Jakob stehen ihnen bei. Sie überqueren den Berg... und retten ihr Leben.

Bis in die Nähe von Fonfría verlaufen nun Weg und Landstraße vereint. Auf der linken Seite liegen die Dörfer Pallarvello, Porfía, Valdefariña und Louzarela. Des letztgenannten bemächtigte sich der König Ferdinand II. im Jahre 1158.

Fonfría del Camino. Das Dorf entstand zu beiden Seiten des Weges. Die parallel zum Wege verlaufende Landstraße verläuft in südliche Richtung außerhalb des Dorfes. Die Vorderseite der Kirche stand zum Weg gerichtet. Bei den im Jahre 1964 durchgeführten Umbauten wurde sie zur Landstraße verlegt.

Der Ort wurde nach seiner guten Quelle benannt. Fondría = Fons frígida, kalte Quelle.

Das Spital Santa Catalina. Seit dem Jahre 1535 gab es in diesem Hochgebrigsort eine Zufluchtsstelle. Das Spital stand unter dem Schutz des Klosters Sancti Spiritus von Melide. Seit Mitte des 19. Jahrhunderts besteht es nicht mehr.

Dieser Zufluchtsort bot den Pilgern unentgeldlich "Feuer, Salz und Wasser" und "ein Bett mit zwei Wolldecken". Den Kranken wurde "ein Viertel Brot, Eier und Schmalz" gegeben.

Außerhalb des Dorfes, wenn der Abstieg beginnt, verschmelzen Weg und Landstraße ineinander, sie trennen sich und überkreuzen sich wieder, dann dauert es lange, bis sie sich von Neuem treffen.

Biduedo. Dies ist ein interessanter Halt auf der jetzigen jakobäischen Route, denn hier trennen sich Weg und Landstraße merklich.

Der Weg erreicht Biduedo und verläu südlich des ersten Hauses, das sich links a der Landstraße befindet; er berührt si jedoch nicht und führt zur Kapelle Sa Pedro, dann durch das Dorf. Der Weg ist gu und halbgeeignet für Fahrzeuge.

Langsam verlassen wir die Berg kette des Cebreiro. Die Landscha ist unendlich weit und kann mit de Landschaft von Port de Cize un Somport verglichen werden.

Wir treffen eine Wegegabelung und schla gen den linken Hauptweg ein, und wander um den Berg Caldeirón herum.

Etwas später kommen wir auf eine weiter Wegegabelung. Schlag den rechten Weg ei Der breite Weg fällt steil ab und führt übe den Rücken eines Bergausläufers, der sic bis nach Triacastela erstreckt.

Filloval. Beim Abstieg kommen wir an de Ort Villoval vorbei. Du wanderest links a den Häusern entlang. Überquere die Land traße, die wir schon in Biduedo verlassen ha ten und gehen eine längere Zeit parallel zu Landstraße bergab weiter.

As Pasantes. Auf der Höhe des ersten Hau ses von diesem Ort triffst Du wieder d Landstraße. Überquere sie und pilgere a einem Pfad weiter. Hinter dem ersten Hau befindet sich wieder ein guter Weg. Unte schattenspendenden alten Kastanienbäume erreichst Du bald das Dorf **Ramil**. Es ist da "Ranimirus" einer Schrift aus dem 9. Jah hundert. Dein Weg nach Triacastela geł bergab. Er ist abgründig, dunkel, tausendjä hrig und von den Schuhen der Pilger abge nutzt.

TRIACASTELA

Ende der 11. Etappe des "Coudex Calixt nus": von Villafranca nach Triacastela. Jah hundertelang war dieser Ort auf der jako bäischen Route bedeutend.

Das alte Dorf erstreckt sich zu beiden Se ten der jakobäischen Route. Triacastela h zwar dem Pilger Hilfe geleistet, war abe auch einer der Orte, der den größten Nutze aus den Pilgerwanderungen gezogen hat. D Pfarrkirche, mit romanischer Apsis, ist de Apostel geweiht.

Die ersten Nachrichten über Tri castela stehen in Verbindung n dem Grafen Gatón und dem Klost San Pedro und San Pablo.

Der Graf Gatón wird als Gründe dieses Klosters genannt, das sich dem Ort San Pedro do Ermo befi det. Aus verschiedenen Schrifte können wir entnehmen, daß die Mitte des 9. Jahrhunderts geschehe sein muß.

Als Opfergabe für seine ve storbene Gattin Doña Elvir schenkt Ordoño II. dieses Kloster a die Jakobskirche.

Im Jahre 1112 begleitet Gelmír die Königin Doña Urraca bis na Triacastela bei ihrem Feldzug gege Alfons II. den Kämpfer.

Alfons IX. ist der größte Wohlt ter, den Triacastela über die Jah hunderte hinweg gehabt hat. E wollte Triacastela zu einer groß

Samos. Kloster. Allgemeine Ansicht.

Stadt machen. In einer Schrift aus dem Jahre 1228 wird "Triacastelle nova" vom König selbst erwähnt.

Die mittelalterliche Stadt, die Alfons IX. zu schaffen glaubte, hat keinen Erfolg gehabt. Es sind nun Jahrhunderte vergangen und Triacastela ist immer noch ein kleiner ländlicher Ort.

Triacastela hatte auch ein Pilgerspital. Das Haus, in welchem es untergebracht war, ist immer noch zu sehen. Es war jedoch nicht sehr bedeutend. Vom Jahre 1654 an bis zum Jahre 1792 wird es in Schriften genannt. Dann hörte es auf zu bestehen.

Am Ende des Dorfes, am Rande der Landstraße, die nach Samos führt, hat Triacastela ein kleines Denkmal zu Ehren des jakobäischen Pilgers errichtet.

Villasante F, Zimmer.

Unterkunft: Das Rathaus bietet dem Pilger bescheidene Unterkunft. Telefon 54 70 47.

"**Codex calixtinus**"
12. Etappe: Triacastela-Palas do Rei, 58 km

Am Ende des Dorfes stehen wir an einer Wegegabelung, die uns vor die Wahl stellt: wir können entweder die Route des Königlichen Weges, des Französischen Weges, des Weges vom Hl. Jakob einschlagen, die zum Kloster Sammos führt. Wir pilgern auf der Route des Königlichen Weges.

Die **Abtei Samos** wurde stets von vielen Pilgern besucht. Sie erhielten immer Hilfe und Unterkunft bei den Söhnen des Hl. Benekikts. Ein Besuch ist interessant.

Unterkunft: Schon immer boten diese Mönche Unterkunft. Telefon: 54 60 46.

A Balsa. Von Triacastela führt ein guter Weg nach A Balsa, durch ein fruchtbares und enges Tal. Es ist ein kleiner Ort. Der Weg führt an der Kapelle Nuestra Señora de la Nieves (Maria Schnee) entlang, und dann beginnt der Aufstieg nach San Xil, im Schatten von Kastanienbäumen, Eichen und Birken.

San Xil. Die Landschaft ist malerisch und nach Süden offen. Dort liegt das Gebiet von Samos. Im Dorf gibt es Bauernhöfe. Die Kirche liegt unten im Dorf und beherbergt einen schönen Kelch aus dem 15. Jahrhundert.

Der Weg führt langsam bergauf, an den Südausläufern der Bergkette La Meda entlang, mit 1 202 Meter Höhe. Links hat man einen weiten Ausblick. Der Bach Riocabo wird erreicht; ab hier geht es steiler nach oben, und bald sind wir oben auf dem Berg Riocabo angekommen.

Die Höhe von Riocabo. Dies ist ein interessanter Ort. Er liegt 896 Meter hoch. Von hier aus genießt man einen herrlichen Ausblick auf die Landschaft. Wir erkennen eine lange Strecke des vor uns liegenden Weges: die Strecke, die zwischen Sarria und Portomarín zur Ortschaft Brea führt. Hier können wir uns ausruhen, auf die Karte sehen, und überlegen, auf welcher Route wir weiterpilgern wollen. Hier rate ich, auf der rechten Seite den Königlichen Weg einzuschlagen. Er ist ein guter Weg, für Fahrzeuge halbwegs geeignet. Er geht ständig sanft bergab und ist von einer munteren, aufgeräumten Landschaft begleitet. Auf der linken Seite liegt der Ort **Montán.**

> Die Kirche von Montán besitzt ein bescheidenes romanisches Schiff. Der Altarraum wurde erst kürzlich gebaut, er ist nicht sehr geschmackvoll ausgefallen. In den mittelalterlichen Führern wird der Ort "Mután" genannt. Es leben heute 13 Familien in diesem Dorf.

Fontearcuda. Der Name kommt von einer in der Nähe des Weges liegenden Quelle. Hier wohnen drei Familien. Von hier aus kann man schon rechts den Ort **Zoo,** vor uns **Furela,** und links, einen Kilometer entfernt, **San Román** erkennen. Im letztgenannten Ort gibt es eine besonders eigentümliche romanische Kirche. Weg und Landstraße verlaufen nah zueinander. Wandere wo es Dir am besten gefällt.

> In **Zoo** gibt es eine bescheidene, dem Apostel Jakob gewidmete Kirche.

Furela. Auf der rechten Seite des Weges liegt die Kapelle San Roque. Hinter der Kapelle befindet sich ein mit Wappensteinen geschmücktes Bauernhof.

Brea. Am Ende von Furela vereint sich der Weg wieder mit der Landstraße. Dieses Gebiet hier wird Brea genannt, was "Pfad oder Route" bedeutet. Schon geht es bergab zum dicht belaubten Tal Sarria.

Pintín. Überquere das Dorf. Nach 400 Metern geht es steiler bergab, und die Landstraße trennt sich vom Weg. Dieser verläuft geradeaus und fällt plötzlich steil ab. Die Landstraße zieht einen großen Bogen nach links, überkreuzt den Weg und verschmilzt wiederum mit ihm. An der ersten Kurve liegt die Pfarrkirche San Esteban von Calvor.

Calvor ist ein interessanter Ort auf der jakobäischen Route. Seine Geschichte geht auf die prähistorische Zeit zurück. Von hier aus haben wir einen außerordentlich herrlichen Ausblick auf das ganze Gebiet von Sarria.

> Die Kirche wurde auf einer prähistorischen **Festung** errichtet. Wenn man von der Kirche aus nach Süden sieht, kann man Erdlöcher, Erdausschüttungen usw... und vielleicht sogar dazwischen die Spuren einer alten Zivilisation erkennen.

> "Castro" ist eine Festung die zur Verteidigung der präromanischen Dörfer diente. Meistens liegen sie auf Anhöhe oder Hügeln. Sie bestehen aus mehreren konzentrischen und übereinanderliegenden Rundbauten. Gewöhnlich sind die Mauern dieser Rundbauten aus Lehm. Im nordwesten der Iberischen Halbinsel gibt es mehrere tausend davon. Von hier aus könnten wir zum Beispiel das "Castro" von Mondín erkennen, das ungefähr drei Kilometer weiter im Süden auf einem Hügel liegt, kann man es gut sehen. Im Bierzo wurde uns das "Castrum Bergidum" gezeigt.

> Im 8. Jahrhundert wurde in dieser Ortschaft ein Kloster von dem Priester Adilán gegründet. Er stellte es den Schutz von San Pablo und San Esteban unter. In der Kirche befindet sich ein schönes westgotisches Kapitell, das als Weihwasserbecken dient.

> Der ursprüngliche Bau der jetzigen Kirche war romanisch. Es sind jedoch nur noch wenige Spuren davon geblieben.

> Südlich von Calvor, im Tal, liegt der Ort Perros. Dort befindet sich noch das verzierte Herrenhaus der Eltern des waisen Benediktiners Fray Martín Sarmiento.

Aguiada. Dieses Dorf liegt am nächsten zur einsam stehenden Pfarrkirche von Calvor. Der Weg führt bergab und durch den Ort hindurch.

> Das letzte Haus auf der linken Seite wird immer noch als Spital bezeichnet und ist ein Überrest des ehemaligen Pilgerspitals.

San Mamede do Camiño. Calvor zwischen Sarria verlaufen Landstraße und Weg zusammen. Dieses kleine Dorf, San Mamede do Camiño, bestätigt nochmals, daß wir uns auf der richtigen Route befinden. Sie ist fast von Zweigen des dichten Eichenwaldes fast vollkommen bedeckt.

San Pedro do Camiño besteht aus einem einzigen Bauernhof. Die Bezeichnung "Camiño" bestätigt uns wieder die Richtigkeit unserer mittelalterlichen Route.

Carballal hat nur zwei Häuser, die links etwas abseits vom Wege liegen.

Vigo de Sarria. Dieser Ort ist jetzt an die Stadt Sarria angeschlossen worden. Geh über die Landstraße die in Triacastela von anderen Pilgern und Fahrzeugen eingeschlagen wurde. Sie sind über das Kloster von Samos gekommen.

Wir kommen durch ein neues Viertel, ein Schulgebiet. Dann erreicht man den Fluß Ouribio, über welchen die Brücke "Ponterribeira" führt. Sie wurde im Jahre 1981 fast völlig erneuert. Links hinter der Brücke kommen wir zu einer guten Trinkwasserquelle, die "Fonterribeira".

SARRIA. Hinter dem Fluß Ouribio treffen wir sehr bald die Landstraße Lugo-Monforte an. Nach einigen Metern auf der rechten Seite sind drei Wege, auf denen wir zum hochgelegenen Teil der

Stadt gelangen: eine große Treppe, ein Weg für Fahrzeuge und eine zweite Treppe.

In diesem hochgelegenen Teil liegt das alte Stadtviertel mit seinem ausgeprägten mittelalterlichen Charakter; verzierte Häuser, die Kirche Santa Marina, eine galicische Märtyrerin, die romanische Kirche El Salvador und die mittelalterliche Burg auf dem Berg.

Sarria wird nicht im "Codex Calixtinus" genannt. Jedoch ist seine Geschichte sehr mit den Pilgerwanderungen verknüpft.

Die Calle Mayor (Hauptstraße). Um diese Straße herum spielte sich das im Mitte Stadtleben ab.

Am Anfang der Straße steht die moderne **Kirche Santa Marina**, sie besitzt einen schlanken Turm, der mit einem Kapitell versehen ist. Sie ersetzt die zerfallene romanische kirche.

Beim sanften Abstieg über die Straße (eine der geschichtlich bedeutendsten Strecken des Weges nach Santiago) werden wir sicher der Pilger gedenken, welche hier auch die gleichen Steinhäuser betrachtet haben wie Du jetzt.

Die **Pfarrkirche El Salvador** liegt auf der linken Straßenseite. Sie ist romanisch und hat eine rechteckige Form. Das Hauptportal ist gotisch. Die nördliche Seitentür hat einen etwas zugespitzten Hauptbogen, Giebelfeld und schöne Schmiedearbeiten an der Tür. Die Apsis ist rechteckig und halbrund. Diese Kirche wurde schon im Jahre 1094 erwähnt.

Das **Spital San Antonio** nahm den Platz des Hauses ein, das vor der Kirche El Salvador steht. Heute ist das Gericht darin untergebracht. Man glaubt, daß es vom Grafen von Lemos gegründet wurde. Sein großer Beschützer war der Priester Dionís de Castro y Portugal, Sohn des Märkgrafen von Sarria. Das geht aus seinem Testament des Jahres 1588 hervor. Den Pilgern gewährte er ein Bett, Licht und chirurgische Hilfe.

Die **Festung Sarria** liegt auf dem höchsten Teil der Stadt. Von den ursprünglichen vier Türmen ist nur noch einer erhalten geblieben, der von einer viereckigen Mauer mit Rundtürmen geschützt wird. Man glaubt, daß die Festung im 14. Jahr-

Sarria. Kloster der Barmhezigen Brüder.

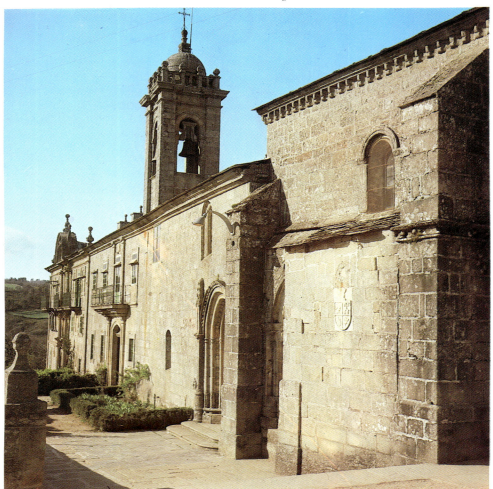

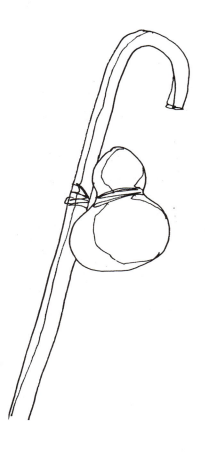

Sarria. Mittelalterliche Burg.

hundert gebaut wurde. Im Jahre 1467 wurde sie von den "Hirmandiños" zerstört.

Londres H**, 33 Betten. Telefon: 53 06 89.

Der Weg verläuft immer noch am nördlichen Teil der Burg entlang. Dann geht es bergab zum Kloster La Magdalena.

Das **Kloster La Magdalena** wurde von den italienischen Augustinermönchen gegründet.

Dieses Kloster stand bis zum letzten Jahrhundert unter dem Schutz dieser Mönche. Später wurde dieses historische Gebäude von den Barmherzigen Brüdern geleitet, von denen es restauriert und vergrößert wird. Hier werden schon seit jeher Pilger aufgenommen.

Das Spital des Klosters La Magdalena hat in der Geschichte der Pilgerwanderungen eine große Rolle gespielt. In päpstlichen Bullen wurde die Gastfreundlichkeit dieses Ortes gelobt, weil die Pilger Bett und Almosen erhielten.

Unterkunft: Die Barmherzigen Brüder, Erben dieses Spitals, bieten den Pilgern immer noch Unterkunft. Telefon 53 10 20.

Die gotische **Kirche** stammt aus der Zeit Isabellas II. An der Nordwestfassade des Klosters befindet sich an der Oberschwelle einer Tür die Inschrift "Charitas aedificat".

Vom Kloster La Magdalena aus führen zwei Wege zur Ponte Aspera über den Fluß Celeiro hinunter. Einer verläuft östlich des Friedhofs, vor dem Kloster, und der andere führt an der Mauer des Klosters entlang und dann zum Stadtviertel San Lázaro hinunter.

Die **Kapelle San Lázaro** erinnert an ein altes Spital-Lazarett, das denm Pilgern, die von Lepra oder ähnlichen Krankheiten befallen waren, Zuflucht gab.

Hinter der mittelalterlichen Brücke **Ponte Aspera**, die nur aus einem Bogen besteht, kommen wir bald zu den Schienen der Eisenbahnstrecke Madrid-La Coruña. Du kannst entweder an den Schienen entlang gehen, oder auch auf dem Wege pilgern, der zwischen Fluß und Schienen verläuft und zur Ortschaft San Miguel hinführt. Wo ein kleines verlassenes Haus steht überqueren wir die schienen, biegen hinter dem Haus ein, und gehen parallel zu den Schienen bis über den Bach weiter. Dann geht es im Schatten eines Eichenwaldes bergauf.

Santiago de Barbadelo. Romanisches Portal.

Wir haben unseren alten Weg wieder erreicht und sehen im Vordergrund ein einsames Bauernhaus stehen, das von einer es ganz umgebenden Mauer bgeschütz wird. Die hier lebende Familie nimmt gewöhnlich die jakobäischen Pilger auf.

Sehr wahrscheinlich ist Aymeric Picaud nicht über Sarria gekommen. In seinem Führer Liber Sancti Jacobi, aus dem 12. Jahrhundert, wird Sarria nicht erwähnt, jedoch der Ort "Villa Sancti Michaelis" wird darin genannt. Aber wo liegt dieser Ort?

Es könnte sich dabei um das jetzige "Vilasante", das südlich von Vigo de Sarria liegt, handeln.

Es könnte jedoch auch der schon genannte Ort San Miguel, der an den Eisenbahnschienen liegt, sein. Wie es scheint, gab es ursprünglich in dieser Umgebung einen Ort, der sicher zur Zeit von Picaud noch bewohnt war.

Im 13. Jahrhundert war Sarria schon ein bedeutender Ort auf der Pilgerroute. Als Zufluchtstäte wurde das große Spital La Magdalena errichtet.

Barbadelo. Nun erreichen wir den Ort Vilei, der schon zur Pfarrei von Barbadelo gehört. Dann kommen wir auf die Fahrbahn, die zur Kirche führt.

Die Kirche ist romanisch und steht unter Denkmalschutz. Sie ist sehenswert. Besonders interessant sind ihr verziertes Tympanon, die ganze Vorderseite und Nordseite. Der restliche Teil der Kirche hat tiefgreifende Änderungen erfahren. Die daneben liegenden Pantheone verstümmeln dieses bedeutende jakobäische Gebäude.

Die Stelle, an der die Kirche liegt, und der anliegende Bauernhof werden immer noch "Mosteiro" genannt. Es ist der Überrest eines ehemaligen Klosters, das, laut P. Yepes, im Jahre 874 an das Kloster von Samos angeschlossen wurde.

Südlich von der Kirche liegt ein Bauernhof, der bis zum 19. Jahrhundert Priorat der Benekitiner war. Heute ist es ein zerfallenes, unbewohntes Rektorhaus.

Barbadelo und Triacastela wurden von Aymeric Picaud als Orte genannt, die von den Sendboten der Gasthäuser aus Compostela oft besucht wurden, um die Pilger mit falschen Versprechungen der Gastfreundschaft zu betrügen.

Rente. Von Barbadelo aus führt der Weg an der Südwestseite der verlassenen Schule hoch. Bald lassen wir die Häuser von San Silvestre rechts liegen, und erreichen den Ort Rente, mit vier Häusern.

Mercado da Serra. Von Rente aus hat man einen guten Fahrweg. Mercado da Serra befindet sich an der Landstraße, die von Vilamaior nach Sarria führt. Überquere sie. Dann führt der Weg sanft bergab über ein halbverlassenes Gebiet weiter, oder aber schlagen wir die Landstraße auf der rechten Seite ein, und links durch eine Weide wandern auf den ersten Fahrweg ein, den wir vorfinden. Beide Wege treffen sich und erreichen vereint die Mühle **Marzán.uere den Bach Marzán, wo er "O Real" genannt wird.**

Leimán. Von "O Real" aus wandern wir durch einen Eichenwald, und bald erreichen wir freies Feld. Vor uns steht schon ein neues Haus von Leimán. Überquere die Landstraße, die von Sarria nach Portomarín führt, und erreichst auf gutem Wege Leimán. Von hier aus beginnt eine lange Strecke in westlicher Richtung.

Pena. Dieser kleine Ort liegt in der Nähe von Leimán und Peruscallo, es gibt einen Fahrweg.

Im Süden (etwa 1 500 Meter entfernt), befindet sich die Pfarrkirche von Velante. Eine bescheidene romanische Dorfkirche.

Peruscallo. In diesem Ort endet der Fahrweg.

Die Strecke von Peruscallo bis Portomarín ist auf dem Wege nach Santiago besonders interessant. Das Gebiet ist bevölkert, jedoch war es bis vor kurzem verkehrsmäßig sehr abgeschlossen. Der Kontakt mit den Bauern ist leicht herzustellen, was für Wissbegierigen sehr lehrreich ist.

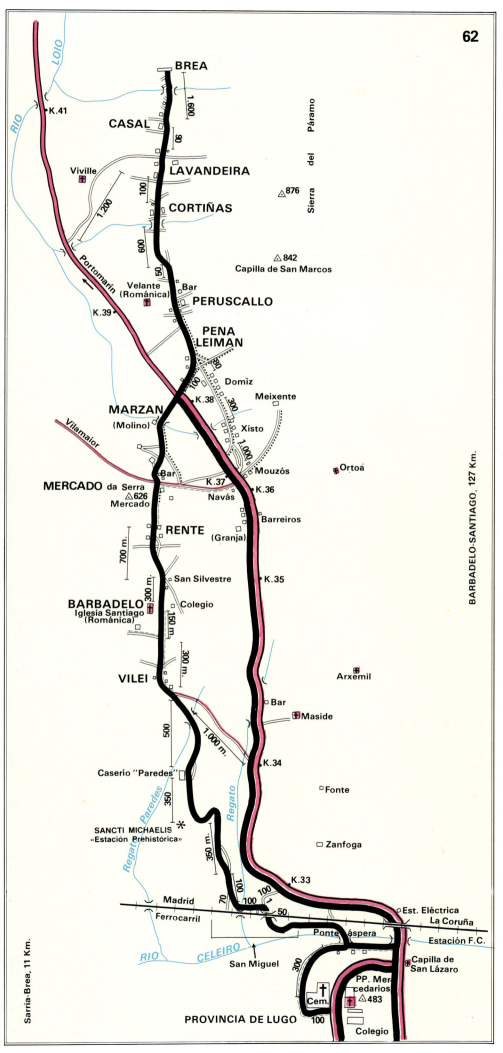

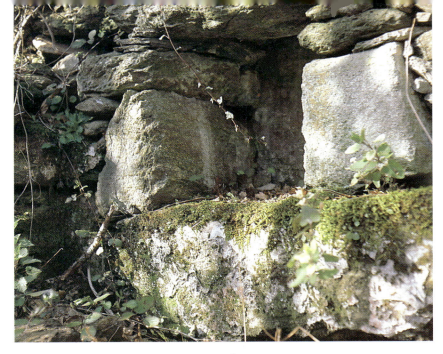

Kloster Loio. Überreste.

Cortiñas. Diese kleine Dorf besteht aus fünf Häusern.

Der Ort gehört zur Pfarrei von Viville, die schon im Jahre 1118 in einer Schrift erwähnt wird. In der Kirche sind noch romanische Überreste zu sehen. Sie liegt zwei Kilometer im Süden entfernt.

Lavandeira. Zu diesem Dorf gelangt man durch einen Eichenwald. Der Weg führt an einer verlassenen Schule entlang, dann überqueren wir einen Fahrweg.

Casal. Der Weg führt durch das Dorf Casal, wo eine Familie lebt.

Brea. Es geht weiter bergab über den alten Weg. Hier gibt es alte Mauern und Reste einer Straße. Am Bach Chelo beginnt der steile Anstieg nach Brea. Je mehr wir uns dem Ort nähern, um so schmaler wird der Weg.

Brea hat fünf Einwohner und liegt auf freiem Feld. Die Ortschaft dient als Anhaltspunkt für Pilger und Reisende. Deshalb ist die Bedeutung ihres Names "Pfad, Weg".

Morgade. Ein breiter und ebener Weg führt nach Morgade. Auf der linken Seite steht nur ein einziges Haus, rechts ist ein Brunnen zu sehen und weiter vorn liegen die Ruinen einer Kapelle. Der Weg geht bergab zum kleinen Bach Ferreiras. Zu beiden Seiten erstrecken sich Wiesen. Dann kommt ein sanfter Anstieg.

Ferreiros. Am Dorfeingang steht ein Brunnen und über dem Weg ein Weinberg, den ersten, den wir seit dem Bierzo sehen. Das Dorf hat schöne Häuser. In der Rieseroute von Manier wird es als "Ferrere" bezeichnet.

Aus Ferreiros stammte die Pfarrkirche, die im Jahre 1790 nach Mirallos verlegt wurde, denn dieses Dorf liegt für die Mehrheit der umgebenden Dörfern zentraler.

Cruceiro. Beim Ortsausgang von Ferreiros führt der Weg bergauf und durch einen kleinen Eichenwald, auf dem Hügel Cruceiro, da die Wegkreuzung mit einem kleinen Haus auf der rechten Seite zusammenfällt. Wir überqueren den Fahrweg, und pilgern nach Mirallos himunter.

Mirallos. Dieses kleine Dörfchen hat nur zwei Einwohner. Hier befindet sich die Pfarrkirche der Gläubigen von Ferreiros. Der Bach Mirallos fließt durch den Weg.

Die romanische Kirche hat ein interessantes Portal mit drei feinen Huptbögen, zweilappigem Tympanon, Einfassungen mit Löwenköpfen.

Am Dorfausgang befindet sich ein Stein, auf dem die Route der Fronleichnamsprozession eingraviert ist.

Pena. Bald erreichen wir Pena. Hier gibt es herrliche Wiesen.

Couto. Von Pena aus gibt es einen Fahrweg, der zu dem Wohnhaus von Couto führt, und bald danach zum Ort Rozas.

Rozas. Gleich hinter dem Ort Rozas muß der Fahrweg verlassen werden. Wenden wir uns nach rechts und pilgern zum Hügel "Pena do Cervo" hinauf. Von hieraus hast Du auf der linken Seite jenen Ausblick auf das Städtchen Paradela, das Gemeindehauptstadt ist. Nun geht es auf gutem Wege bergab. Auf der rechten Seite liegt der Berg Pena do Cervo und links die Niederung des Flußes Loio.

Moimentos. Am Dorfeingang überquert man einen Fahrweg. Dann kommen wir zu einem weiteren Fahrweg, später wird rechts abgebogen, und dann das einsame und bescheidene Haus von Cotarelo erreicht.

Cotarelo. Der Weg führt zwischen Haus und Scheune hindurch. 150 Meter entfernt liegt links die Pfarrkirche von Laxe, die dem Hl. Jakob geweiht ist.

Mercadoiro. Ab Cotarelo kommt ein kurzer und steiler Abstieg nach Mercadoiro auf dem alten Wege, mit Straßenüberresten.

Moutrás. Dieser Ort liegt in einer fruchtbaren Ebene. Du findest einen guten Fahrweg vor. Am Ortsausgang steht wieder ein Fahrweg. Gehe durch einen Eichenwald geradeaus, dann kommt freies Feld.

Links, auf der anderen Seite des Flußes Loio, liegen die Kirche und den Ort Castro. Sie wurden über

Potomarin. Kirche San Pedro, 12. Jahrhundert, und Palast Berbetoros, 17. Jahrhundert.

Portomarín. Kirche San Nicolás, 12. Jahrhundert. Apsis.

Portomarín. Kirche San Nicolás. Hauptportal.

einem prähistorischen "Castro" err chtet.

Parrocha. Vor Parrocha verlassen wir de Fahrweg, der einen großen Bogen über de Abhang zieht. Geh geradeaus bergab zu de Häusern des Dorfes, hinter dem Dorf geht e wieder bergab bis Vilachá.

Vilachá. Dies ist ein ländliches, gewachse nes Dorf, in dem wohlhabende Bauern woh nen, gehört zur Pfarrei Cortes.

Wenn wir einen kleinen Umwe machen, können wir das Dorf Corte besuchen. Der kleine Ort Loio lieg ganz in der Nähe, südlich von de Pfarrkirche. Dort gab es ein alte Kloster, das im 9. Jahrhundert vo dem Mönch Quintilla restaurie wurde.

Dieses Kloster von Loio war ur das Jahr 1170 herum die Wiege de **Ritter vom Orden des Hl. Jako** gewesen. Es sind keine nennenswe ten Überreste verblieben. Eine i der Nähe der Häuser liegende Kape lle erinnert an diese historische jako bäische Stätte. An den Mauern de Kapelle sind einige Steine mit wes gotischen Reliefs zu sehen.

Der ehemalige Weg verlief bergab un durch das Dorf Vilachá hindurch. Dies Strecke ist heute ein Fahrweg. Weiter vor führte unser Weg deradeaus zum Stadtvierte San Pedro von Portomarín.

Die Zugangswege nach Portoma rín sind durch den 40 Km weiter li genden Stausee Belesar veränder worden.

Deshalb ist es ratsam, auf de Weg, der über die Brücke des Stau sees führt, zu pilgern.

PORTOMARIN. Dies ist ein sehr intere santer Ort auf dem Wege nach Santiago. D überquerst denm Fluß Miño- den größte Fluß von Galicien- der heute ganz vom Sta see verschluckt worden ist, über eine lang Brücke. Du bist von einer der schönste Landschaften der jakobäischen Route umge ben. Vor der Brücke befindet sich eine Fre treppe zur Kapelle Nuestra Señora de l Nieves, die zu diesem historischen Ort führt

Das **frühere Dorf Portomarín** i vom Wasser bedeckt worden. Es ga zwei Stadtviertel: **San Pedro**, am li ken Flußufer, und **San Nicolás** a rechten.

Beide Orte waren durch ein romanische Brücke miteinander ve bunden. Diese Brücke wurde vo Doña Urraca bei ihrem Kamp gegen Alfons dem Kämpfer zerstör und von Pedro Peregrino (Pilger ein großer Wohltäter der Pilger- i Jahre 1120 restauriert. Im Jahre 19 wurde eine neue Brücke gebaut, un auf dieser wurde die gegenwärtig Brücke aufgesetzt.

Der neue Ort. Mit äußerster Vors cht wurden die interessanteste Gebäude in den neuen Ortskern ve legt:

San Nicolás ist eine romanisch Kirche (aus dem 13. Jahrhundert Das Gebäude ist außerodentlic interessant. Die Kirche ist gleichze tig Festung, sie gehörte dem Joha niterorden, der eine große Komtur und ein gutes Spital für die Pilge gegründet hatte.

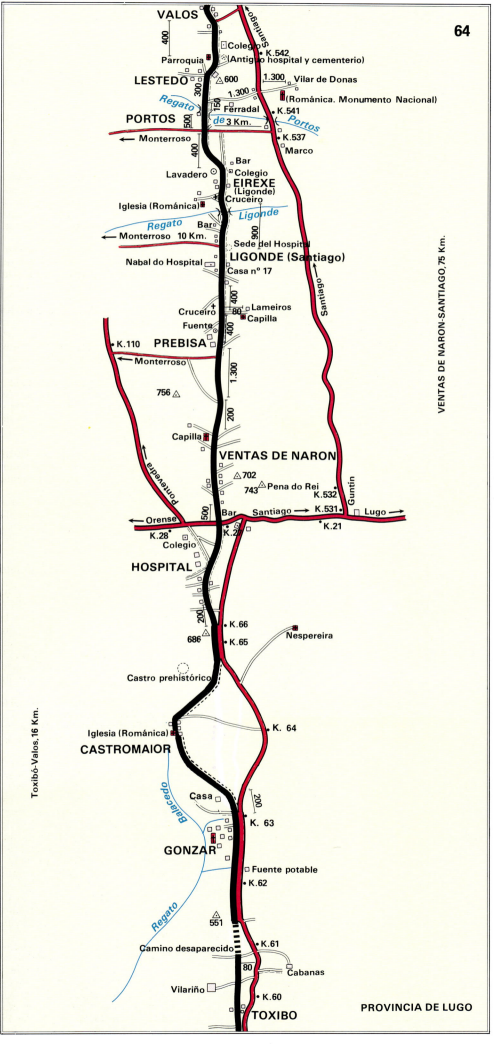

San Pedro ist eine romanische Kirche aus dem Jahre 1182. Das Portal hat drei große, elegante Hauptbögen.

Das **Haus des Grafen** ist ein Herrenhaus aus dem 16. Jahrhundert.

Der **Palast Berbetoros** ist ein Werk aus dem 17. Jahrhundert.

Parador Nacional H***, 9 Betten. Telefon: 54 50 25. Peixe CH, 5 Betten. Telefon: 54 50 17. Posada del Camino F. Telefon: 54 50 07.

Das Rathaus vermittelt den Pilgern gute Unterkunft. Telefon: 54 50 70.

Unser Weg führt wieder auf der Landstraße weiter. Bald kommen wir links zu einem kleinen Steg, der über den Arm des Stausees führt; er erstreckt sich über das Tal des Baches Torres. Weiter oben treffen wir eine Brücke, die auch von Fahrzeugen benutzt werden kann. Im Schatten eines Pinienhaines führt der Weg hinauf in die Nähe des Dorfes Cortapezas. Dort befindet sich eine Keramikfabrik.

Toxibó. Auf der Landstraße kommt man in das kleine Dörfchen Toxibó. Es hat nur drei Häuser, eins davon ist bewohnt. Hier trennt sich der Weg von der Landstraße und führt zwischen den Häusern entlang, durch einen Pinienhainm (und immer in der Nähe der Landstraße und parallel zu ihr). Der Weg ist mit Gestrüpp bedeckt, weil er nicht viel benutzt wird. Ich rate die Landstraße zu nehmen. Dabei steigen wir auf den 551 Meter hohen Berg Torros.

Gonzar. Auf der Landstraße (mit Spuren des Weges auf beiden Seiten), erreichsen wir das Dorf Gonzar, mit der Pfarrkirche Santa María. Hinter den Häusern zieht der Weg links einen kleinen Bogen. Hier steht auf der linken Seite ein Haus mit mehreren Gehöften.

Castromaior. Vor uns ganz in der Nähe, sehen wir die Häuser von Castromaior.

Der Name Castromaior rührt von dem großen "Castro" her, das sich im Nordwesten des Ortes erhebt. Mitten im Dorf befindet sich eine einfache romanische Kirche.

Hinter Castromaior führt der Weg geradeaus und bergauf weiter. Die Landstraße liegt ganz in der Nähe, auf der Du nun einen Kilometer pilgerst. Dann wanderst Du wieder auf dem Wege, der links abzweigt. Hier kann man schon den Ort Hospital erkennen.

Hospital ist ein kleines Bauerndorf. Die Häuser liegen etwas verstreut. Hier haben wir einen weiten Ausblick nach Süden.

Hospital wurde nach einem ehemaligen Pilgerspital, La Cruz, benannt. Die Kapelle des Spitals, San Esteban, wird noch im Jahre 1739 erwähnt.

Ventas de Narón. Der Weg überquert die Landstraße Lugo-Orense. Bald sind wir beim kleinen Dorf Ventas de Narón, mit seinen fünf ärmlichen Häusern ange-kommen.

Ventas de Narón war im Mittelalter bedeutend. Im Jahre 820 war es Schauplatz einer erbitterten Schlacht zwischen Christen und Arabern. Wahrscheinlich war es das "Sala Regina" des "Codex Calixtinus". Vor dem Aufstieg zur Bergkette Ligonde wurde gewöhnlich hier auf dem Wege Rest gemacht.

Schon außerhalb des Dorfes befinden sich die bescheidene Kapelle Santa María Magdalena und ein einfaches "Cruceiro" (Kreuz).

Hinter dem Ort beginnt der Aufstieg zur 756 Meter hohen Gebirgskette. Sie wird über den Nordausläufer gestiegen.

Prebisa. Beim Abstieg der Bergkette sehen wir die beiden kleinen Häuser von Prebisa, ein schöner Ort, mit einem guten Fahrweg.

Lameiros. Ganz in der Nähe, auf der rechten Seite, liegen das Dorf Lameiros und die Kapelle San Marcos. An der Vorderseiten der Kapelle und des Hauses sind Wappensteine zu sehen. Geh weiter und es wird Dir ein schönes Kreuz entgegnen.

Ligonde. Diese Ortschaft wird in den meisten Pilgerrrouten genannt.

Es gab ein bedeutendes Spital, von dem noch ein Rechnungsbuch vorliegt. Im Jahre 1811 wurden Schritte gegen die Schuldner dieses Wohltätigkeitszentrums unternommen. Es lag auf dem Grundstück, das sich gegenüber der Landstraße von Monterroso befindet. Heute wird die Fläche als Weide benutzt.

Ein Steinkreuz erinnert an diese jakobäische Stelle. Im Grundbuch von Ensenada, 1752-1753, wird dieses Spital auch erwähnt.

Ein weiterer jakobäischer Überrest is das Grundstück "Nabal do Hospital", wo heute eine Scheune steht. Das Grundstück liegt gegenüber vom Haus Nummer 17, hier wohnen die Eigentümer.

Der Kaiser Karl V. und Philipp II. machten Halt in diesem Ort, als sie sich auf dem Weg nach Santiago befanden.

Das Haus Carneiro, Nummer 11, das gegenüber vom ehemaligen Spital steht, bewahrt noch einen gewissen antiken Charakter und zwei Wappensteine. Auch das Haus Nummer 3- das heute eine Gaststätte ist sieht mittelalterlich aus.

Unterkunft: Das verlassene Schulgebäude wird von den Pilgern als Unterkunft benutzt.

Vilar de Donas. Kirche El Salvador. Teil.

Vilar de Donas. Teil eines Wandgemäldes.

Eirexe. Hinter den Häusern des Ortes Ligonde können wir die Kurve, welche zur Brücke des Baches Ligonde hinabführt, umgehen, indem der Pfad auf der linken Seite eingeschlagen wird.

Der Ort hat den galicischen Namen der Kirche Eirexe. Diese Kirche war am Anfang romanisch und wurde später stark restauriert. Ein bedeutendes Siegestor ist davon erhalten geblieben, es ruht auf angelehnten und geriffelten Halbsäulen. Außen im Süden gibt es eine Seitenmauer. Fast am Boden sieht man das Relief einer Person, die zwei Tiere verscheucht. Es könnte sich vielleicht um den Propheten Daniel handelm.

Diese Gemeinde gehörte zum Haus San Marcos von León, dem Jakobsorden.

Portos. Ab Eirexe führt der Weg etwas nach Süden. Bis zur Landstraße von Marco-Monterroso geht es leicht bergauf. Dies ist ein einsamer Ort. Dann verläuft der Weg wieder bergab nach Portos, hier steht ein einziges Bauerngehöft. Die Ebene ist mit dichten Laubbäumen bevölkwert.

Vilar de Donas. Rechts hinter Portos führt ein Weg zu dieser wichtigen historischen archäologischen Stelle, die unter Denkmalschutz steht. Wervolle romanischen Kirche. Gemälde aus dem 14. Jahrhundert. Im Jahre 1184 ließen sich hier die Ritter des Jakobsordens nieder, hier stand das Ordenshaus und Grabstätte dieser Ritter in Galicien. Zahlreiche Grabmäler erinnern an Persönlichkeiten, welche unerschrokken die Pilgerroute von Wegelagerern befreiten. Diesen Ort muß man auf der Pilgerwanderung nach Compostela unbedingt aufsuchen.

Lestedo. Dieses Dorf befindet sich in der Nähe von Portos.

Hier gibt es eine Pfarrkirche, die dem Pilger Jakob geweiht wurde. Außerdem gab es einen "Pilgerfriedhof", sowie auch ein Spital für die Pilger, das von der Adelsfamilie "Ulloa" gegründet wurde.

Vilar de Donas. Kirche San Salvador.

Valos. In der Nähe stehen die Häuser von Valos.

Mamurria. Dieses Bauerngehöft liegt auf dem Abstieg von Valos.

> In der Nähe dieses Hauses befand sich die Quelle "Do Remollón", wo sich die Pilger waschen konnten. Unter der Bodenentwässerung des modernen Weges ist sie heute versiecht.

Brea. In der Nähe liegt die Ortschaft Brea, von "vereda" (Pfad), und das kleine Haus Taberna.

Ave Nostre ist das Bauerngehöft auf der linken Seite. Vielleicht kommt sein Name von "Ave Nostre Jacobus...", der Jakobshymne, her.

Lamelas. Hinter diesem Ort verschmelzen auf der "Höhe des Rosenkranz" (Alto del Rosario) Weg und Landstraße.

Rosario. Dies ist der Name der Häuser, die wir am Abstiegsbeginn vorfinden.

> Rosario war eine interessante Stelle für die Pilger. Sie befanden sich schon kurz vor Palas de Rei, dem Ende der Etappe. Außerdem waren schon in der Ferne die Gipfel des Berges Pico Sacro, der in der Nähe con Compostela liegt, zu sehen. Nun fühlten sie schon, daß das Ende der Pilgerwanderung gekommen war. Jeden Augenblick wurde die Freude größer.
> Es wird gesagt, daß sie am Ende dieser Etappe den Rosenkranz beteten. Deshalb werden diese Häuser "Rosario" genannt.

Casas Revoltas. Heute sind diese Häuser mit denen von Rosario verbunden. Hinter diesem Ort führt der Weg bergab und direkt zur Kirche von Palas do Rei.

PALAS DO REI. Ende der 12. Etappe des "Codex Calixtinus", wo diese Ortschaft "Pallatium Regis" genannt wird. Auch in anderen Pilgerrouten des Mittelalters wird der Ort so genannt.

> Das Portal der Kirche ist romanisch. In der Gegend von Palas do Rei liegen zahlreiche wertvolle romanischen Kirchen, große Herrenhäuser und mittelalterliche Burgen.
> Palas do Rei ist die Hauptstadt einer ausgedehnten Gemeinde, durch die wir nun bis zur Provinzgrenze Lugo-La Coruña pilgern werden.

> Casa Curro F, Zimmer. Bar Guntiña F, Zimmer. Ponte Román, Zimmer. Ruta "Ultreya", Zimmer.

> **Unterkunft:** Die Pfarrei bietet den Pilgern Unterkunft. Telefon: 38 00 21.

"Codex Calixtinus"
13. Etappe: Palas do Rei-Santiago, 63 Km

Die im unteren Teil der Stadt, im "Campo do Romeiros" versammelten Pilger begannen auf der jetzigen Landstraße nun ihre **letzte Etappe**.

Aldea Riba. Hinter dem Fluß Roxán verlassen wir die Landstraße und steigen zu den Häusern von Aldea de Riba hoch. Ich rate, die Landstraße bis zur Abzweigung nach San Xulián zu nehmen.

Gaiola de Riba. Dies ist der Name des letzten Hauses dieses Ortes. Hier muß unser Weg verlassen werden. Bald findest Du den ursprünglichen Weg links von der Landstraße wieder.

San Xulián do Camiño. Nachdem wir die Landstraße verlassen haben, geht es bergab zu einem Bach, der einen kleinen See bildet. Dieser ist heute fast ausgetrocknet. Auf einem tausendjährigen Wege steigst Du im Schatten von Eichen auf eine Höhe, von der Du einen Blick auf die Flußniederung des Pambre hast. Bald führt der Weg wieder bergab nach San Xulián (ein Dorf mit 25 Einwohnern). Der Weg ist gut zu befahren.

> Die Pfarrkirche hat eine romanische Apsis. In der Nähe befindet sich ein Kreuz.

Pallota. Unser Weg führt geradeaus. Bald kommen wir an ein bescheidenes kleines Haus, La Pallota. Daneben, an einer Wegegabelung wurde ein neues Haus gebaut. Geh geradeaus, dann beginnt ein steiler Abstieg zum Fluß Pambre.

Outeiro da Ponte ist der Name der beiden kleinen Häuser, die vor der Brücke des Flußes Pambre liegen.

> Die **Burg Pambre** liegt flußabwärts. Sie wurde auch nach dem Fluß der ihre Grundmauern umspült, benannt. Es ist eine der vollendetsten mittelalterlichen Festungen Galiciens. Der Besuch lohnt sich.
> Noch näher liegt der **Pazo de Ulloa,** ebenfalls im Süden. Dies ist das Herrenhaus der "Ulloa", eine der einflußreichsten Familien dieser Gegend. "Los Pazos de Ulloa" is der Titel eines interessanten Romans der galicischen Schriftstellerin Emilia Pardo Bazán.

Pontecampaña. Dieser Ort liegt hinter dem Fluß Pambre. Dort beginnt ein langer und sanfter Aufstieg auf einem uralten einsamen Wege. Alte Eichen spenden uns Schatten.

Casanova. Hinter den Häusern dieses Dorfes kommen wir bald zum Höhepunkt des am Fluße Pambre begonnenen Abhanges. Begib Dich nach rechts weiter, wende Dich nach 100 Metern links und beginne den Abstieg zur Ebene des Baches Porto de Bois.

Porto de Bois. Dieses Bauerngehöft liegt auf dem Hügel (auf der rechten Seite). Das anliegende Gelände gehört zu diesem Hause, das mit dem Wappen der Familie Varela versehen ist.

> Porto de Bois war Schauplatz der Schlacht der Trastámara gegen Ferdinand de Castro, Graf von Lemos. Dieser muß danach flüchten, und begibt sich nach England; dort stirbt er 1376.

Campanilla. Vor der Niederung von Porto de Bois befindet sich ein breiter Weg, der nach Campanilla hoch führt.
Von Campanilla ab rate ich Dir, daß Du den Weg von Couto und Cornixa einschlägst. Dieser letztgenannte Ort liegt an der Landstraße und befindet sich schon in der Provinz La Coruña.

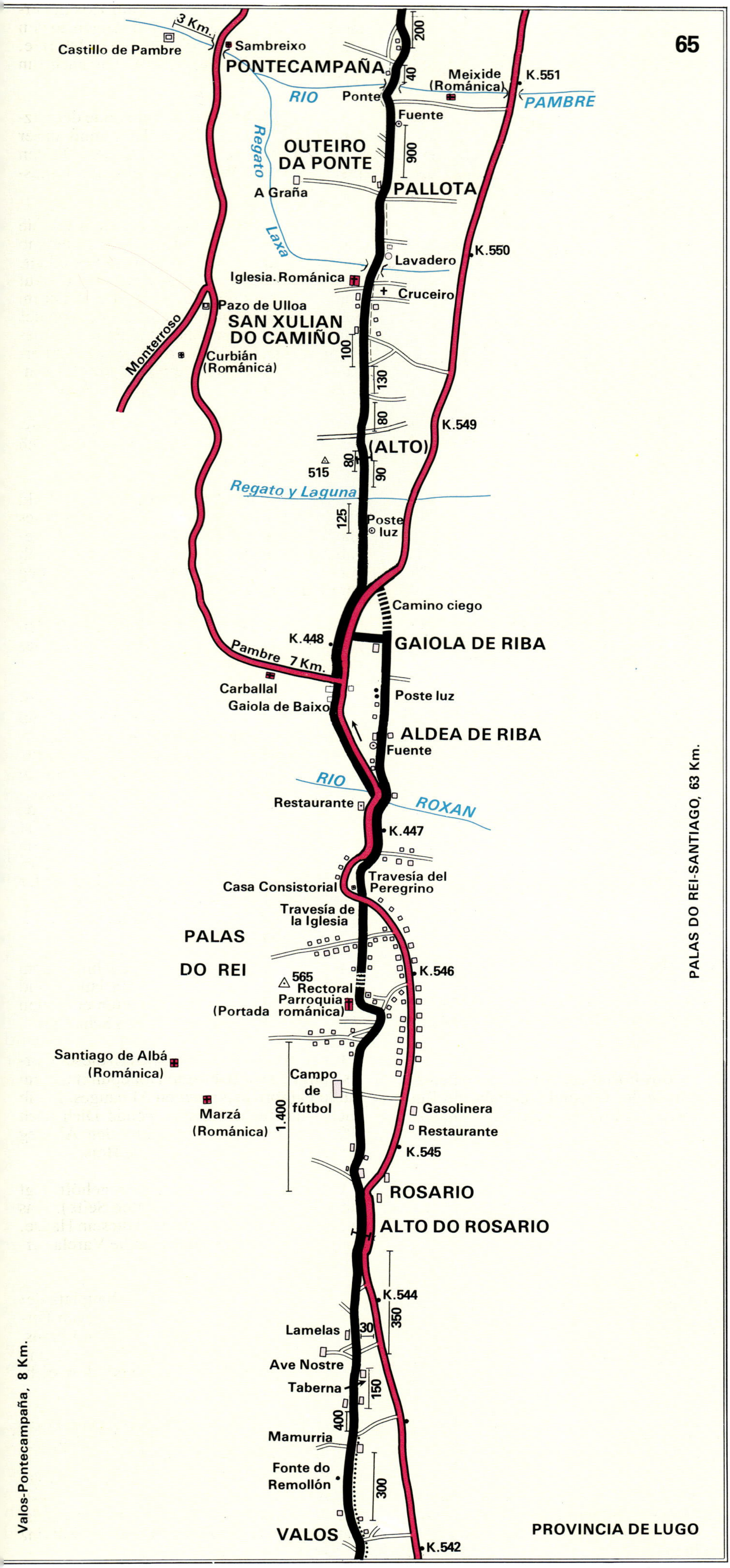

65
Castillo de Pambre
3 Km.
Sambreixo
PONTECAMPAÑA
200
40
Meixide
(Románica)
K.551
RIO
Ponte
PAMBRE
Fuente
Regato
OUTEIRO
DA PONTE
900
A Graña
PALLOTA
Laxa
K.550
Lavadero
Iglesia. Románica
Cruceiro
Pazo de Ulloa
SAN XULIAN
DO CAMIÑO
Monterroso
100
Curbián
(Románica)
130
80
K.549
(ALTO)
515
80
90
Regato y Laguna
125
Poste
luz
Camino ciego
K.448
GAIOLA DE RIBA
Pambre 7 Km.
Carballal
Gaiola de Baixo
Poste luz
ALDEA DE RIBA
Fuente
RIO
ROXAN
Restaurante
K.447
Casa Consistorial
Travesía del
Peregrino
Travesía de
la Iglesia
PALAS
DO REI
K.546
565
Rectoral
Parroquia
(Portada románica)
Santiago de Albá
(Románica)
Campo
de
fútbol
Marzá
(Románica)
1.400
Gasolinera
Restaurante
K.545
ROSARIO
ALTO DO ROSARIO
K.544
Lamelas
30
350
Ave Nostre
Taberna
150
400
Mamurria
Fonte do
Remollón
300
VALOS
K.542
PROVINCIA DE LUGO
PALAS DO REI-SANTIAGO, 63 Km.
Valos-Pontecampaña, 8 Km.

Melide. Kirche San Pedro. Portal, 12. Jahrhundert.

DER WEG NACH SANTIAGO DURCH DIE PROVINZ LA CORUÑA

Elías Valiña Sampedro

Die Häuser von Couto gehören noch zur Provinz Lugo, jedoch die Umgebung von Cornixa befindet sich schon in der Provinz La Coruña, aus diesem Grunde wird diese Orschaft **El Marco** (der Rahmen) genannt.

Leboreiro. Nachdem wir wenige Meter auf der Landstraße gepilgert sind, geht es hinab zum Ort Leboreiro. Es sind noch Überreste der alten Straße zu sehen. Der Weg verläuft über das "Campus Leporarius" (Hasenfelder) des "Codex Calixtinus".

Dieses Dorf ist mittelalterlichen Aussehen, ist gepflegt und interessant.

Die bescheidene romanische Kirche stammt aus der Übergangszeit. Am Portal befindet sich eine Skuptur der Hl. Maria, der Schutzpatronin der Pfarrei.

Gegenüber der Kirche liegt ein altes Haus, es war ein Pilgerspital, und wurde von der Familie Ulloa gegründet. Ein Wappen dieser Familie ist zu sehen. Noch im Jahre 1811 wird dieses Spital erwähnt.

Disicabo. Ab Laboreiro führt der Weg bergab zum nahen Fluß Seco, es gibt Überreste der Straße. Über den Fluß führt eine kleine malerische, mittelalterliche Brücke mit nur einem Bogen, wurde im Jahre 1984 restauriert.

Wenn die Häuser von Disicabo zurücgelassen worden sind, wird zur Lar straße weitergewandert, dabei überquer wir einen Ort auf freiem Feld, der Magdalena heißt.

Hinter dem Kilometerstein 558 verla sen wir die Landstraße und gehen lin geradeaus.

Furelos. Der Weg nach Furelos ist g Die Strecke ist angenehm und sehr sch tig. Der Weg ist von der Benutzung v zahlreichen Pilgergenerationen abgenutz

In der Umgebung des Flußes Fure gibt es üppigen Pflanzenwuchs. Über d sen Fluß führt eine große mittelalterlic Brücke mit vier Bögen, die auch resta riert wurde.

Die Kirche, die auf der recht Seite des Weges steht, ist nic bedeutend.

Es gab ein Pilgerspital. M glaubt, daß es im Norden c Ortes neben dem jetzigen Vorh der Kirche lag.

Diese Pfarrei gehörte zur Ko turei von Portomarín. Das Re torhaus, das im hochgelegen Teil des Dorfes steht, ist imm noch als "La Encomienda" (Ko turei) bekannt.

Vor der Kirche biegt unser Weg lin ab. Innerhalb des Dorfes hat er ein mitt alterliches Aussehen. Jetzt geht es be auf nach Melide. Manchmal wandern v auf Teilen der alten Straße. Dieses Geb wird schon sehr von der naheliegend Stadt Melinda beeinflußt.

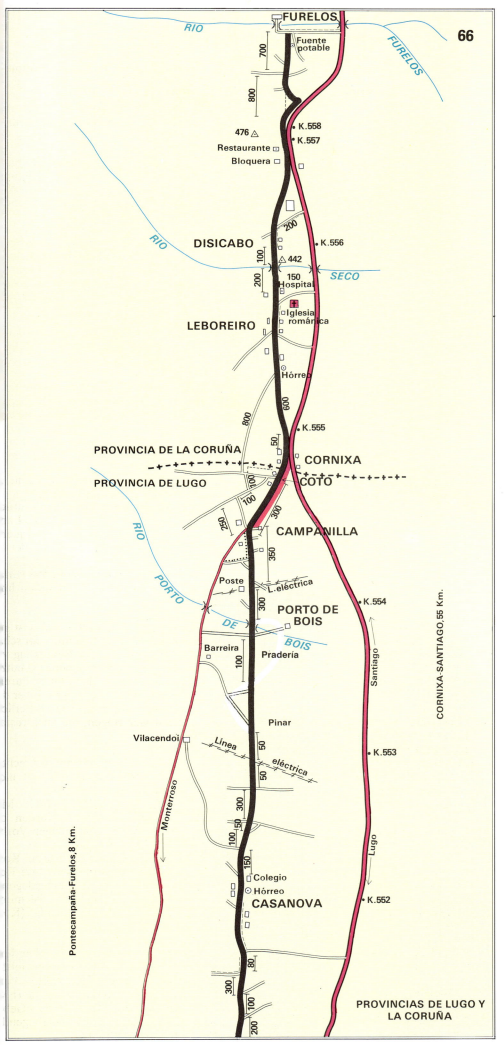

MELIDE. Diese Stadt hat immer eine sehr große Bedeutung in der Geschichte der Pilgerwanderungen gehabt. Sie ist Gemeindehauptstadt eines ausgedehnten und fruchtbaren Gebietes.

Hier gibt es zwei romanische Kirchen: **San Pedro,** am Dorfeingang- die von einem anderen Ort hierher verlegt worden ist- und von der nur noch das ursprüngliche (romanische) Portal erhalten geblieben ist, und **Santa María,** die außerhalb der Stadt liegt, wie wir später sehen werden.

Das wichtigste Wohltätigkeitszentrum für die Pilger war das Spital Sancti Spiritus, das im Jahre 1375 gegründet wurde. Es liegt am Anfang der Stadt (am Weg von Oviedo), vor dem Kloster Sancti Spiritus.

Die jetzige Pfarrkirche war die Kirche des Klosters Sancti Spiritus. Sie wurde später mehrmals restauriert.

In einem kleinen, auf dem Platz Del Convento gelegenen Museum "Terra de Melide" gibt es interessante Stücke zu sehen. Wie z. B. die romanischen Eisengitter der Kirche Santa María.

Die Pilger verließen Melide über die Hauptstraße. Sie erreichten dann die Nordseite der Burg, die sich auf der Stelle des Castros befand. Heute liegt dort die Kapelle Carmen und der Friedhof.

Estilo H*, 16 Betten. Osel F, 10 Betten.

Unterkunft: Die Pfarrei bietet den Pilgern Unterkunft. Telefon: 50 51 20.

Santa María de Melide. Von Castro ab führt der Weg plötzlich bergab zum Stadtteil Santa María.

Die noch völlig erhaltene romanische Kirche liegt mitten im Dorf: rechteckiges Schiff; Apsis, halbkreisförmige Stirnseite und rechteckige Grundläche.

In der Nähe der Kirche fließt der Bach San Lázaro, und einige Meter dahinter liegt die Stelle wo sich die Kapelle San Lázaro befand. Heute sind nur noch wenige Reste ihrer Mauern zu sehen.

Carballal. Vom Bach San Lázaro aus führt der breite Weg sanft ab und verläuft duch das Dorf Carballal.

Ponte de Penas. Es gibt nur ein Bauerngehöft. Der Weg führt weiter nach oben. In Kürze führt er wieder abwärts durch Pinien- und Eukalyptuswäldern zum Fluß Raído, den Du über vier Marksteine überquerst. Es ist ein einsames Gebiet mit üppigem Pfanzenwuchs.

Raído. Der Aufstieg nach Raído führt ebenfalls mitten durch einen Wald. Im

Melide. Kirche Santa María, romanisch, 12. Jahrhundert. Apsis.

Ort verschmelzen Weg und Landstraße auf einer kurzen Strecke zusammen. Dann wird nach links abgezweigt, so gelangen wir auf einen schattigen breiten Weg.

Parabispo. Ein einziges kleines Haus dient als Anhaltspunkt. Der Weg ist gut, er ist auf beiden Seiten vom Wald umrandet, er führt zum Bach Peixerro hinab.

Boente. Dieses Dorf besteht aus zwei Teilen: De Riba und De Baixo. Der Weg ist angenehm. Er führt abwärts an den Häusern entlang. An der Stelle, wo sich der Weg mit der Lanstraße verschmilzt, befindet sich ein berühmter Brunnen.

Die dem Hl. Jakob geweihte Pfarrkirche dient Dir als Anhaltspunkt. Hier muß die Landstraße verlassen werden. Vor der Kirche- auf einem breiten Wege- beginnt der steile Abstieg zum Fluß Boente.

Eine moderne- im Jahre 1981 gebaute- Brücke führt über den Fluß. Jetzt liegt ein langer und steiler Aufstieg vor uns.

Oben angekommen, vereint sich unser Weg mit der Landstraße. Geh geradeaus wrieter, bis Du auf der linken Seite einen asphaltierten Weg antriffst.

Pomariño. Dieser Ort hat vier Einwohner und liegt auf einer Anhöhe vor den Häusern von Castañeda. Von hier aus haben wir einen Ausblick auf ein weites fruchtbares Tal.

Castañeda. Laut Aymeric Picaud befanden sich hier die Kalkbrennöfen für den Bau der Kirche des Apostels. Die Pilger brachten diese Öfen mit Kalksteinen aus den Bergen des Cebreiro und Triacastela.

Pedrido. Beim Abstieg zum Tal kommen wir durch dieses kleine Dörfchen.

Río. Dieses kleine Dorf liegt im Tal. Ein Eukalyptusbaum bedeckt den Hügel, der vor uns steht. Wir müssen in dieser Richtung weiterwandern. Dieser Hügel hat eine Höhe von 453 Metern. Jetzt führt der Weg auf einer langen Strecke, durch einen einsamen Wald bergab, dann überquert er die Landstraße und erreicht den Fluß Iso.

Ribadiso. Der Weg verläuft durch die Viertel Baixo, Riba und Carreter. Dann verschmilzt er mit der Landstraße zusammen, bis er Arzúa erreicht.

Ribadiso de Baixo. Das erste Haus auf der rechten Seite- gleich hinter dem Fluß Iso- war der Sitz des Spitals von Ribadiso. Gemäß einer Schrift aus dem Jahre 1523, wurden die Pilger hier barmherzig aufgenommen.

ARZUA ist das letzte große Dorf, das auf dem Weg liegt. Im Dorf wenden wir uns beim Kilometerstein 573 der links abzweigenden Straße zu.

Auf der linken Seite des Weges kommen wir zur Kirche La Magdalena. Es war die Kirche des Augustinerklosters, mit Pilgerspital. Der Bau ist teilweise noch zu sehen und befindet sich an der jakobäischen Route. In der Nähe liegt de Pfarrkirche, wo die Pilger aufgenommen werden.

Casa Teodora F, 12 Betten. Casa Frade F, 12 Betten. Bar Carballeira, 12 Betten. Außerhalb des Dorfes, am Ortseingang, El Retiro H*, 8 Betten.

Unterkunft: Die Pfarrei bietet den Pilgen Unterkunft.

Verlasse das Dorf auf der gleichen Straße, die zur Pfarrkirche führte (die Straße Carmen). Schon außerhalb des Ortes biegt die Straße nacht rechts ab. Marschier geradeaus weiter auf dem alten Wege. Nach wenigen Metern kommen wir zum Brunnen Los Franceses (Franzosenbrunnen), der heute versiecht und verlassen steht. Dann beginnt der Abstieg zum Bach.

As Barrosas. Von Arzúa aus kann man dieses Bauerngehöft im Eichenwald sehen. Am Wegesrand befindet sich die Kapelle San Lázaro.

Nach wenigen Metern kommt eine Wegegabelung und dann ein kleines Haus. Unser Weg ist hier für etwa 200 Meter abgeschnitten. Deshalb gehen wir rechts auf die Landstraße.

Von der Landstraße aus kann man an der nächsten Kurve (am Kilometerstein 579), unseren Weg wieder sehen. Geh geradeaus zum Bach Raído und dann zum Dorf hinauf.

Raído. An der Stelle, wo der Weg die Landstraße überquert, befindet sich das Dorf Raído. Der Weg ist hier etwa 500 Meter lang veschwunden.

Der Weg verlief hinter der jetzigen Fabrikhalle entlang und zum Bach Marrabaldos hinunter, wo es immer noch eine kleine Mühle gibt ("molino de los franceses", "Mühle der Franzosen"). Dann führte er geradeaus hoch, wie aus der Karte zu entnehmen ist.

Es ist ratsam, den asphaltierten Weg, der nach Cortobe führt, zu nehmen. Dort können wir entscheiden, entweder auf den alten Weg über Peroxa zurückzukehren, oder aber geradeaus über Pereiriña weiterzugehen, und dann beim Bach Ponteladrón hinunterzugehen.

Ponteladrón deutet auf das Vorhandensein einer alten Brücke, die heute nicht mehr zu sehen ist. Außerdem, da diese Gegend sehr einsam ist, war es gut möglich, daß hier die Pilger von den Straßenräubern angefallen wurden.

Von Ponteladrón aus führt der Weg durch einen dichten Wald mit Eukalyptusbäumen, Pinien und Eichen hinauf.

Wir kommen zum asphaltierten Weg, der geradeaus zum nahen Fontelas führt. Ein guter Weg ver-

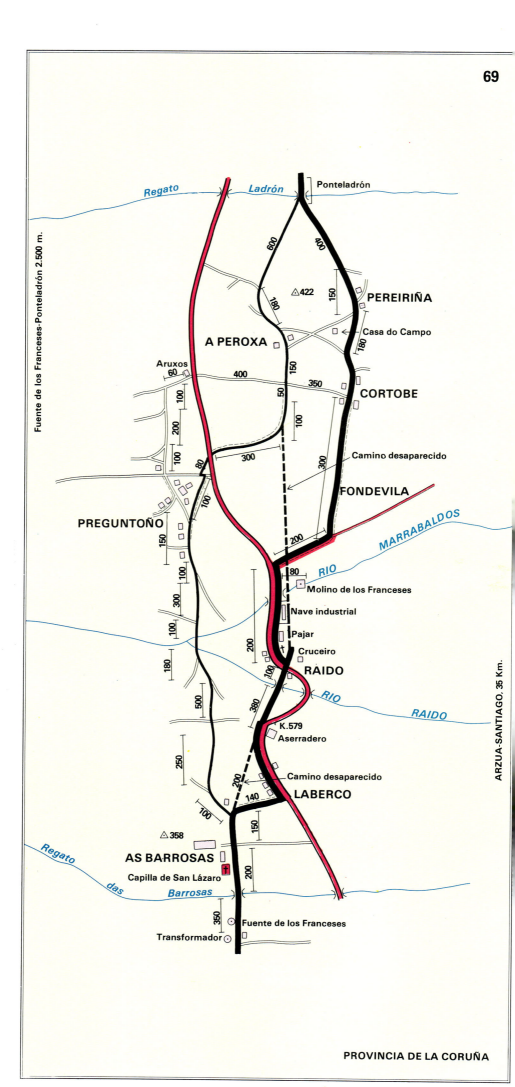

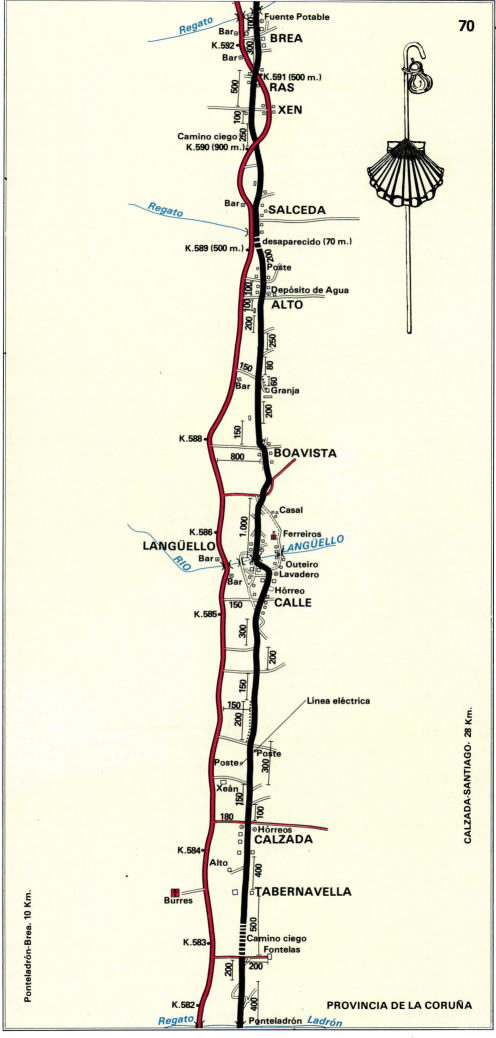

läuft durch den Ort hindurch. Bald beginnt ein safter Abstieg.

Tabernabella. Noch bevor wir den Ort erreichen, ist der Weg schon frei. Es gibt zwei Häuser, und nur eins davon ist bewohnt.

Calzada. Der Weg nach Calzada ist gut. Links steht das kleine Haus von Alto. Wandere durch das Dorf, überquere den asphaltierten Weg und geh geradeaus weiter. Auf der linken Seite liegt das Bauerngehöft Xean.

Calle. Der Weg aus Calzada ist sehr angenehm. Er führt an Wäldern entlang. Die Landstraße befindet sich in der Nähe. Mitten in Dorf geht es hinab zum Fluß Langüello.

Langüello. Dies ist ein Teil von Calle, das hinter dem Fluß Langüello liegt. Sowohl Calle, wie auch Langüello gehören zur Pfarrei Ferreiros. Die Kirche befindet sich in unserer Nähe auf der rechten Seite des Weges zwischen den Orten Outeiro und Casal.

Boavista. Wir verlassen Ferreiros und überqueren den Fahrweg. Links mitten im Wald steht das einsame Dorf Boavista, das einer Einsiedlerei gleicht.

Alto. Nah an der Landstraße stößt Du auf den kleinen Ort Alto, den Du durchquerst. Du kannst nun schon die Häuser von Salceda erkennen.

Salceda. Am Kilometerstein 589,500 verschmelzen Weg und Landstraße wieder zusammen. Das Dorf erstreckt sich an der Landstraße entlang. Bald verlassen wir es und zweigen rechts ab. In Kürze kommen wir wieder auf die Landstraße zurück, überqueren sie und steigen auf den Hügel Xen.

Xen. Dieser kleine Ort liegt auf einem 403 Meter hohen Hügel. Von hieraus führt ein guter Weg hinab nach Ras.

Ras. In dieser Ortschaft überqueren wir wiederum die Landstraße.

Brea. Hinter Ras liegt das kleine Dorf Brea. Es liegt auf freiem Feld, "an dem Pfad, auf dem Weg".

Später führt der Weg hinunter zu einem Bach un dann zum Bauerngut Rabina.

Rabina. Hier hat eine Weide unseren Weg verwischt. Später wird er wieder sichbar. Ich rate deshalb, jetzt die Landstraße bis Empalme auf der Höhe von Santa Irene zu benutzen.

Empalme. Dies ist ein moderner Ort, der auf der Anhöhe Santa Irene entstanden ist. Hier finden wir unseren Weg wieder. Er führt durch eine malerische Gegend zu den Häusern von Santa Irene hinab.

Santa Irene. Der Weg verläuft an der Kapelle Santa Irene entlang. Er verschmilzt mit der Landstraße, jedoch nach wenigen Metern (am Kilometerstein 595), führt er durch einen Pinienwald geradeaus. Dann überquert er wieder die Landstraße bei einer Autowerkstatt.

Rúa. Der Weg führt durch den Schatten bergab nach Rúa. Die mittelalterlichen Häuser erstrecken sich am Weg entlang. Die Bezeichnung "Rúa" (Straße) erinnert uns daran, daß wir uns auf dem alten Weg der Pilger befinden.

Das Dorf hat ein neues Aussehen bekommen. Vielleicht werden die Pilger das mittelalterliche Bild dieses Ortes nicht mehr lange betrachten können.
Die moderne Anordnung der Grundstücke hat gute Verbindungswege geschaffen können.

Burgo. Von Rúa ab führt ein Fahrweg hinunter zu einem Bach. Überquere die Landstraße an einer Stelle, wo drei Häuser liegen. Dies ist Burgo, es befindet sich neben der kleinen Stadt Arca.

Der Fussballplatz hat unseren Weg versperrt, wir müssen ihn an der Schule entlang umgehen, dann wird die Landstraße überquert, und wir pilgern durch den Wald weiter.

Arca ist die kleine Hauptstadt der Gemeinde El Pino.

Unterkunft: Das Rathaus bietet den Pilgern Unterkunft. Telefon: 51 10 02.

San Antón. Vom Sportplatz von Arca aus ist es nicht weit zum kleinen Dorf San Antón, das in einem lieblichen Tal eingebettet liegt. Der Weg führt durch den Wald, dann kommt San Antón, und wiederum verläuft der Weg durch dichten Wald weiter.

Amenal. Hinter dem Wald geht es bergab, und wir erreichen das erste Bauerngehöft des Ortes Amenal, "Casa Nova" genannt. Nun geht auf gutem Wege hinunter zum Dorf, wir überqueren einen Bach und pilgern hoch zur Landstraße. Der Weg nach Cimadevila ist halbverwischt. Hinter diesem Ort kommen wir auf die Einfriedung des Flughafens Lavacolla. Deshalb ist es sehr ratsamwert, die Landstraße von Amenal bis zum Flughafen zu benutzen.

Flughafen. Auf der Landstraße erreicht man den Zugangsplatz zum Flughafen. Dort gibt es ein Restaurant, Geschäfte, und andere Gebäude.
Dein Weg verlief hinter dem Restaurant entlang. Gehe auf der Landstraße. An der ersten Wegverzweigung auf der

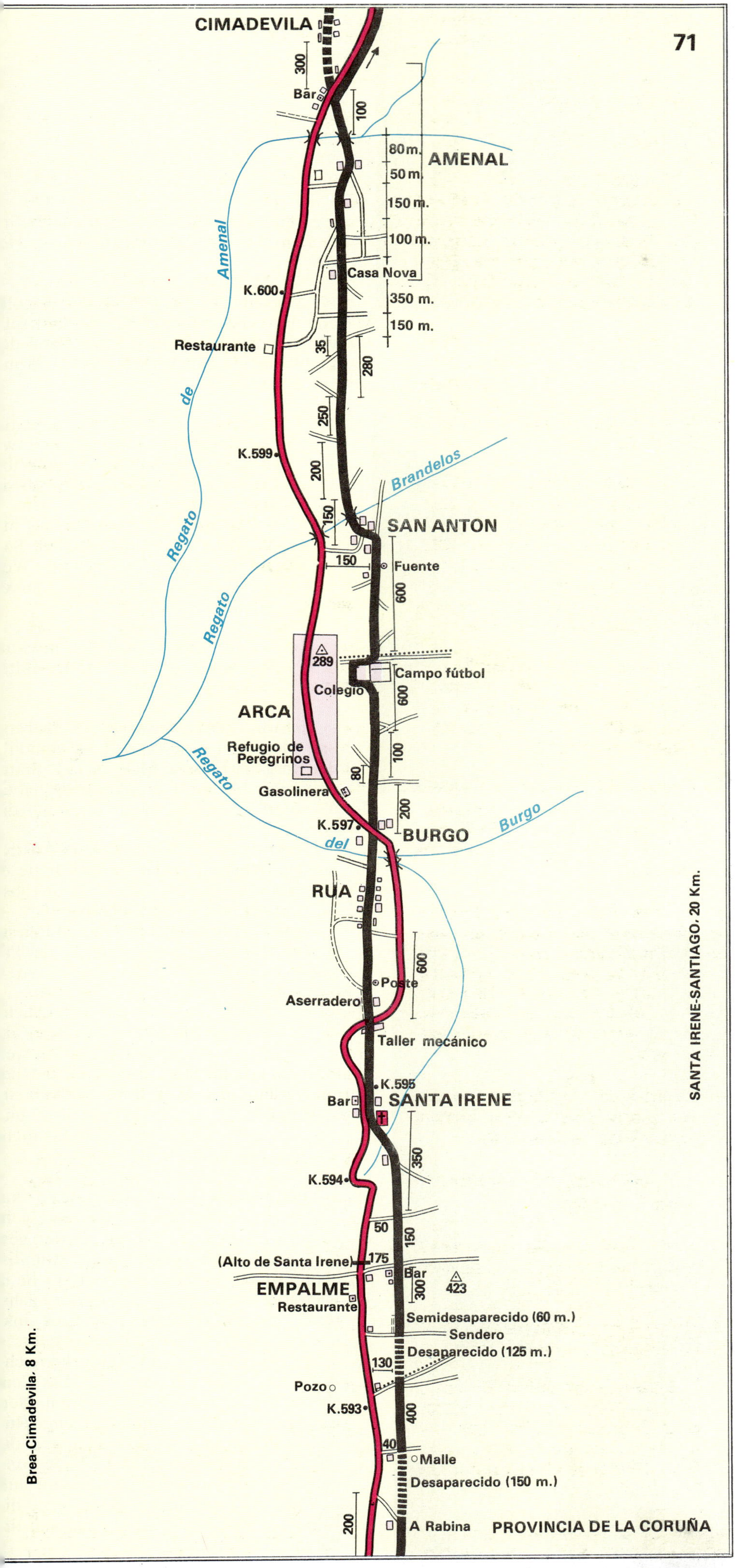
71
CIMADEVILA
300
Bar
100
80 m.
50 m.
150 m.
100 m.
AMENAL
Amenal
Casa Nova
350 m.
150 m.
K.600
Restaurante
35
280
de
250
K.599
200
Brandelos
150
SAN ANTON
Regato
150
Fuente
600
Regato
289
Campo fútbol
Colegio
600
ARCA
100
Refugio de
Peregrinos
Regato
80
Gasolinera
200
K.597
BURGO
Burgo
del
RUA
600
Poste
Aserradero
Taller mecánico
K.595
Bar
SANTA IRENE
350
K.594
50
150
(Alto de Santa Irene)
175
Bar
423
EMPALME
300
Restaurante
Semidesaparecido (60 m.)
Sendero
Desaparecido (125 m.)
130
Pozo
K.593
400
40
Malle
Desaparecido (150 m.)
200
A Rabina
PROVINCIA DE LA CORUÑA
SANTA IRENE-SANTIAGO. 20 Km.
Brea-Cimadevila. 8 Km.

Santiago de Compostela. Kathedrale. "Pórtico de la Gloria"

Santiago de Compostela. Kathedrale. "Pórtico de la Gloria", Detaill.

Santiago de Compostela. Kathedrale. "Botafumeiro", (Weihrauchkessel)

rechten Seite wird abgezweigt, nun befin den wir uns auf unserem alten Weg wie der.

Lavacolla. Wir kommen in Lavacoll an, die Häuser dieses Dorfes sind seh voneinander verstreut. In der Nähe de Landstraße befinden sich eine Kirche un ein schönes Kreuz.

Lavacolla ist das "Lavamentu la" des "Codex Calixtinus", w sich Aymeric und seine Gefährte wuschen und kleideten, bevor si die Stadt Compostela betraten.

Der an einer Stelle verwischt Weg verlief an der Kapelle Sa Roque entlang. Ab hier sind We und Landstraße bis San Marco vereint.

Die Kapelle San Roque wir von den Pilgern als Zufluchtstätt benutzt.

Monxoi. Dies ist der höchste Hügel vo San Marcos. Es ist der "Mons Gaudii" der Berg der Freude, Monxoi, eine Stätt unbeschreiblicher Gefühle. Hier habe wir zum ersten Mal einen Blick auf di Große Heilige Stadt.

Der Pilger sah, daß sich seine Anstre gungen gelohnt hatten. Endlich hatte e das Grab des "so ersehnten Hl. Jakobs erreicht. Er weinte vor Freude.

Froh und tränenüberströmt wandten si sich zur ersehnten Stadt, über die der Pi ger Aymeric folgendes geschrieben hat:

"Compostela, die vorzüglich Stadt des Apostels, die allen Zau ber der Welt besitzt, und in we cher die kostbaren Gebeine de Hl. Jakobs ruhen, weshalb si gerade als die glücklichste un glorreichste aller Städte Spanien angesehen wird."

Von Monxoi nach Compostela. Au einem einsamen asphaltierten Weg geh es bergab. Bald wird unser Frieden ges tört. Es muß die Autobahn des Atlantis chen Ozeans überquert werden. Gehe i Richtung Santiago weiter. An der nächs ten Wegegabelung biegen wir nach link und pilgern auf der alten Route weiter.

Wir überqueren eine verkerhrsreich Allee und biegen in die Straße **Los Con cheiros** ein, eine breite Straße mit moder nen Häusern. Dann kommt die enge **Rú de San Pedro,** mit niedrigen Häusern, di nur zwei bis drei Stockwerke haben un einen gewissen typischen Charakter auf weisen. Auf der linken Seite liegt di Kapelle San Lázaro, ein Kreuz und di Kirche San Pedro.

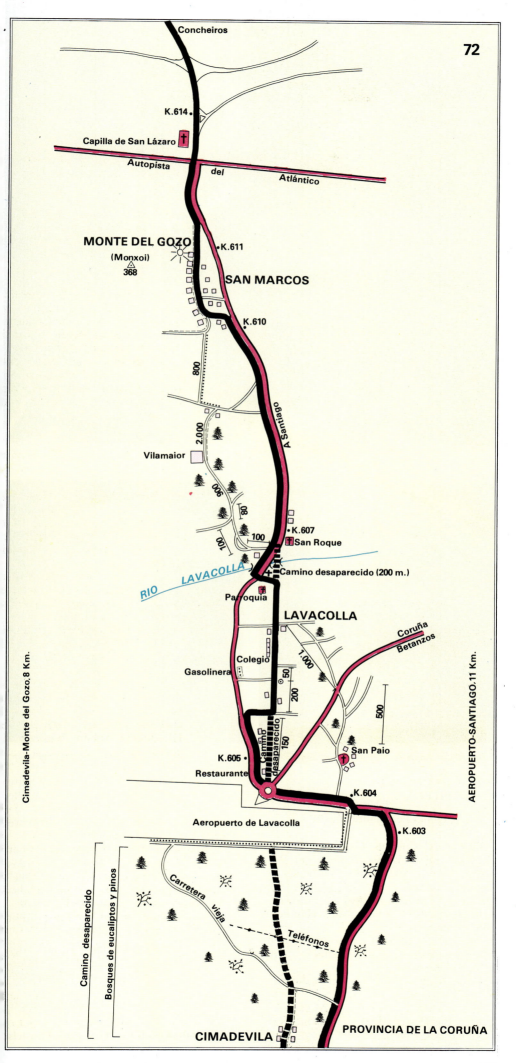

Santiago de Compostela. Straße in der Stadt.

Santiago de Compostela. Rúa del Villar.

DIE ROUTE DURCH COMPOSTELA

Die Rúa San Pedro führt uns zu folgenden Stellen:

Puerta del Camino. (Tor des Weges) Dies war die "Porta Francigen", der "Introitus", wo die "Vía Francigena" begann, die zum "Paradies" führte, zum Portal der Kathedrale. Auf dieser Straße befanden sich die Geldwechsler, Händler, Herbergen, usw.

An der Puerta del Camino wurde den neuen Erzbischöfen als Feudalherren die Schlüssel der Stadt übergeben.

Casas Reales. Diese Straße ist die alte Straße Puerta del Camino.

Hier wurde das Spital San Miguel errichtet, das sich ab dem 16. Jahrhundert den Pilgern widmete.

Paza de Salvador Parga.

Plaza de Animas. Auf der rechten Seite befindet sich die neoklassiche Kapelle Animas.

Plaza de Cervantes. Dies ist der frühere Plaza Fuente del Campo.

Azabachería. Diese Straße führt über das Tor Azabachería, das Nordtor- das "Paradies" von Aymeric- zur Kathedrale. Heute endet sie am Platz La Inmaculada.

Vía Sacra. Diese Straße wird besonders im Heiligen Jahr benutzt. Sie führt direkt zur Puerta Santa (Hl. Portal).

Unterkunft: Das Sekretariat der Kathedrale vermittelt Unterkunft. Hole Dir die "Compostela".

Hiermit ist unsere Tätigkeit, unsere Aufgabe, beendet:

Wir haben Dich zum Hause des Apostels geleitet!.

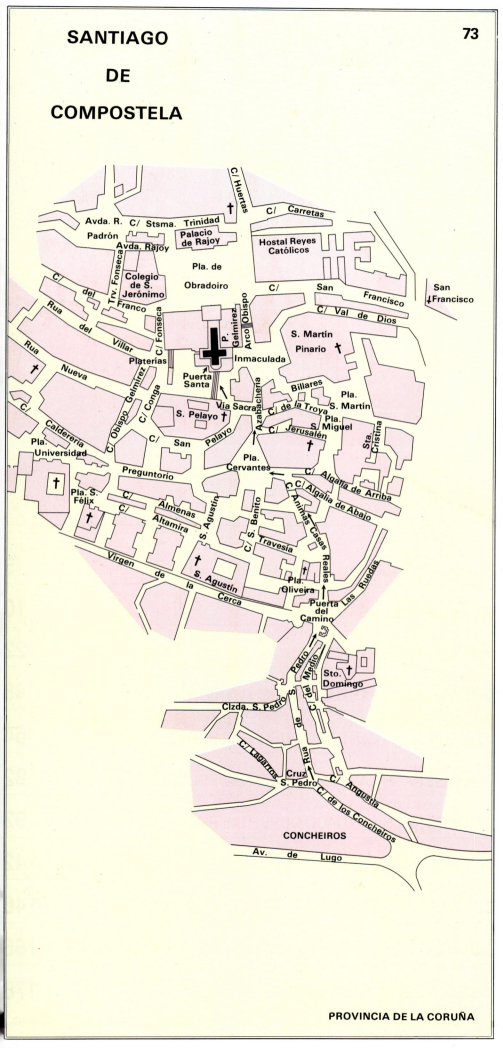

INHALT

DER JAKOBSWEG	**5**
DER WEG NACH ARAGONIEN	**10**
DER WEG NACH NAVARRA	**22**
DER WEG NACH SANTIAGO DURCH LA RIOJA	**48**
DER WEG NACH SANTIAGO DURCH DIE PROVINZ BURGOS	**64**
DER WEG NACH SANTIAGO DURCH DIE PROVINZ PALENCIA	**82**
DER WEG NACH SANTIAGO DURCH DIE PROVINZ LEON	**92**
DER WEG NACH SANTIAGO DURCH GALICIEN	**142**
DER WEG NACH SANTIAGO DURCH DIE PROVINZ LUGO	**146**
DER WEG NACH SANTIAGO DURCH DIE PROVINZ LA CORUÑA	**166**
DIE ROUTE DURCH COMPOSTELA	**178**